国際関係のなかの
子どもたち

初瀬　龍平
松田　哲　編著
戸田真紀子

晃洋書房

目次

序章　世界の子どもの現況 ……… 1
1. 子どもたちが生きていくには　(3)
2. 生きる機会を奪われる子どもたち　(4)
3. 苦しみに耐えて生きる子どもたち　(7)
4. 子どもたちの安全保障　(9)

Data column　世界の子ども
1. 子どもの人口――地域別分布状況――　(14)
2. 子どもの生命と健康――保健医療の状況――　(16)
3. 子どもの識字率と初等教育――教育の状況――　(18)
4. 貧しさに起因する格差・性別に起因する格差
   　――医療と教育――　(20)
5. 保健医療と教育への政府支出
   　――支出割合と1人当たり支出額――　(22)

第Ⅰ部　生きる権利

第1章　児童労働 ……… 27
　――工場労働者としての子ども――

● はじめに――児童労働の問題点――　(27)
1. 児童労働の実態　(28)
2. 児童労働をなくすためのさまざまな試み　(34)
● おわりに　(39)

Column 1　チョコレート（カカオ）　(41)

第2章　北タイのストリート・チルドレンとNGO ……… 42
　――メコン川流域開発と子どもの人権――

● はじめに　(42)

1	北タイにおけるストリート・チルドレンの現状と背景　(43)
2	子どもを守るための子どもの権利条約とタイ政府の役割　(48)
3	子どもを守るためのGMS地域連携とNGOの役割　(52)
◉	おわりに　(56)

| Column 2 | エイズ孤児（AIDS Orphans）　(60) |

第3章　慣習と子ども ―― 61

◉	はじめに　(61)
1	残すべき伝統，捨てるべき因習　(62)
2	成女儀礼と女性器切除（FGM）　(65)
3	早婚（児童婚）と難産　(66)
4	教育を受ける権利　(68)
5	因習を変えるための方策　(70)
◉	おわりに　(70)

第4章　イスラームと女子教育 ―― 76

◉	はじめに　(76)
1	イスラーム諸国における教育　(78)
2	女子教育の否定？　(80)
◉	おわりに　(86)

第5章　JFC（ジャパニーズ・フィリピノ・チルドレン）母子の日本への移住の課題 ―― 89

◉	はじめに　(89)
1	JFCの権利促進の裏側で起きていること　(89)
2	1980年代から現在に連なる人身取引　(92)
3	搾取の悪循環　(96)
◉	おわりに――母子の人身取引の解決と多民族・多文化共生社会への道――　(99)

| Column 3 | フィリピンの海外移住政策（送り出しの枠組み）　(103) |

目　　次　iii

第Ⅱ部　戦　　争

第6章　紛争の「加害者」としての子ども ─── 107
───シエラレオネ内戦と子ども兵士問題───

- はじめに　(107)
- 1　シエラレオネ内戦の推移　(109)
- 2　RUFと子ども兵士　(110)
- 3　紛争後のRUF兵士の社会統合　(114)
- 4　社会統合へむけた草の根レベルの取り組み　(120)
- おわりに　(121)

Column 4　カラシニコフ　(126)

第7章　戦争後の子ども ─── 127
───終わらない戦争・見えない脅威───

- はじめに　(127)
- 1　残留兵器による被害　(129)
- 2　家庭にもち込まれる「戦場」　(137)
- おわりに　(139)

Column 5　5月広場の母親の会──アルゼンチンのある市民社会の軌跡── (142)

第8章　戦争の記憶と子ども ─── 143
───ボスニアの学校教育を事例に───

- はじめに　(143)
- 1　紛争の終結とボスニアの教育システム　(145)
- 2　教育の政治化と教科書問題　(146)
- 3　歴史・地理教科書をめぐる諸問題　(148)
- 4　「分割学級」にみる「私たちとかれら」　(150)
- おわりに──「対決の記憶」から「共存の歴史」へ──　(153)

Column 6	国内避難民　（*157*）
第 9 章	経済制裁と子どもの生きる権利 ——————— *158*
	——知られざる非人道兵器——
●	はじめに　（*158*）
1	経済制裁をめぐる倫理的諸問題　（*159*）
2	「スマート・サンクション」をめぐる諸問題　（*166*）
3	子どもの生きる権利と経済制裁のアポリア　（*172*）
●	おわりに　（*173*）

第Ⅲ部　子どもを守る国際レジーム

第 10 章	子どもの健康と教育を守る国際機関 ——————— *181*
	——ユニセフ・WHO・ユネスコ——
●	はじめに　（*181*）
1	子どもを守る国際レジームの展開　（*182*）
2	子どもの健康と教育を守る国際機関
	——ユニセフ・WHO・ユネスコ——　（*186*）
3	「万人のための健康」と「万人のための教育」　（*192*）
●	おわりに　（*197*）

Column 7	子どもの健康　（*202*）
第 11 章	国連の安全保障と子どもの保護 ——————— *203*
●	はじめに　（*203*）
1	子どもに対する暴力の争点化　（*205*）
2	子どもに対する暴力の監視化　（*207*）
3	子どもを保護するための行動　（*211*）
●	おわりに　（*214*）

目　次　v

第12章　子どもを守る法的枠組み ——————————— 218
　●　はじめに　(218)
　1　子どもの権利条約　(219)
　2　グローバル時代の家族と「子の最善の利益」　(222)
　3　ハーグ条約をめぐる各国の取り組み　(227)
　●　おわりに
　　　　——一人ひとりの子どもか，子ども全員なのか——　(229)

Column 8　今後注目されるNGOの活動　(233)

第13章　子ども買春・人身取引・子どもポルノ ——————— 234
　●　はじめに　(234)
　1　グローバル化におけるCSECの現状　(234)
　2　CSECの背景にある要因　(237)
　3　国際的な規範の枠組み　(240)
　4　CSECの脅威から子どもの安全を保障する仕組みと活動　(241)
　●　おわりに　(245)

終　章　子どもたちの力 ————————————————— 249
　1　子ども時代と時間——世界子どもサミットからの30年——　(251)
　2　「子どもたちにふさわしい世界」と「私たちにふさわしい世界」
　　　——国連子ども特別総会——　(252)
　3　「子どもフォーラム」にみる子どもの力　(253)
　4　「エル・システマ」という試み
　　　——子どもたちの夢と力を育む場所——　(254)
　5　子どもと大人　(255)
　6　すべての人びとにふさわしい世界　(257)

あ と が き　(261)
索　　　引　(263)

序章
世界の子どもの現況

イラン小学校の学校行事にて（2003年2月撮影）
撮影者：森田豊子.

1　子どもたちが生きていくには

　子どもたちが健やかに育ち，一人前の大人になってくれること．これは，世界中の人びとの思いであろう．

　子どもは，子どもである前に，まずひとである．ひとは，生きていくには，生命を奪われてはならない．この生命があってのことであるが，ひとは，生きていくために，食べ物を食べ，水を飲まなければならない．生きていくには，夜に安心して眠り，起きている時にくつろげる家が必要である．寒いときには，身体を暖かく包んでくれる衣服が必要だし，暑いときは，涼しい衣服が欲しい．病気にかからないように，健康を保つには，朝食，昼食，夕食などの食事が欠かせない．病気にかかったら，医者に行くか，医者に行けなくとも，薬ぐらいは飲みたい．精神的には，家族の団らんとか，家族内の安心感も，生きていく上で欠かせないものである．

　生きていくために，ひとは，働かなくてはならない．近代社会では，ひとは働いてお金を稼がないと，衣食住も健康も，家庭の生活も確保できない．乳幼児は働けないし，高齢者も働けない．その他に病気や障害などで働けないひともいる．働けないひとは，家族・親族・社会の手助け，自らの蓄えや，社会保障によって，生活をしていく．小中学生年齢の子どもの場合，一般に保護者の収入で育てられるが，先進国でも途上国でも，貧しい家庭の子どもは，小さいときから働き始める．それは，家事の手伝い，家業の手伝いから，家族の生活費を助けるためとか，自らの生活費を稼ぐためとか，あるいは自由を奪われて強制的に働かされるなどの形を取る．しかし，ひとは子どものときから働いていると，教育を受ける機会を失い，大人としての人生の選択の幅が狭まってしまう．教育の保障はきわめて重要である．

　いまでも途上国や世界の周縁部で，多くの子どもたちが，「生きる機会を奪われる」．それは，戦争や内戦の被害，難民，飢餓，乳幼児死亡，エイズ孤児（コラム2参照）などの場合である．このケースでは，世界各地の子どもの惨状が，新聞，テレビ，雑誌でしばしば紹介され，ショッキングな写真で，世間の目を強くひき，同情心を煽ることも少なくない．問題は見えやすい．

　同様に，多くの子どもたちが，いまも「苦しみに耐えて生きている」．それは，児童労働，ストリート・チルドレン，買春相手の少年少女，子ども兵士などの

子どもたちや，奴隷的状態で性的虐待を受ける子どもたちである．これらのケースは，日常生活に関係するものなので，あまりショッキングな形で報道されることはない．あるいはその多くは「闇の世界」に関係することなので，一般紙やテレビなどでショッキングな形で報道できるものでもない．そのショッキングな場面は，通常，小説や映画でフィクションとして提示される．闇の世界を小説の叙述や映画の映像で垣間みるとき，人びとは，同情心よりもむしろ恐怖心を覚えてしまう．問題は見えにくい．

　いずれの場合でも，当事者の子どもたちは，決して同情されるだけの存在ではない．彼らの多くは，その後の人生を自ら切り開いている．また，国内外の大人の世界から，国際機関やNGOによって，積極的な支援がなされていない訳ではない．

　ここで，本書での子どもの見方について，3点を確認しておきたい．まず，何歳以下が子どもであるのか．子どもの年齢規定については，問題の対象によって異なる．たとえば，子どもの権利条約では18歳未満，同選択議定書にもとづく子ども兵の場合も18歳未満，児童労働では15歳未満（途上国では14歳未満）とされている．母子健康法では，乳児とは1歳未満であり，幼児とは1歳以上であって，小学校就学前の子どもである．次に，国際関係のなかで，社会的弱者としての子どもをみている．この見方に立てば，女の子の方が男の子よりも弱者として取り扱われる可能性が大きい．彼女たちは買春の相手を強制されるし，そのために売買の対象ともなることが少なくない．あるいは，女の子の誕生を嫌う社会もある（第3章参照）．もう1点確認しておくと，子どもは生きていくために，必要に応じて働くものであるという見方をとる．しかし，その働き方は，子どもが社会的弱者であることにつけ込む人びとによって，きわめて過酷で悲惨なものに追い込まれることが少なくない．

2　生きる機会を奪われる子どもたち

　1970年代のベトナム戦争でいえば，戦火から真っ裸で逃げる少女の有名な写真があった．1972年6月8日に，ベトナムのサイゴンから約50キロ，カンボジア国境に近いタイニン省チャン・バンで，当時9歳であったキム・フックは，戦場を避けて，近くのカオダイ教寺院に退避していた．そこを米空軍指揮下の南ベトナム政府軍機が，北ベトナム軍の集結地とみて空爆した．彼女は，爆撃

のナパーム弾で衣服を焼かれて，重度の火傷を負いながら，裸になって泣きながら，必死に国道を逃げた．この状況を写真に撮ったのが，その場に居合わせたAP通信社のベトナム人カメラマンであり，撮影後彼はこの少女を近くの町クチの病院に運んだ．この写真は直後に世界に配信され，翌年ピューリッァー賞を受けることになった．写真の少女の姿は，戦争がどれほど子どもを犠牲にするものであり，残酷なものであるかを象徴的に示していた．この写真は，世界的には米軍のベトナム空爆の一部面として受け取られた．写真はベトナム戦争反対の気運を高めることに役立った[1]．

　この少女は死ななかった．彼女は，現在カナダに住み，世界各地の戦争・紛争に遭遇している子どもを医療的，教育的，心理的に救援するキム国際財団を立ち上げている．彼女は，1994年以来，国連のユネスコ平和親善大使を務めている[2]．

　ベトナム戦争と子どもで，もうひとつ衝撃的に受けとめられたのが，ベトナム戦争時に米軍による枯葉剤（エージェント・オレンジ）の大量散布を受けた中部高原のコントゥム省で，1981年2月25日に生まれた結合双生児のベトくんとドクくんの写真であった．彼らは，頭部も上半身も正常であったが，腹部で対称的に接合し，下肢は身体の外側に2本だけついていて，肛門と性器を共有していた．彼らの母親は，ベトナム戦争の終結（1975年）の数年後に現地に開拓移民した人であり，枯葉剤からの残留ダイオキシンの被害者であったと思われる［中村 2005；野島編 2014］．

　この兄弟は，1988年10月4日にベトナム・ホーチミン市のツーズー病院で分離手術を受け，弟のドクくんは独り立ちし，のちに2006年12月に結婚したが，兄のベトくんの方は，脳炎の病状が回復せずに，2007年10月に死亡している．その間，1986年6-10月に，ベトくんの急性脳炎の治療のために，兄弟は日本の日赤センター病院に緊急入院したこともあり，日本国内で彼らへの関心は高まった．さらに分離手術によって，日本国内の関心は高まった．しかし，ベトナムで枯葉剤被害の後遺症として，多くの同様の被害者が生まれていたことについて，日本での関心は必ずしも高くなかった．

　いまドクくんは，大人になって，双子の子どもに恵まれ，ツーズー病院内の施設・平和村で働いて生きている．そこには，日赤などの医療従事者の協力もあった．私たちは，このことを知って，少し救われた気がする．それは，人間のもつ生命力と国際協力の成果を確認できるからである．

1983-85年にエチオピア，モザンビーク，ジンバブウェに干ばつと飢餓が襲ったが，このことはまず，1983年12月24日付『朝日新聞』に「飢えるアフリカ——22カ国1億5000万人，干ばつ」として報道された．その後，アフリカの飢餓について，日本の新聞やテレビで多くの報道がなされた．このとき，栄養失調でガリガリにやせた子どもや，お腹だけ大きくふくれた子どもたちの写真が，人びとに大変なショックを与えた．[3)]

　ユニセフ駐日事務所は，アフリカ飢餓救済活動のキャンペーンのために，女優でテレビ・タレントの黒柳徹子さんをユニセフ親善大使に委嘱した．彼女は，1984年12月12-19日に飢餓のタンザニアを視察し，帰国後にテレビ，新聞，雑誌でタンザニアの人びとの窮状を日本の人びとに訴えた．その結果，数億円の寄付金が朝日新聞社，朝日新聞厚生文化事業団の救援募金や，ユニセフ親善大使・黒柳徹子の口座に寄せられ，ユニセフと国際赤十字社の飢餓救援活動資金に充てられた．[4)]

　途上国の子どもの健康被害について，1970年代中頃に赤ん坊向けの粉ミルク問題が起こっている．これは，前述のアフリカ飢餓問題ほどには，日本では注目されなかったが，問題としては深刻であった．当時，多国籍企業食品メーカーがアフリカ，中南米の諸国で誇大・過剰広告によって，母乳哺育を押しのけて，赤ん坊向けの粉ミルクを売り込もうとしていた．粉ミルクが，場合によって，母乳の不足を補う役割を果たすことはあるが，それには，哺乳ビンや吸い口を煮沸消毒するなど，衛生面の十分な配慮が必要である．しかし，途上国では，水は不足しているし，煮沸消毒も一般家庭では無理である．そこで，非衛生的な水で粉ミルクを溶かして赤ん坊に与えることで，赤ん坊は下痢などの病気にかかることになる．それに，家計の苦しい家では，粉ミルクの量を減らすに違いなく，赤ん坊は栄養失調となっていく．世界的な抗議の声に押されて，メーカーも，結局人工母乳（粉ミルク）の宣伝，販売を自粛することになった．しかし，先進国の授乳方法を，衛生条件を無視してそのまま途上国に持ち込む試みは，あまりも無謀であったといえよう．

　問題の性格上，犠牲者数を特定できないが，各地での深刻な事態に対して世界的に抗議の声が高まった．世界保健機関（WHO）とユニセフが事態を憂慮した．WHOは1981年に「母乳代用品のマーケティングに関する国際基準」（勧告）を採択し，メーカーによる母乳代用品（乳児用粉ミルク）の一般的宣伝の禁止，妊婦・母親への無料サンプル配布の禁止，保健・医療機関での販売促進活動（ポ

スター・無料サンプル）禁止などの行動基準を策定した[5]（日本は1994年に同意，しかし国内法未整備）．国際的にメーカー側も，最終的に一応この国際基準を遵守することに同意した［Arbeitsgruppe Dritte Welt 1969; Palmer 1988: 邦訳 203-91][6]．しかし，依然としてメーカーが基準を順守していないとして，NGO（International Baby Food Action Network）の監視が続いている[7]．

3　苦しみに耐えて生きる子どもたち

　子どもが働くとき，本人の自由意志による契約にもとづき，十分な報酬を得て，安全で快適な職場で働けることは，ほとんどない．しかし，生きていくために，働かなければならない子どもたちは，虐げられても，働かなければならない．児童労働はもとより，子ども兵士，ストリート・チルドレン，買春相手の少女も，それぞれの意味で苦しみのなかで働いている．性的虐待を受ける子どもの場合は，働くというより奴隷的状態にある．

　子ども兵士のニュースは，1998年頃から，世界中で30万人という国連報告などがあり，日本でもある程度知られていたが，2004年1月12-26日付の『朝日新聞』の連載記事，西アフリカ・シエラレオネの「11歳の少女兵」は，人びとを驚かせた．少年兵，少女兵とともに，人びとが明確に意識するようになったのが，簡単で操作しやすく，廉価であって，途上国で容易に手に入るカラシニコフ自動小銃・AK47（コラム4参照）であった．カラシニコフと少年兵の組み合わせは，2007年に上映された映画『ブラッド・ダイヤモンド』で強烈な印象を観客に植え付けることになった．映画のなかでは，シエラレオネで内戦中の1999年に反政府軍RUF（革命統一戦線）に連行された少年が，RUFの軍事訓練を受けて，少年兵となって市民暴行に参加する場面が作られていた．子ども兵には，社会統合（社会復帰）が必要であり，内戦終了後，種々の試みがなされている（**第6章参照**）．

　児童労働（**第1章参照**）は，いまに始まったことではないが，最近も途上国でスポーツ用具・ウェアー，衣服の製造や，カカオ採集（**コラム1参照**）で児童労働がおこなわれていることに対して，先進国から抗議の声が上がり，しばしば不買運動も起こっている．サッカーボールの製造についてみると，インドやパキスタンで児童労働がおこなわれていた．これに対して，国際サッカー連盟（FIFA）は，1996年9月に国際自由労連，国際繊維被服皮革労連，国際商業事

務技術労連と「労働行動綱領」を締結し，FIFA認定ボールにつき，下請け企業を含めて，ライセンス企業が児童労働を使わないことを決めた．そのうえで，FIFAは，1998年のワールドカップ・フランス大会から児童労働によって作られたボールを使わないことを公表した．このFIFAの決定は，サッカーが世界的人気スポーツであるために，児童労働問題について世界の注意を喚起するのに役立った［香川 2010: 26-58］．

　ストリート・チルドレン（第2章参照）について，フィリピン，インドやペルーなどのケースが，日本の新聞で報道されだしたのは，1980年代末のことである．それ以前から，またいまでも，東南アジア，南アジア，中南米各地を旅行すると，大都市の街角で，花売り，モノ売り，クルマの窓ふきや，物乞いなどをする子どもに出会うことがある．彼らは，このようにして，路上で働いている．ストリート・チルドレンの報道で，人びとがショックを受けたのは，子どもたちが路上で働いていたからではない．この子どもたちに夜帰って寝る家がないと報道されたからである．しかし，途上国の経済発展とともに，このような路上の子どもにも，夜家に帰って寝ることができる者は増えているであろう．

　子どもへの性的虐待，人身取引は，闇の子どもたちの世界である（第13章参照）．子ども兵士，過酷な児童労働なども，闇の子どもたちの世界である（第1章・第6章参照）．ストリート・チルドレンのなかには，麻薬取引に関係する者もいるが［ペレイラ 2009］，このことも闇の世界のことであり，一般の旅行者には見えてこない．以上には，子どもを追いつめて，ビジネスする大人が関係している．その実像は，ルポールタージュで示されることがあるが，ショッキングな場面は，映画というフィクションの世界によって提供されることになる．子ども兵については前記の『ブラッド・ダイヤモンド』，子どもへの性的虐待，人身取引，臓器提供については，2008年秋に上映された『闇の子供たち』が，その例である．しかし，カンボジアでは，子どものとき娼婦にされた女性が，ラオス，タイ，ベトナムなどを含めて，性的奴隷，少女売買の犠牲者を救済，救援するNGO（AFESIP）を立ち上げている例がある［Mam 2006］[8]．

　冷戦終結後，世界的にグローバル化が進行し，市場経済が普及し，人権思想も普遍化してきているが，そのなかでも慣習とか，伝統とかも，根強く残っている．それはたとえば，「早婚」，「女児殺し」や，「女性器切除」（FGM）[9]の慣習である（第3章参照）．その反面で，非イスラム世界では，イスラムは女子教育の否定的であるとの誤解がある．確かに，パキスタンのタリバーンの一部は，

2012年10月9日にパキスタン北西部で14歳の女子（マララ・ユスフザイ）の学校からの帰り道（スクールバス）を襲い，拳銃で瀕死の重傷を負わせた．彼女は，女子教育の権利を強く主張し，2011年に国民平和賞を受けていた．彼女は，2013年7月12日（誕生日）に国連本部で演説したが，その最初の言葉は敬虔なイスラム信徒として「もっとも慈悲深く寛大な神の名において」であり，その主張は，「イスラム教は，平和と人道と同胞愛を重んじる宗教です．イスラムの教えによると，子どもは教育を受ける権利があるというだけではありません．おとなにも，子どもに教育を受けさせる義務と責任があるのです」[Yousafzai 2013: 邦訳 418; 422]．マララは，2014年に17歳でノーベル平和賞を受賞し，受賞金をもって，中等教育支援のマララ基金を立ち上げている．イランの女性には，ノーベル賞に相当する数学のフィールズ賞を受賞した方がいる（第4章参照）．

4 子どもたちの安全保障

もちろん，世界の子どもたちがすべて，このような問題に苦しんでいるのではない．途上国でも，とても貧しくて日々の生活がやっとという子どももいれば，お金持ちの子どももいる．親に所得格差があり，子どもに生活格差がある．この格差は，世代間を越えて，再生産されていく［戸田 2009］．

では，国際政治や世界経済の国際関係は，どのような意味で子どもの悲惨な状況の原因となってきたのか．また，国際関係は，そのような状況から子どもの安全を回復するために何ができるか．1994年に国連開発計画は，その年の『人間開発報告』で「人間の安全保障」という概念を打ち出した．そこで「人間の安全保障」を脅かすものとして，挙げられたのは，① 経済問題（失業・失業のおそれ・劣悪な労働条件・貧困），食糧問題（不均等配分），健康問題（病気や不衛生），生活環境問題，コミュニティ問題（社会的分裂・民族対立・先住民抑圧・治安悪化），政治的問題（人権侵害・政治的抑圧）という社会的次元の諸問題，② 拷問・戦争・犯罪・日常的暴力・レイプ・DV・児童虐待・麻薬・自殺など一人ひとりの安全問題，③ 人口増加・経済機会不均衡・移民・難民・地球環境破壊・麻薬生産取引・国際テロリズムという地球的規模の問題である．さらに，この「人間の安全保障」論は，国際政治では軍縮論，軍備管理論と対になっており，国際経済ではネオ・リベラル的グローバリゼーションへの一定の批判を含むものであった．明らかに，これらの問題のほとんどが，直接あるいは間接に「子ども

の安全」に関係している．子どもは社会的弱者であるだけに，その安全が侵害される度合いが高まり，したがって，「子どもの安全保障」という見方が重要となる．

　国際政治は国家間の政治であり，諸国は自国の利益と自国の認める正義のために，戦争をしてきた．冷戦終結後の数年では，NATOのユーゴ空爆，米国のアフガニスタン戦争，イラク戦争などと合わせて，東欧，アフリカ，中東の内戦が目立っていた．国家，政治集団は，戦争や内戦の空爆，戦闘，戦時社会で敵味方の子どもを殺し，犠牲にしてきている．内戦で国内避難民として子どもの生活は犠牲にされる（コラム6参照）．イラク戦争前後の経済制裁では，対象国の子どもの犠牲は無視されてきた（第9章参照）．戦争の終了後でも，子どもは，終わった戦争の犠牲者となることが少なくない（第7章参照）．ボスニア紛争の終結後には，子どもを民族対立に駆り立てるような教育システムが分断的に実践されている（第8章参照）．

　世界経済は，これまでに先進国と途上国との経済的格差を生み，途上国内では経済的格差・政治的抑圧・社会的不正を生む基盤を作ってきた．そのなかで働く子どもは，過酷な児童労働，ストリート・チルドレン，子どもの人身取引，少年少女への買春，子どもへの性的虐待，子ども兵士の状態に耐えて生きている．「働く」子どもや奴隷的状態の子どもたちは，子どもが社会的弱者であることにつけ込む人びとによって，しばしば悲惨で過酷な労働に追い込まれている．子どもをいっそうの弱者に追い込み，子どもにいっそう過酷な労働を強いる子ども対象の「貧困ビジネス」が，昔から存在し，いまも存在している．少し話は違うが，日本人男性とフィリピン女性との子ども（JFC）の日本国籍取得につけこみ，女性を日本でのホステスに強制的に囲い込む問題がある（第5章・コラム3参照）．

　このような状況に対して，国際社会では「子どもたちにふさわしい世界」に向けて，国連安全保障理事会（第11章参照），国連子どもの権利委員会（第2章参照），ユニセフ，WHO，ユネスコ，ILO（第1章・第10章・第13章参照）などの国際機関や，子どもの権利条約などの国際人権法（第12章・コラム8参照），労働法（第1章参照），国際保健政策（第10章・コラム7参照），ハーグ国際養子条約・ハーグ子の奪取条約（第12章参照），あるいは地域協力（第2章，第13章参照）などによって，子どもの生命と生存を保障し，子どもの教育と生活を保障しようとしてきている．これらの対応や政策は，各国政府の協力なしには，実行不可能である．

児童労働，ストリート・チルドレン，少年少女への買春，子どもへの性的虐待，あるいは我が子の失踪に対して，国際的NGOや地域のNGOが，子どもたちの救援活動を進めている（第1章・第2章・第13章・コラム5・コラム8参照）．子ども兵の日常性回復を支援しているのは，地域社会の活動である（第6章参照）．

本書では，国際関係論を中心として，労働法，国際人権法を加えて，国際関係のなかでの「子どもの安全保障」の問題を考察し，読者とともに，対応策と解決策を考えていきたい．

以下，第Ⅰ部で子どもの「生きる権利」を論じ，第Ⅱ部で「戦争」と子どもの安全問題を考え，最後に第Ⅲ部で「子どもを守る国際レジーム」を検討する．

なお，本章の各章に入る前に，ぜひ読んでいただきたいのが，世界の子どもの全体的な状況を記した5つのデータ・コラム（1「子どもの人口──地域別分布状況──」，2「子どもの生命と健康──保健医療の状況──」，3「子どもの識字率と初等教育──教育の状況──」，4「貧しさに起因する格差・性別に起因する格差──医療と教育──」，5「保健医療と教育への政府支出──支出割合と1人当たりの支出額──」）である．このデータ・コラムは，世界の子どもが直面している具体的な問題について考える前に，まず知って欲しい事実を入手可能なデータにもとづいてまとめたものである．

注

1）救出後のキム・フックは，クチの病院からサイゴンの子ども病院に移送され，そこで瀕死状態にあるところを，イギリス人ジャーナリストたちの尽力でアメリカ系のベトナム人子ども向けクリニックにさらに移送され，一命をとりとめた．空爆場面で逃げる少女の写真はhttp://www.kimfoundation.com/（2015年8月11日閲覧）で見ることができる．
2）www.unesco.org/new/en/goodwill-ambassadors/kim-phuc-phan-thi/（2015年8月12日閲覧）．
3）この症状をタンパク質欠乏症・クワシオルコルと呼ぶが，この病状の子どもの写真はweb siteで"kwashiorkor pictures"と入力すれば，見ることができる．
4）黒柳さんは，1985年以降も，ニジェール，インド，モザンビーク，カンボジア，ベトナム，アンゴラ，バングラデシュ，イラク，エチオピア，スーダン，ルワンダ，ハイチ，ボスニア・ヘルツェゴビナを訪れ，途上国で飢えている子ども，戦争，内戦，戦後に被害に遭う子どもの実情を日本の人びとに伝えている．
5）http://www.who.int/nutrition/publications/code_english.pdf（2015年8月11日閲覧）．
6）先進国でも，人工哺育が過度に母乳哺育を押しのけている問題がある．

7) http://www.ibfan.org/（2015年8月11日閲覧）.
8) http://www.afesip.org/（2015年8月11日閲覧）.
9) WHOの定義によれば，FGM（Female Genital Mutilation）とは，「医療以外の理由で，女性の外性器の一部又は全部を除去することなど，女性の性器に損傷を与える，すべての処置」のことである．この処置は，西アフリカ・東アフリカ・北東アフリカの諸国，アジア・中東の数カ国，および北米・ヨーロッパの一部の移民社会でおこなわれている（http://www.who.int/reproductivehealth/topics/fgm/en/, 2015年8月11日閲覧）.
10) 緊急搬送・治療は，10月9日，スワート中央病院から，ペシャワール統合軍病院脳外科手術（ジュナイド先生）へ．英国のフィオーレ先生（偶々パキスタン滞在中）2度ペシャワールへ．さらにルワルピンジの軍の病院へ．10月11日にＵＡＥ提供の飛行機で英国へ，バーミンガムのクイーン・エリザベス病院（ジャヴィド先生，フィオーレ先生）へ転送．その後，家族5人で英国に移住，現在マララはオックスフォード大学学生．https://www.vogue.co.uk/article/malala-yousafzai-interview-2018（2019年7月23日閲覧）.
11) www.malala.org（2015年8月12日閲覧）．2015年7月にマララ基金は，レバノンでシリア難民向けの女子校を開設した（『朝日新聞』2015年8月30日）.

参考文献 ●●

香川孝三［2010］『グローバル化の中のアジアの児童労働――国際競争にさらされる子どもの人権――』明石書店.
黒柳徹子［2001］『トットちゃんとトットちゃんたち』講談社（青い鳥文庫），2001年.
戸田真紀子［2009］「富裕層の子どもと貧困層の子ども」，初瀬龍平・松田哲・戸田真紀子編『国際関係のなかの子ども』御茶の水書房.
中村悟郎［2005］『新版 母は枯れ葉剤を浴びた』岩波書店（岩波現代文庫）.
野島和男編［2014］『ドクちゃんは父になった――ベトちゃんドクちゃん分離手術を支えた人たち――』高文研.
ペレイラ, I.［2009］「子どもたちの短い命――リオデジャネイロで麻薬取引に関わる子どもたちとストリート・チルドレン――」（戸田真紀子訳），初瀬龍平・松田哲・戸田真紀子編『国際関係のなかの子ども』御茶の水書房，2009年.
Arbeitsgruppe Dritte Welt（ベルン第三世界研究グループ編）［1969］*Nestlé tötet Babys*, Arbeitsgruppe Dritte Welt Bern（羅門三郎訳『ネッスルは赤ちゃんの敵？』文人社，1982年）.
Chong, D.［2000］*The Girl in The Picture*, New York: Penguin Books（押田由紀訳『ベトナムの少女』文藝春秋（文春文庫），2001年）.
Mam, S.［2006］*Le silence de l'innocence*, Paris: France Loisirs（高梨ゆうり訳『幼い娼婦だった私へ』文藝春秋，2006年）.
Palmer, P.［1988］*The Politics of Breastfeeding*, London : Pandora（浜谷喜美子・池田真理・中村洋子訳『母乳の政治経済学』技術と人間，1991年）.
Yousafzai, M.［2013］*I Am Malala: The Girl Who Stood Up for Education and was Shot*

by the Taliban, edited by C. Lamb, London: Weidenfeld & Nicolson（金原瑞人・西田佳子訳『私はマララ——教育のために立ち上がり，タリバンに撃たれた少女——』学研マーケティング，2013年）．

読んでほしい本

① 勝俣誠編『グローバル化と人間の安全保障』日本経済評論社，2001年．
　市民の目で，行動する人びとの目で展開する「人間の安全保障」論．
② デニス・チョン『ベトナムの少女』（押田由紀訳），文藝春秋（文春文庫），2001年．
　ベトナム戦争で戦火のなかを裸で逃げた少女が，成人して，カナダに亡命するまでの半生の記録．
③ 黒柳徹子『トットちゃんとトットちゃんたち』講談社（青い鳥文庫），2001年．
　トットちゃんの愛称をもつ筆者が，世界各地で飢餓，戦火，災害，貧困に苦しむトットちゃんたち（スワヒリ語の子ども＝トットの日本語的複数形）に会って，その現状を日本の子どもたちに訴えかける本．
④ ソマリー・マム『幼い娼婦だった私へ』（高梨ゆうり訳），文藝春秋，2006年．
　子どものときに児童売買・買春の被害者となったカンボジア女性が，大人になって，カンボジアを中心に性的搾取の被害者を救済，救援するNGO（AFESIP）を設立する半生の自叙伝．
⑤ マララ・ユスフザイ，クリスティーナ・ラム『わたしはマララ——教育のために立ち上がり，タリバンに撃たれた少女——』（金原瑞人・西田佳子訳），学習研究社，2013年．
　パキスタン北西部でのパシュトーン人マララの家庭環境，父親の女子教育理念，襲撃事件，緊急搬送・治療，その後の国連本部演説などの活動や，教育への信念などが，生き生きと描かれている．

（初瀬龍平）

子どもの人口
――地域別分布状況――

ユニセフ（UNICEF：国連児童基金）が発行している『世界子ども白書』の最新版（2017年版）によると，2016年における世界の子どもの総人口は，22億9516万人であった．大人を含めた世界の総人口が74億2726万人であったから，子どもは，その約31％を占めていたことになる．子ども総人口の約29％は5歳未満の子ども（幼児）であり，その人数は6億7431万人であった．

では，どれぐらいの人数の子どもがどのような地域で暮らしているのであろうか．世界の子どもの地域別分布状況（図1）をみると，最もたくさんの子どもが暮らして

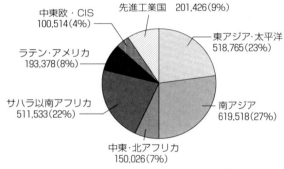

図1 子ども（18歳未満）の地域別分布状況（2016）
地域別子ども人口（単位：1,000人）と，世界子ども総人口に占めるその割合（単位：％）

（出所）UNICEF, *The State of the World's Children 2017*, Table 6をもとに作成．201の国家がどの地域に属するかについては，上記文献の150ページを参照．

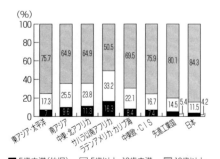

図2 地域人口に占める子どもの割合（2016）
（出所）UNICEF, *The State of the World's Children 2017*, Table 6をもとに作成．

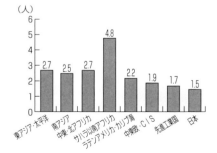

図3 合計特殊出生率（2016）
（出所）UNICEF, *The State of the World's Children 2017*, Table 6をもとに作成．

いるのが南アジアであることがわかる．その人数は6億1951万人（子ども総人口の約27％）であり，先進工業国に暮らす子どもの3倍に匹敵する人数である．

　サハラ以南アフリカは，地域別子ども人口では第3位（5億1153万人，約22％）の地域である．しかし，その年齢別の人口構成をみると，他の地域にはない特徴があることがわかる．地域人口のほぼ半数（49.5％）が子どもで占められており，なおかつ幼児の占める割合（16.3％）も格段に大きいという特徴である（図2）．そのようなサハラ以南アフリカを多子社会と呼ぶとすれば，先進工業国はまさに少子社会である．子どもの割合（19.9％）も幼児の割合（5.4％）も，先進工業国では極めて小さいことがわかる．

　サハラ以南アフリカにおける人口構成が多子化する理由として，2点をあげておこう．第一に，サハラ以南アフリカに蔓延するHIV／エイズの影響によって，たくさんの大人が死亡してしまうからである．第二に，サハラ以南アフリカでは，生まれてくる子どもの数が多いからである．この点については，合計特殊出生率という指標（女性が一生涯に生む子どもの数を表す数値）でみておくことにしよう（図3）．サハラ以南アフリカの数値4.8が，第2位の東アジア・太平洋および中東・北アフリカの数値2.7より格段に高いことがわかる．合計特殊出生率が世界で最も高い国はニジェール（7.2）であるが，そのニジェールも含めた上位10カ国のなかの9カ国は，サハラ以南アフリカの国である．なお，出生率を低下させる要因としては，女性の識字率の向上，女性の雇用機会の拡大などがあげられることが多い．わかりやすくいえば，女性の地位の向上が必要だということである．

　国単位でみると，世界で最も子どもの人口が多いのは南アジアのインド（4億4831万人，世界子ども総人口の約20％）であり，その次に多いのは東アジア・太平洋の中国である（2億9511万人，同約13％）（表1）．少子化がいわれる日本の子ども人口ではあるが，人口比でなく人口数でみると，意外にも第21位（2005万人，同約0.9％）と健闘していることがわかる．

表1　子どもの人口が多い10の国（2016）

(単位：1,000人)

順位	国名	18歳未満人口	うち5歳未満人口	総人口	地域
1	インド	448,314	119,998	1,324,171	南アジア
2	中国	295,112	85,866	1,403,500	東アジア・太平洋
3	ナイジェリア	93,965	31,802	185,990	サハラ以南アフリカ
4	インドネシア	85,965	24,822	261,115	東アジア・太平洋
5	パキスタン	79,005	24,963	193,203	南アジア
6	アメリカ	73,928	19,607	322,180	先進工業国
7	バングラデシュ	56,869	15,236	162,952	南アジア
8	ブラジル	56,235	14,919	207,653	ラテンアメリカ・カリブ海
9	エチオピア	49,500	15,177	102,403	サハラ以南アフリカ
10	メキシコ	41,600	11,581	127,540	ラテンアメリカ・カリブ海
参考(21位)	日本	20,051	5,343	127,749	先進工業国

(出所) UNICEF, *The States of the World's Children 2017*, Table 6をもとに作成．

（松田　哲）

② Data column

子どもの生命と健康
―― 保健医療の状況 ――

　子どもの生命と健康は，どのような状況におかれているのであろうか．**図1**は，5歳未満児死亡率を示したものである．死亡率の最も高い地域が，サハラ以南アフリカであることがわかる．サハラ以南アフリカの78人という数値は，南アジア（48人）の約1.6倍，先進工業国（4人）の約20倍である．5歳未満児死亡率が100人を超える国は世界に6あるが，すべてサハラ以南アフリカの国である（上位5カ国については**表1a**）．世界で最も5歳未満児死亡率の高い国は，サハラ以南アフリカのソマリア（133人）である．なお，5歳未満児死亡率が100を越える国の数が2006年には41であったことを考えると[注1]，状況は着実に改善されつつあるといってよいだろう．
　ところで，5歳未満児死亡率はあくまでも比率であるから，実際に死亡した子どもの人数とは別のものである．そこで，5歳未満で死亡する子ども（幼児）の実数をみてみると，以下のことが明らかになる（**図2**）．2016年だけで564万人近くの幼児が死亡していること，そのほぼ半数がサハラ以南アフリカの幼児の死であること，で

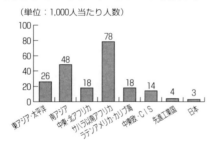

図1　5歳未満児死亡率（2016）

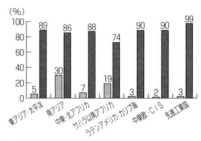

■ 5歳未満児の低体重児率（2010-2015）
■ 1歳児に対する3種混合ワクチンの3回目接種実施率（2016）

図3　5歳未満児低体重児率と予防接種実施率

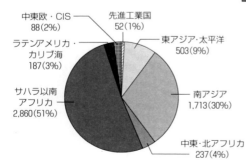

図2　5歳未満で死亡する子ども（2016）
地域別人数（単位：1,000人）と世界全体に占めるその割合（単位：%）

図1・図2出所：UNICEF, *The State of the World's Children 2017*, Table 1 をもとに作成．図3出所：UNICEF, *The State of the World's Children 2016*, Table 2（低体重児率）, *The State of the World's Children 2017*, Table 3（予防接種実施率）をもとに作成．

ある。2006年の死亡者数が1000万人近くにも及んでいたことを考えると大幅な減少ではあるが、死者の半数近くをサハラ以南アフリカが占める状況については何の変化もみられない。なお、死亡する幼児の人数が最も大きいのは、南アジアのインド（約108万人）である（**表1b**）。その数は、2位ナイジェリア（約73万人）の1.5倍近くに及んでいる。

　幼児を死に追いやる直接的な要因は下痢・肺炎（呼吸器疾患）・新生児ケアの不備などであるが、それらによる死の半数近くに、栄養失調による抵抗力の衰えが関係している。**図3**は、栄養失調に起因する5歳未満児低体重児率を示したものである。数値が大きい順に、南アジアでは30%、サハラ以南アフリカでは19%もの幼児が低体重であることがわかる。低体重率の大きい国を具体的にあげると、南アジアではバングラデシュ（33%）、パキスタン（32%）、サハラ以南アフリカではエリトリア（39%）、ニジェール（38%）、スーダン（33%）となる（**表2**）。

　また、世界には、ワクチン接種によって予防できる病気で死亡する子どもも数多く存在する。3種混合（DPT）ワクチンは、3回接種すればジフテリア・百日咳・破傷風に対する免疫を獲得できるとされるものであり、その3回目接種の実施率は、予防接種が定期的に実施されているかどうかを判断する目安としてよく利用されている。その3回目接種の実施率をみると、サハラ以南アフリカ（74%）が他の地域に遅れをとっていることがわかる（**図3**）。

　なお、サハラ以南アフリカにおいては、HIV/エイズやマラリアによる死者も多い。15歳未満のHIV感染者は2016年に世界に210万人いるとされるが、その内訳は、サハラ以南アフリカに190万人、次に多い南アジアに14万人である[注2]。この数字をみると、HIV/エイズの問題がサハラ以南アフリカにおいていかに深刻であるかがわかる。

注1　UNICEF, *The State of the World's Children 2008*, Table 1.
注2　UNICEF, *The State of the World's Children 2017*, Table 4.

表1　5歳未満児の死亡率が高い国・死亡者の多い国（2016）

	(a) 5歳未満児死亡率の高い国		(b) 5歳未満児死亡者の多い国	
順位	国名	1,000人当たり人数	国名	年間死亡者実数(1,000人)
1	ソマリア	133	インド	1,081
2	チャド	127	ナイジェリア	733
3	中央アフリカ共和国	124	パキスタン	424
4	シエラレオネ	114	コンゴ民主共和国	304
5	マリ	111	エチオピア	187
参考	日本	3	日本	3

（出所）UNICEF, *The States of the World's Children 2017*, Table 1をもとに作成。

表2　5歳未満児低体重児率が高い国（2010-2015）

順位	国名	%
1	エリトリア	39
2	ニジェール	38
2	東チモール	38
4	バングラデシュ	33
4	スーダン	33
6	パキスタン	32

（出所）UNICEF, *The States of the World's Children 2016*, Table 2をもとに作成。

（松田　哲）

③ Data column

子どもの識字率と初等教育
——教育の状況——

　教育の分野で，子どもはどのような状況におかれているのであろうか．図1は，男女別にみた青年層（15-24歳）の識字率を示したものである．6つの地域が，2つのグループに分かれていることがわかる．高識字率で男女間格差の小さい地域（東アジア・太平洋，中東・北アフリカ，ラテンアメリカ・カリブ海，中東欧・CIS）と，低識字率で男女間格差の大きい地域（南アジア，サハラ以南アフリカ）である．後者のグループに属する地域について，男性識字率を1とした場合の女性識字率の比率をみると，南アジアは0.909，サハラ以南アフリカは0.911である．これは，男性識字者が100人いるときに女性識字者は91人ほどしかいないということを意味している

　表1aは，識字率が際だって低い国を男女別にまとめたものである．男性側に登場

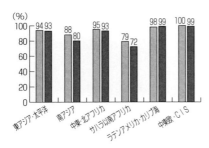

図1　青年層の識字率（2011-2016）
（出所）UNICEF, *The States of the World's Children 2017*, Table 5をもとに作成．国連では，15歳から24歳の人びとを青年層（youth）と定義している．

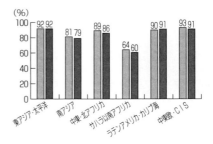

図2　初等教育純出席率（2000-2006）
（出所）UNICEF, *The States of the World's Children 2008*, Table 5をもとに作成．

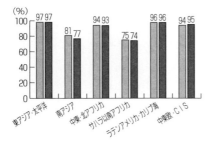

図3　初等教育純出席率（2011-2016）
（出所）UNICEF, *The State of the World's Children 2017*, Table 5をもとに作成．南アジアの値は，同書2016年版（Table 5）の値（2009-2014）を代用．

■男　　■女

している国のほとんどは，順位が異なっていても，たいていは女性側にも登場している．また，これらの国すべてにおいて，女性の識字率が極めて低いこともわかる．識字率が最も低いニジェールでは，男性識字率が35％，女性識字率にいたってはわずか15％である．なお，**表1a**，**表1b**に登場する国は，アフガニスタンとイラク以外はすべてサハラ以南アフリカの国である．

　識字率が上がらない理由のひとつは，識字教育を進めるうえで最も大切になる初等教育が，十分に機能していないことである．**図2**は，2000年代前半における初等教育純出席率を示したものである．**図1**の青年層が初等教育を受けた時期におおむね対応するデータであるが，**図2**に示される出席率の高低が，**図1**の識字率の高低におおむね一致していることがわかる．識字率の育成に対して初等教育が有している重要性を，うかがい知ることができるデータである．

　他方で，2010年代前半における初等教育純出席率（**図3**）をみると，南アジアにおける男女間格差が拡大傾向に，サハラ以南アフリカにおける男女間格差が縮小傾向にあることがわかる．それゆえ2010年代前半に初等教育を受けた子どもが青年層に達する頃には，青年層識字率にみられる男女間の格差が南アジアにおいては拡大，サハラ以南アフリカにおいては縮小しているかも知れない．ただし，両地域における出席率が依然として低いことには，十分な注意を払っておく必要がある．

　なお，出席率を低下させる最大の要因は，貧困である．家族を助けるために働かなければならないといった理由から，学校に通えなくなるのである．それゆえ児童労働に従事する子どもの多い地域では，出席率と識字率がともに低くなる傾向がある．児童労働に従事する5歳以上の子どもは世界に1億5162万人（2016年）いるとされるが，地域の子ども人口に占めるその割合が最も大きいのは，サハラ以南アフリカ（22.4％）である[注1]．2番目に大きい東アジア・太平洋が7.4％であるから，サハラ以南アフリカがいかに大きいかがわかる．**表1b**にみられる初等教育純出席率が低い国も，すべてサハラ以南アフリカの国である．初等教育を受けていない子どもは世界に6090万人（2014年）もいるが，その内訳は，サハラ以南アフリカに3420万人，南アジアに1140万人である[注2]．

注1　ILO, *Global Estimates of Child Labour* (Geneva: ILO, 2017), p. 23, Figure 1, p. 30, Figure 6.
注2　UNESCO, *Leaving No One Behind* (Paris: UNESCO, 2016), p. 3, Table 1.

表1　青年層識字率の低い国・初等教育純出席率の低い国（単位：％）

(a) 青年層識字率の低い国 (2011-2016)

順位	男 国名	識字率	女 国名	識字率
1	ニジェール	35	ニジェール	15
2	チャド	41	チャド	22
3	南スーダン	44	中央アフリカ共和国	27
4	中央アフリカ共和国	49	南スーダン	30
5	ブルキナファソ	57	アフガニスタン	32
6	ギニア	57	ギニア	37
	イラク	57	リベリア	37

(b) 初等教育純出席率の低い国 (2011-2016)

順位	男 国名	出席率	女 国名	出席率
1	ソマリア	24	ソマリア	19
2	南スーダン	26	南スーダン	21
3	リベリア	42	リベリア	43
4	チャド	53	ニジェール	46
5	セネガル	53	チャド	47
6	ブルキナファソ	54	ブルキナファソ	50

（出所）UNICEF, *The State of the World's Children 2017*, Table 5をもとに作成．

（松田　哲）

④ Data column
貧しさに起因する格差・性別に起因する格差
―― 医療と教育 ――

　データ・コラム2と3では，保健医療と初等教育に関する子どもの状況を概観した．そこで明らかになったのは，地域間格差・地域内格差・男女間格差といったさまざまな格差が存在していることであった．そこで本コラムでは，所得の違いに起因する格差と性別に起因する格差について，改めてみておくこととしたい．

　まずは所得の違いに起因する格差についてである．**図1**は，低所得者層最下位20％の子どもと高所得者層最上位20％の子どもの間にみられる，5歳未満児死亡率の地域間・地域内格差を示したものである．低所得者層の子どもの死亡率が，高所得者層の死亡率に比べて圧倒的に高いことがわかる（南アジアを除く）．地域内格差が最も大きいラテンアメリカ・カリブ海では，低所得者層の子どもの死亡率（66人）が高所得者層の死亡率（24人）の2.75倍もある．国内格差が最も大きいペルーでは，2005年には低所得者層の子どもの死亡率（63人）が高所得者層の死亡率（11人）の5.72倍もの数値になっていた（2005年）．古いデータではあるが，国毎の数値を**表1a**に掲げておこう．合わせて，データ・コラム2の図3でみた5歳未満児低体重児率の格差も掲げておく（**表1b**）．

　図2は，初等教育純出席率にみられる格差を示したものである．地域内格差が最も大きいサハラ以南アフリカでは，高所得者層の純出席率が低所得者層の純出席率の1.7倍もある．国内格差が最も大きいのはサハラ以南アフリカのソマリアであるが，そこでは高所得者層の子どもの純出席率が，低所得者層の純出席率の実に13.2倍にも及んでいる（**表1c**）．ここから想起されるのは，低所得層の子どもが児童労働に従

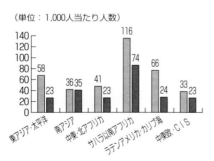

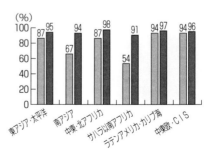

図1　5歳未満児死亡率にみる格差 (2010)

(出所) UNICEF, *Progress for Children 11, 2015*, Figure 4.Bをもとに作成．

図2　初等教育純出席率にみる格差 (2011-2016)

(出所) UNICEF, *The States of the World's Children 2017*, Table 11をもとに作成．

事せざるを得なくなって学校に通えなくなるという，悪循環の構図である．

次に，性別に起因する教育面の格差をみておこう．**表2**の青年層識字率と初等および中等教育の総就学率をみると，教育に関係する男女間の国内格差は次のようになる．青年層識字率（**表2a**）についてみると，青年女性の識字人口が青年男性の識字人口の半数にも満たない国が存在していることがわかる．たとえばニジェール（0.49倍）では，男性識字者が100人いるときに女性識字者は49人しかいないという状況である．

初等教育総就学率（**表2b**）についてみると，女児の総就学率が男児の総就学率に比べて格段に低い国が存在していることがわかる．たとえばアンゴラ（0.64倍），アフガニスタン（0.69倍）である．さらに中等教育総就学率（**表2c**）をみると，その数値が初等教育総就学率の数値よりも低いこともわかる．2000年に採択されたミレニアム開発目標（MDGs）では，初等教育と中等教育における男女間格差を2015年までに解消すること（MDG3）が求められていた．しかし，これをみる限りでは，中等教育における男女格差の解消の方が初等教育のそれに比べて遅れをとっていることがわかる．むろん，この問題は，持続可能な開発目標で解決が目指されている課題のひとつになっている（SDG4）．

表1　所得に起因する国内格差の大きい国

	（a）5歳未満児死亡率にみる格差 (1997-2005)		（b）5歳未満児低体重児率にみる格差 (2009-2013)		（c）初等教育純出席率にみる格差 (2011-2016)	
順位	国名	高所得層側の死亡率を1とした場合の低所得層側の死亡率の割合	国名	高所得層側の低体重児率を1とした場合の低所得層側の割合	国名	低所得層側の純出席率を1とした場合の高所得層側の割合
1	ペルー	5.72倍	ヨルダン	13.0倍	ソマリア	13.2倍
2	南アフリカ共和国	3.95倍	エルサルバドル	12.9倍	南スーダン	5.1倍
3	インドネシア	3.75倍	ペルー	12.2倍	ナイジェリア	3.3倍
4	モロッコ	3.54倍	トルコ	8.4倍	マリ	3.2倍
5	ニカラグア	3.36倍	モルドバ	8.2倍	ブルキナファソ	2.8倍

（出所）（a）UNDP, *Human Development Report 2007-8*, Table 8をもとに作成．ただし，データが揃う61の途上国だけに関するもの．（b）UNICEF, *The States of the World's Children 2015*, Table 13をもとに作成．（c）UNICEF, *The States of the World's Children 2017*, Table 11をもとに作成．

表2　性別に起因する国内格差の大きい国

	（a）青年層識字率 (2011-2016)		（b）初等教育総就学率 (2011-2016)		（c）中等教育総就学率 (2011-2016)	
順位	国名	男性識字率を1とした場合の女性識字率の割合	国名	男性の総就学率を1とした場合の女性の総就学率の割合	国名	男性の総就学率を1とした場合の女性の総就学率の割合
1	ニジェール	0.49倍	アンゴラ	0.64倍	チャド	0.46倍
2	アフガニスタン	0.52倍	アフガニスタン	0.69倍	中央アフリカ共和国	0.51倍
3	チャド	0.54倍	南スーダン	0.71倍	南スーダン	0.54倍
4	中央アフリカ共和国	0.55倍	中央アフリカ共和国	0.74倍	アフガニスタン	0.56倍
5	リベリア	0.59倍	チャド	0.77倍	コンゴ民主共和国	0.62倍

（出所）（a）UNICEF, *The State of the World's Children 2017*, Table 5をもとに作成．（b）（c）UNICEF, *The State of the World's Children 2017*, Table 7をもとに作成．

（松田　哲）

5 Data column

保健医療と教育への政府支出
──支出割合と1人当たり支出額──

　保健医療や教育に対して，各国政府はどの程度の予算を配分しているのであろうか．その額は，厳しい境遇におかれている子どもの現状を改善するのに，十分なものなのであろうか．ここでは，保健医療分野と教育分野に対する政府支出のデータをもとに，各地域の特徴を大雑把に把握してみることとしたい．

　図1は，政府予算に占める保健医療分野と教育分野，それに加えて防衛分野への支出割合を示したものである．ここからは，以下の3つの特徴を指摘することができる．第一に，教育への支出が，保健医療への支出よりも大きいということである．つまり予算配分だけでみれば，教育の方が保健医療よりも重視されていることになる（先進工業国を除く）．第二に，防衛への支出が，保健医療への支出よりも多い，もしくはそれに匹敵する地域が多いということである（ラテンアメリカ・カリブ海，中東欧・CIS，先進工業国を除く）．これは，限られた予算をどの分野に優先的に配分すべきなのかという問題を生むことになろう．第三に，保健医療や教育への支出の割合が他の地域に比べて極端に小さい地域はない，ということである．つまり，子どもの窮状が目立つ南アジアやサハラ以南アフリカであっても，それらの地域における政府支出の割合は決して小さくはないのである．では何が問題なのであろうか．その点について考えるために，1人当たりの支出額をみてみよう．

　図2は，保健医療分野における1人当たり政府支出額を示したものである．金額の

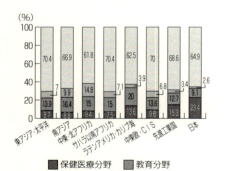

図1　政府予算にみる分野別支出割合（2016）
（出所）World Bank, World Development Indicator より作成．先進工業国は2015年の値．

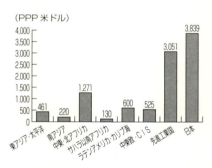

図2　保健医療分野における1人当たり政府支出額（2016）
（出所）World Bank, World Development Indicator より作成．

多い順に中東・北アフリカ（1271ドル），ラテンアメリカ・カリブ海（600ドル），中東欧・CIS（525ドル），東アジア・太平洋（461ドル），南アジア（220ドル），サハラ以南アフリカ（130ドル）となっており，南アジアとサハラ以南アフリカにおける1人当たり支出額が，他地域に比べて圧倒的に少ないことがわかる．つまり両地域においては，子どもの人数に比して政府支出の絶対額が不足しているわけである．そうであるとすれば，これらの地域における保健医療分野に対する政府支出を増加させるように働きかけたり，国外からの資金援助を活発化させたりすることが必要になろう．

より具体的に，保健医療分野への1人当たり支出額を国毎の数値でみておこう．**表1**は，データ・コラム2の**表1**（5歳未満児死亡率が高い国・死亡者が多い国）に登場した国のなかから，データが揃う9つの国についてまとめたものである．すべての国の1人当たり支出額が，地域の平均支出額を大幅に下回っていることがわかる．むろん，そのようになる背景にはさまざまな国内事情が存在しているであろうから，ここから先は，個別国家の事情を具体的に検討していくしかないだろう．

保健医療や教育といった分野は，その分野への投資によって生み出される利益がすぐには還元されないがゆえに，民間部門からの投資が期待できない分野とされている．しかしそれは，いいかえれば政府がより積極的な取り組みをすべき分野だということでもある．そして，そのような取り組みを強化することは，当該国の政府だけでなく，先進工業国の政府，国際機関，あるいはNGOなどが協力して進めるべき課題でもある．今，必要とされているのは，子どもの境遇を改善するための国際的な取り組みを，多様な国際協力を通じてさらに活発化させていくことであろう．

表1　保健医療分野における1人当たり政府支出額
——データ・コラム2の表1に登場する途上国の場合——

(単位：PPP米ドル)

国名	2000	2016	その国が属する地域の平均値 (2016)（[　]は地域名）	地域の最大値 （[　]は国名）
インド	17	61	220［南アジア］	1182［モルディブ］
パキスタン	30	40		
中央アフリカ共和国	12	4	130［サハラ以南アフリカ］	1077［セイシェル］ (第2位：600［ナミビア］)
チャド	18	18		
コンゴ民主共和国	0.3	4		
エチオピア	9	19		
マリ	12	25		
ナイジェリア	18	28		
シエラレオネ	21	27		

(出所) World Bank, World Development Indicatorより作成．ただし，ソマリアについてのデータは無し．

（松田　哲）

第 I 部

生きる権利

ケニアのコラコラ村に井戸ができました．
ワニのいる川まで水汲みに行かなくてよくなった子どもたちが飛び跳ねています．
(2011年2月撮影)
撮影者：ミコノ・インターナショナル．

第Ⅰ部では，児童労働，ストリート・チルドレン，子どもを苦しめる因習，イスラームと女子教育，ジャパニーズ・フィリピノ・チルドレンと呼ばれる子どもたちが直面している問題について考えていきましょう．

　子どもには生きる権利があります．子どもたちが健康に生まれ，安全な水や十分な栄養を得て，健やかに成長することは，権利なのです．子どもには育つ権利や守られる権利もあります(第12章参照)．第Ⅰ部のテーマの中には，育つ権利や守られる権利に含まれるものもありますが，子どもたちがしっかりと生きていけるようにとの願いをこめて，第Ⅰ部のタイトルを「生きる権利」としました．

　日本でも近年「子どもの貧困」が問題になっています．子育て世帯への現金給付と現物給付について，日本の公的支援は他の先進国に比べれば非常に少ないと指摘されています．つまり，日本政府の政策次第で，7人に1人が貧困（2015年）といわれる日本の子どもたちの状況も大きく変えることが出来るのです．

　世界の他の国々の子どもたちの状況はどうでしょうか．早婚のために母親の骨盤の発達が未成熟で，赤ちゃんが元気に生まれるかどうかも分からない．女の子であるからとか家が貧しいという理由で，生まれてきても育ててもらえるかどうかも分からない．不衛生な水しか手に入らず，栄養失調に苦しみ，治療可能な病気で生命の危機に瀕する．少し大きくなれば児童労働に従事させられて学校に行くこともできない．こういった子どもたちが，世界には何億人といるのです．

　貧しい家庭だから仕方がないとは考えないで下さい．子どもを育てられないほどの貧困は個人だけの問題ではありません．ジャパニーズ・フィリピノ・チルドレンに至っては，まさに私たち自身が対応を迫られている問題です．自国の子どもたちの問題に政府は何をしているのか，国際社会の役割は何なのか．第Ⅰ部の各章を読みながら，皆さんそれぞれが自分の問題として解決策を考えてみて下さい．

（戸田真紀子）

第1章　児童労働
―― 工場労働者としての子ども ――

はじめに
―― 児童労働の問題点 ――

　子どもが働く場合のうち，親の手伝いのために働くというのは，教育の面から問題視はされていない．この労働をChild Workと英語では表現している．問題なのは，子どもが働いても，経済的に搾取され，危険な労働や身体的精神的に有害な労働に従事する場合である．これは英語ではChild Labourと表現している．ここではChild Labourを議論することにする．

　子どもの定義であるが，ILO条約では15歳未満（経済発展の遅れている国では14歳未満）で義務教育を終えていない子どもが就労することを禁止していることから，15歳未満（発展途上国では14歳未満）を子どもと定義しておく．

　子どもが働くことによる弊害はきわめて大きい．最大の問題は教育を受ける機会を失ってしまうことである．字を知らず，計算もできなければ，一生未熟練労働者として，低賃金の労働に従事するほかない．その人達が結婚しても，貧困に陥り，生まれた子どもも労働に従事せざるを得なくなる．その子も教育を受ける機会を失ってしまう．このようにして，貧困の循環がおこり，貧困層が固定化してしまう．その結果，貧富の格差が固定化してしまう．この連鎖を断ち切る必要性がある．

　子どもは従順で，言われたとおりに黙々と働き，文句も言わず，働かせやすい存在である．成人より低い賃金であっても，納得されやすいので，安い労働力として使える．発展途上国では，経済発展のために安い労働力，つまり人件費の安さを武器としてきた．安い人件費で安い商品を作って，海外に輸出することによって外貨を稼ぎ，それを国民の生活の向上やさらなる経済の発展につなげていくという政策が採用されている．そこに子どもの労働が組み込まれて

いる.つまり,国際貿易や国際経済の中に,発展途上国の子どもの労働が組み込まれているのである.

これらの労働に従事する子どもをどのようにすれば救済できるのか.どうすれば教育を受ける機会を得ることができるのか.子どもだけでなく,その親にも救済の手を差し伸べる必要性がある.親が家族を支える収入があれば,子どもは働くことなく,教育を受ける機会が得られる.基本的にはそれぞれの国の政策が対象とすべき問題であるが,国際機関や国際的なNGOもその支援をおこなっている.子どもの労働を解消し,教育を受ける機会を増やすための試みも国際的な枠組みの中で実施されている.

1　児童労働の実態

児童労働の総数はいくらか.正確な統計をとるのは困難であるが,ILOは,5歳から17歳までの児童労働の数を,2000年段階で2億4550万人,2004年では2億2229万人,2008年で2億1520万人,2012年で1億6795万人,2016年で1億5162万人と推計している.世界人口の年齢層に占める児童労働に従事している者の割合は2000年で16％,2004年で14.2％,2008年で13.6％,2012年で10.6％,2016年で9.6％と推計している.2016年の地域別でみると,アジア太平洋地域は40.9％,アフリカで47.5％,ヨーロッパ・中東は3.6％,南米アメリカは7％となっている［ILO and International Program on the Elimination of Child Labour 2013：3-5, 2017：3-5］.現在はアフリカがもっとも大きな割合を占めている.地域別の子どもの数の中での割合を見ると,アフリカが19.6％,アジア太平洋地域が7.4％,南米アメリカが5.3％,アラブ諸国が2.9％,ヨーロッパが4.1％で,これもアフリカがもっとも高い割合になっている.

ILOの統計による5歳から14歳までの児童労働の数は,2000年段階で1億8630万人,2004年では1億7383万人,2008年では1億5285万人,2012年では1億2045万人,2016年では1億3036万人と推計しており,これも着実に減少し,世界人口の年齢層に占める5歳から14歳までの児童労働従事者の割合も減少している.しかし,この年齢層は特に救済を必要としており,それがまだ1億人以上も存在している.

（1）児童労働の見られる現場

　5歳から17歳の児童労働が従事している分野は，2016年の統計によると農林水産業（70.9％），第二次産業（11.9％），サービス業（17.2％）に広がっている［ILO and International Program on the Elimination of Child Labour 2017：3］．

　農林水産業がもっとも多く，農作物の耕作，漁業，養殖，林業のほかに，プランテーションでバナナ，コーヒー，カカオ，ゴム，パームオイル，コショウ，綿花，砂糖，茶などの生産に従事したり，塩の生産に子どもが従事したりしている［国際こども権利センター 1998：3］．この場合，親が働いている場所で，子どもも一緒に働いていることもある．なぜかというと親が生活に困って雇い主や地主に高利（年利率6割となっている場合もある）で借金をして，それが返せず，債務労働者として家族全員が地主のもとで働き，奴隷のような状態に置かれる場合があるためである．たとえば，インドの南部チェンナイの近くでは天然の塩を作っているが，炎天下での重労働に子どもが就き，債務労働の状態で働かされている．親の借金を返済するために子どもが働く場合もある．親の借金がいくらで，自分の労働でいくら返済したかも分からず，雇い主に言われるままに労働している子どもも存在している．プランテーションでは農薬，殺虫剤，化学肥料を用いるために，健康を害する恐れもあり，成長期にある子どもには悪影響をあたえる場合がある．

　製造業ではカーペット，縫製，織物，タバコ，研磨，ガラス，マッチ，花火，おもちゃ，靴，注射針，サッカーボールなどの製造に従事している．船の解体作業にも従事している．ガラスやマッチの製造では危険な材料を使っており，裸足で仕事をするために怪我をしやすい．カーペット製造では長時間労働を余儀なくされ，座ったままなので足が弱って歩けなくなる子どもが出てきている．おもちゃ工場では子どもが逃げないように鍵をかけた仕事場で仕事をさせ，火事が発生しても，そこから逃げられず焼け死んだという悲惨な事例も生じている．サッカーボールの製造では皮を縫い合わせるのに力がいり，針で怪我をする場合もでてきている．サッカーボールを製造しても，一度もボールを蹴って遊んだことがない子どもが多い．船の解体では危険物や爆発物があって，死亡事件が絶えない．建設業ではもともと危険性の高い仕事であるが，子どもが重量物を持って裸足で仕事をして事故にあう確率が高くなっている．鉱業では採石や鉱山での労働があり，危険な作業でけがや死亡事故がおきている．その補償を受けられないままになる場合もある．

サービス業では，児童買春，児童ポルノ，ストリート・チルドレンとして路上での仕事（靴磨き，屑拾い，花，雑誌，新聞，食料品などの販売，洗車，物乞い，麻薬の配達，かっぱらいなど），家事使用人などがある．児童買春はHIVの問題を伴っており，子どもはそれにかかっている率が低いとして買春の対象として好まれている．これは人身売買の問題ともつながっている．ストリート・チルドレンはさまざまな仕事に従事し，場合によっては違法な行為もおこなわれている．家事使用人として働く場合，家庭の中という密室での仕事のために，雇い主からセクハラや暴力を受けたり，長時間労働を強制されたり，食事はもらえても賃金が支払われない場合さえあるという問題がある．

児童労働が見られる現場を別の区分けで整理することも可能である．それはフォーマル・セクター（organized sectorとも言う）とインフォーマル・セクター（unorganized sectorとも言う）という分け方である．フォーマル・セクターは一定規模以上の民間企業や公共企業，役所を意味するが，そこで働く人は労働法や社会保障法，公務員として政府の保護を受けることができる．これに対して，インフォーマル・セクターは都市で屋台や路上で物売り，人力車引きという雑業や零細企業に従事する場合を指す．ストリート・チルドレンが都市の路上で仕事をする場合がその典型である．

本章では工場で働く子どもの問題に焦点をあてて述べる．したがってフォーマル・セクターとインフォーマル・セクターの両方にまたがって存在する子どもを扱うことになる．

(2) 児童労働の原因

なぜ児童労働が存在するのか．児童労働を供給する側と必要とする側の両方（供給と需要）から見ていく必要がある．

供給側から見ると，最大の要因は親が家族を支えるだけの収入がないことである．親が失業している場合，失業中の生活を支える制度（たとえば失業手当の支給制度）がない発展途上国では，失業すると収入がなくなる．また，親がインフォーマル・セクターである都市の雑業（路上で屋台や物品販売）に従事している場合，収入が不安定で家族の生活をささえきれない場合がある．そもそも親が病気で働けない場合，病気の治療費の支払いのために，子どもが働かざるをえなくなる．健康保険制度のある国は限られており，発展途上国では健康保険制度のない場合が多く，治療費は全額支払う必要があり，負担が大きくなっ

ている．

　発展途上国では，生活を保障するための社会保障制度が不十分であり，生活を支える最後の砦は親族や血縁者による生活の支えあいである．農村とのつながりを持っている場合には，農村に帰って親族や血縁者の保護を受けるという場合もある．それらを期待できない場合もありうる．その場合には子どもであっても，働かざるをえなくなる．

　児童労働を受け入れる側の事情をみてみよう．資本主義の初期の時代には児童労働が存在していた．イギリスは工場制生産をおこした最初の国であるが，そこに従事したのは女性と子どもであった．おとなしく，雇い主の言うとおりに従順に働き，あまり抵抗しないので，女性と子どもが好まれた．しかし，その労働が厳しいので批判が生じ，工場法によって児童労働に年齢の制限を課した．イギリスでは資本主義の進展によって富の蓄積ができるにつれて，児童労働が労働市場の中で少なくなっていった．

　日本でも明治維新後の富国強兵政策によって工業化政策が実施されたが，明治の初めから児童労働があり，長い間存在していた．童謡「赤とんぼ」の中で歌われた子守りは代表的な児童労働であった．第二次世界大戦によって日本経済が壊滅状態になってから児童労働が増え，高度経済成長を実現するまで児童労働が存在していた．日本では児童労働がほぼ消滅してから50年ぐらいしかたっていない．しかし，近年所得の格差問題が生じ，非正規労働者で結婚して家庭を持った場合に，貧困に陥り，その子どもが児童労働に従事する事例が発生する可能性がありうる状況になっている．OECDの2000年に調査によると，日本の子どもの貧困率は14.3%であり，2012年には16.3%に増加している．

　現在の発展途上国ではどうであろうか．発展途上国は工業化政策によって経済発展を実現して国の富を蓄積するという政策をとっている．独立以前は旧宗主国に農業産品を供給し，工業製品の消費地となっていたが，これでは独立後の経済を維持することはできない．そこで工業を起こすことによって国の経済を発展させ，国民の生活を維持しようとした．しかし，工業化政策を実現するにはさまざまな条件が必要である．その中で，もっとも重要なのが，資本，技術，労働力である．資本は国内になくても，外国資本を導入することによって条件を満たすことができる．技術も外国から導入し，それに特許料を支払うことによって利用することができる．つまり資本，技術は外国に依存することができる．

しかし，労働力は自分の国から調達するほかない．外国人を一般的に労働力として頼るという政策は採用できない．外国人から技術を学ぶために，外国人を導入しているが，自国民に働いてもらって生活を維持してもらう必要があるので，自国から労働力を調達する政策をどの国も採用している．しかし，労働力は熟練の程度に違いがあり，高度な技術を要する仕事には熟練工が，それでない仕事には半熟練工や未熟練工が働いている．

　この工業化政策は先進国との国際競争のもとで実現していかざるをえない．発展途上国が優位な地位にたてるのは，労働コストの低さである．資本や技術は外国に依存しているので，そこで先進国より優位に立つことは困難である．そうなると残った労働力で優位に立つ道しか残っていない．労働コストを低くするために，先進国より賃金を低くおさえるという方法がある．しかし，賃金を低くするだけではだめである．生産性が低ければ賃金が低いのは当然である．そこで生産性を向上させつつ，賃金を低い状態にしておくという低賃金政策を採用する必要がある．ここに児童労働を取り込む需要側の論理がある．子どもは通常熟練を持っていない場合が多いので，単純な労働で，同じ作業を黙々と繰り返す作業に従事させられている．指示されたことを反復して労働する仕事に子どもは使いやすい．しかも，大人より安い賃金で雇っても文句がでてこない．大人より子どもの方が生産性が低いと考えられているので，賃金が低くても当然とされやすい．

　さらに，アジア経済危機後，新自由主義の経済理論のもとで，構造調整策が発展途上国に求められている．その結果，労働市場の自由化や雇用形態の多様化が進み，パートタイマー，派遣労働者，請負労働者，短期の契約労働者という非正規労働者が増加しているが，これも児童労働と同様に，労働コストを下げるためにおこなわれている．子どもを雇用することは違法であると雇い主側は認識しており，それでも雇用する場合には，子どもを請負労働者として雇用すれば，直接雇い主としての責任が生じないからである．

　このように経済のグローバル化のもとでの国際競争から，発展途上国は労働コストを下げるために子どもを労働の場に取り込んでいる．子どもの中にも働きたい，親の手助けをしたいという子どもが存在していることを言い訳として利用している．この供給と需要の関係から，児童労働は生まれてきている．それを一層促しているのが経済のグローバル化のもとでの国際競争である．単純な労働，したがって単価が安い商品を作る作業に子どもが従事している場合が

多いが，それによって安く商品を作って輸出を増やしている．日本で百円ショップが繁盛しているが，そこで扱っている商品に，児童労働によって作られた商品がある可能性を否定できない．商品が安いことで売られているが，その商品の製造過程にまで配慮が及んでいないのが日本の現状である．それでは，消費者としては認識不足であり，海外から輸入される商品が児童労働によって製造されているかもしれないという問題意識を持たなければならない．児童労働によって採掘された希少金属が携帯電話やコンピューター製造に使われているとしたら，われわれはどうすべきであろうか．

(3) 児童労働の抱える問題点
なぜ児童労働が問題とされているのか．

① 子どもが労働に従事することによって，教育を受ける機会を奪われる．

発展途上国でも義務教育制度を導入しており，義務教育を子どもたちに受けさせようとしている．しかし，労働に従事するために学校に行く時間がない場合がある．時間があっても，義務教育を受けるのに学用品や制服の購入に金が必要であり，それを買えない家庭では，途中から学校をドロップアウトする子どもが出てくる．教育を受ける機会が奪われると，就労できる年齢になっても，読み書きができない場合がでてくる．そうなると，一生未熟練労働者として低賃金で働かざるをえなくなる．その子どもが大人になって家庭を持っても，貧困に陥り，子どもを学校に通わすことができず，その子どもも未熟練労働者として過ごすことになる．このようにして貧困の循環を引き起こすことになる．

② 子どもの賃金が低く設定されている．

大人と比べると，一般的に労働生産性が低いとみなされ，賃金が低く設定されている．子どもの方もそれを当然としているし，児童労働は違法とされているので，低賃金を抗議しにくい．子どもは抗議の方法を知らないし，雇い主の言うことに従順に従う傾向が強いので，そもそも抗議しない．そのために，最低賃金さえもらえない場合もある．大人を対象として最低賃金を設定しているので，子どもの場合，最低賃金の適用除外とされる場合が多いことも原因である．児童労働が違法であっても，現実に働いた場合には，それに対して正当な賃金が支払われなければならない．賃金だけでなく，他の労働条件にも大人と格差をつけられ，それでも働いて親を助けることができることを子どもは希望

する．そこに雇い主がつけこみ，悲惨な労働条件のもとで働かせている．このように子どもは経済的に雇い主から搾取されやすい立場にある．

　③ 子どもの成長にマイナスをもたらす可能性が大きい．

　教育面でのマイナスは①で指摘したが，それだけでなく身体的精神的な成長にマイナスをもたらす可能性がある．十分な食事をとることができない程の低賃金で働き，栄養不足におちいりがちである．子どもも稼いだお金を親にできる限り手渡したいと思っているので，低賃金の中からも親にお金を送金しており，栄養の行き届かない食事で我慢している．さらに，仕事が重労働であったり，危険・有害な労働であったりしても，それを防止する手段が講じられておらず，身体への負担となり，それが身体の成長を妨げている．遊ぶ時間もなく，長時間労働を余儀なくされると精神的にストレスが溜まってくる．これは大人と同じである．その結果，精神上の健全な発達を妨げる可能性が高まる．このことは子どもの人権侵害につながってくる．

2　児童労働をなくすためのさまざまな試み

　以上に述べたように児童労働の弊害が指摘されており，児童労働をなくすための試みがいろいろな場所で実施されている．しかし，依然児童労働は存在しており，それらの試みが成功しているとは言えない状態であるが，それらの積み重ねによって，児童労働をなくしていく他ない．そこでそれらを紹介していこう．

(1) 国際労働機関（ILO）での試み

　ILOは労働問題を取り扱う専門の国際機関であり，国際労働基準を定める条約を策定して，その批准を促進するのがもっとも重要な活動である．それとのかかわりで，1998年中核的労働基準についての宣言を採択した［香川 2000: 4］．中核的労働基準の4分野（児童労働廃絶，強制労働廃止，雇用差別の禁止，結社の自由）に該当する8つのILO条約を批准していなくても順守することを宣言した．そのために順守状況についての報告をILOに提出して，順守できない事情がある場合には，順守できるようにILOが技術援助を実施することになっている．ILOでは児童労働廃絶がもっとも重要なテーマであることを，この宣言によっ

て知ることができる．対象となる条約は，ILO条約138号と182号である．138号は就業最低年齢を定めており，182号は最悪の形態の児童労働を廃絶するための条約（この条約は満18歳未満を対象とする）である．最悪の形態の児童労働は，人身取引，債務労働，子ども兵士などの強制労働，買春・児童ポルノ・麻薬の製造・密売という不正な活動，子どもの健康や道徳を損なう労働，危険な労働の3種類を含んでいる．

ILOは，IPEC（児童労働撲滅計画）という名称の技術協力プロジェクトを実施している［香川 2000: 4］．1992年ドイツの財政援助でスタートした．ドイツの消費者運動がネパールやインドでカーペット製造に児童労働が使われていることに抗議して不買運動を展開したことがきっかけとなって，IPECを立ち上げることになった．80カ国以上で技術協力プロジェクトを実施し，先進国や国際組織が援助している．国際組織では国際サッカー連盟，国際菓子協会世界ココア問題グループ，タバコ産業内児童労働撤廃財団が含まれている．日本も1998年から政府および連合が支援に参加している．

この計画では，児童労働をなくすための政策やプロジェクトに財政的支援と人的支援をILOが提供している．ILOと共同でUNICEF，各国政府，NGO等の団体と協力して実施している．そのために児童労働を廃止するための制度枠組み作りや国の予算の策定に働きかけることと，働いている子どもを直接保護し，その家族への支援もおこなう行動と，さまざまなレベルでの児童労働撲滅のキャンペーンの3つが重要な内容となっている．

制度枠組みとそれに予算をつけることへの支援では，国内での児童労働の実態を把握し，それにどのような政策を立案するか，そのための人的支援を実施している．

子どもおよびその家族への支援としては，子どもが教育や技能を習得する機会を提供し，さらに家族のための訓練や雇用機会を支援することがおこなわれている．子どもが働きながら労働を続けるのは困難を伴い，結局学校をドロップアウトする傾向が強いので，徐々に児童労働を撤廃して初等教育をきちんと受けることを目指す．そのために，国連教育科学文化機関（UNESCO）で採択されたダカール行動枠組みと提携して，働く子どもに無償の義務教育を受けさせるための活動がおこなわれている．特にいきなり正規の学校に通うことが難しいので，正規の教育を受けた子どもに追いつくことが可能となるように非公式教育機関を設置することが含まれている．さらに読み書き計算ができる子ど

もや親に対して，実践的な職業訓練をおこない，職を確保できるよう支援している．学校に通うことを促進するために，給食，健康管理，奨学金，親への手当を提供している．

児童労働撲滅キャンペーンでは，2002年に「児童労働反対世界デー」を6月12日に設定し，さまざまなイベントを通じて，児童労働廃止に関心を持ってもらう活動を実施している．

(2) 各国で取り組む活動

児童労働問題をかかえる国は発展途上国がほとんどである．その国々では児童労働を禁止する法律を制定しており，それを労働監督制度によって実施状況を監視する必要がある．しかし，実際には，それが不十分である．労働監督官の数が不足して監督が行き届かなかったり，労働監督官に不正があったりする場合がある．使用者からわいろを受け取って，児童労働を見逃している．わいろを払っても使用者にとって得をする場合があるし，また罰金を払っても，賃金が安いので，児童労働を雇った方が得する場合さえある．このように短期的には使用者が得をするかもしれないが，これを是正しないと，長期的には国にとって損失になる．

発展途上国では先進国からODAによって援助を受けたり，ILO，ユネスコ，ユニセフ，国連開発計画（UNDP），世界銀行，アジア開発銀行などの国際機関から支援を受けている．その際，人権への配慮や労働基準を順守することを条件とすることが一般化している［吾郷 2000: 20］．したがって，児童労働を使って援助プロジェクトを実施することは，条件違反を犯すことになるので，児童労働を使わないようにしなければならなくなる．このように開発援助を通して，発展途上国が児童労働廃絶にむかう道筋がありうる．

各国の通商政策を利用して児童労働を撲滅する手段がある．たとえば貿易協定の中で児童労働によって生産された商品の貿易には制裁金を科すとか，児童労働によって生産された商品には一般特恵関税制度の適用を除外する方法がある［中村・山形 2013: 117］．

(3) 企業の対策

今日，子どもを雇用する企業は，それが違法であることを認識している．子どもを雇用することは労働法規に違反することになり，コンプライアンスを順

守しないことになる．それでも子どもを雇用する．子ども自身が雇用を希望するので，それに答えるために雇用しているという言い訳をしているが，それは許されない．これが見られるのは中小企業に多い．なぜか．大企業や取引先企業から仕事をもらって，部品を生産している中小企業が多いからである．その時，部品の単価を「買いたたかれる」場合がある．単価を低く切り下げられ，それに応じないと大企業や取引企業から発注を拒否される．そこで中小企業は子どもを雇用して安い人件費で働かすことになる．そのような商慣習をなくすにはどうしたらよいのか．

　最近議論されている「企業の社会的責任」(CSR: Corporate Social Responsibility) を果たすために，企業行動規範を策定する企業が出てきているが，その行動規範の中に児童労働廃絶やその他の国際労働基準の順守を定める場合がある〔吾郷 2007: 73; 香川 2008: 10〕．これは労働CSRと呼ばれている．CSRは法律をうわまわる内容を任意に順守することによって，企業のイメージを高めて，ステークホルダーからの評判を高めて，消費者から高い評価を受けて売り上げを上げるとか，株価を上げることができる仕組みである．法的拘束力はなく，事実上の効果しかないが，企業が一度評判を落とすと，消費者から批難を浴びて，企業倒産の可能性もある．

　この事例として，もっとも知られているのは，ナイキの場合である〔アジア太平洋資料センター 1998: 3〕．ナイキはインドネシアやベトナムで自分のブランド名を付けた製品（運動靴やスポーツウェア）を外注に出しており，そこで児童労働が見られたことから，アメリカの消費者から反発を受けて，不買運動の対象となった．これをきっかけにナイキは行動規範を作成して，国際労働基準の順守をアウトソーシングの企業にも順守を求める企業努力を続けている．

　労働CSRでは，親企業だけでなく，取引企業や下請企業にも順守することを求めなければならない．部品を調達する際に，児童労働がみられる企業からは調達しないように配慮する必要がある．このようなCSR調達を実現するために，取引企業や下請企業を指導して児童労働をなくすようにしなければならない．

　使用者団体も行動規範のモデルを作成して，傘下の企業がその行動規範を導入することを勧めている．国連が提唱しているグローバル・コンパクトの中にも児童労働の禁止が含まれており，グローバル・コンパクトに加入することによって，子どもを雇用しないようにする義務が生じる．この義務には法的拘束力はなくて，任意に履行するだけである．もっとも規制のゆるやかな労働CSR

であるが，国連が提唱しているので参加企業が増加している．

さらに国際的NGOが行動規範を作成して，それを受け入れる企業を調査して，基準にあえば認証を与えるという戦略で，行動規範の順守を促進している．その代表的な事例がSA8000である．

SA8000はSAI（Social Accountability International）というアメリカのNGOが提唱している行動規範である．この中に児童労働は使わないという条項が含まれている．認証機関による調査で3年間有効な認証を取得し，その後，半年ごとに再審査をうける．その費用は認証をうける企業が負担する．アメリカのNGOが提唱している行動規範なので，アメリカに製品を輸出したいと思っている企業は，SA8000を受けることによって，アメリカの消費者の評判を獲得することを目指している．この場合にも取引企業や下請企業から部品を調達する場合には，子どもを雇用していないかどうかをチェックし，雇用していない企業から部品を仕入れる必要がある．チェックを実施する場合には工夫が必要である．事前に予告しておくと，その日だけ子どもを隠してしまうので，予告なくチェックに入る必要がある．その結果，子どもが発見されれば，子どもを雇用しないよう指導して，子どもを雇用の場から排除する必要がある．

（4）労働組合の対策

労働組合の組織されている企業では，労働組合の監視によって子どもを雇用の場から排除しなければならない．企業が児童労働を排除するというコンプライアンスを守ることを組合が要求する形になろう．しかし，問題があるのは，労働組合の組織されない中小企業で子どもが雇用されている場合である．この場合の方が多いであろう．

国際的な労働組合組織は多国籍企業と協議して，国際的枠組協定を締結して，中核的労働基準の順守を実効あるものにしようとしている．行動規範とは違うことを示すために，これを国際的枠組協定と呼んでいる．日本の多国籍企業は3社だけが締結しているが，世界では50社程で締結されている．この協定では労働組合がモニタリングを実施することを前提としている．ここでも多国籍企業本体だけでなく，取引企業や下請企業も監視の対象に含め，児童労働禁止が順守されているかどうかを監視する．したがって，取引企業や下請企業に労働組合がなくても，多国籍企業の組合がチェックすることになる．

さらに，国際的な労働組合組織が業界団体に児童労働を排除することを求め

る場合がある．たとえば，世界サッカー連盟がワールドカップの試合で，児童労働によって作られたサッカーボールを使わないという合意文書に，国際自由労連（ICFTU，2006年11月から国際労働組合総連合ITUCに変更），国際繊維被服皮革労連（ITGLWF），国際商業事務技術労連（FIET）との間で署名がおこなわれた［香川 2010: 43］．

おわりに

　以上述べたように，さまざまな児童労働廃止の努力がされてきている．子どもが雇用されている場合には，子どもを雇用の場から排除することが必要である．しかし，どのように排除するかが問題である．排除するだけだと，もっと悲惨な労働条件のもとで働く場合が生じてくる．そこで排除された子どもを救済することとセットでおこなう必要がある．社会復帰するためのリハビリテーション，教育を受ける機会の提供，奨学金の提供，親への雇用の場のあっせんなどの方法がある．国際機関，国，企業，労働組合だけでなく，発展途上国ではNGOが活躍しており，それらの協力を得て，子どもの未来のために，総合的な政策によって，総力をあげて対策に取り組む必要がある．

　児童労働廃止の努力は，まだ十分な成果をあげていない．それによって救済を受けることができる児童は限られている．それなのに，児童労働が増える可能性さえ予測されている．世界的に新自由主義の考えにもとづく経済政策が実施されており，そのために非正規の労働者が増加し，正規の労働者との間の格差が大きくなりつつある．非正規労働者の賃金が低く，貧困に苦しむ状況が見られる．その子どもが貧困から逃れるために，児童労働として働く場合が増加しないかという心配が生まれてきている．発展途上国だけでなく，先進国でもその可能性が増加するおそれを指摘できよう．

参考文献 ●●●
吾郷眞一［2000］「地域開発銀行と労働基準」，日本労働研究機構編『アジアにおける公正労働基準に関する研究』日本労働研究機構．
────［2007］『労働CSR入門』講談社．
アジア太平洋資料センター［1998］『Nike: Just Don't Do It ──見えない帝国主義──』アジア太平洋資料センター．
香川孝三［2008］「アジアにおけるCSRの現状──労働を中心として──」『世界の労働』

58(12).
─── [2000]「アジアにおける児童労働と国際基準」, 日本労働研究機構編『アジアにおける公正労働基準に関する研究』日本労働研究機構.
─── [2010]『グローバル化の中のアジアの児童労働』明石書店.
国際子ども権利センター [1998]『インドの働く子どもたち──ぼくたち, わたしたちの声をきいて──』国際子ども権利センター.
谷勝英 [2000]『アジアの児童労働と貧困』ミネルヴァ書房.
中村まり・山形辰夫 [2013]『児童労働撤廃に向けて』アジア経済研究所.
ILO and International Program on the Elimination of Child Labour ed. [2013] *Marking Progress against Child Labour, Global Estimates and Trends 2000-2012*, Geneva, ILO.
─── [2017] *Global Estimates and Trends 2012-2016*, Geneva: ILO.
OECD [2003] *Combating Child Labour: A Review of Policies*, Paris: OECD(豊田英子訳『世界の児童労働──実態と根絶のための取組──』明石書店, 2005年)

読んでほしい本・観てほしい映画

① 香川孝三『グローバル化の中のアジアの児童労働』明石書店, 2010年.
　経済のグローバル化とともに児童労働が国際経済や国際関係に中に組み込まれていることを分析した本.
② 中村まり・山形辰夫編『児童労働撤廃に向けて』アジア経済研究所, 2013年.
　児童労働撲滅のために活動する主体ごとに, その内容を分析した本.
③ 映画「バレンタイン一揆」吉村瞳監督, NPO法人ACE制作, 2014年, 日本.
　ガーナのカカオ生産地での児童労働をなくすために活動する日本人女性を描く映画.
④ 映画「奪われた子供時代」レン・モリス, ロビン・ロマーノ監督, 2005年, アメリカ.
　ケニア, スマトラ, インドでの児童労働を描いたドキュメンタリー映画.
⑤ 映画「スラムドッグ＄ミリオネア」ダニー・ボイル監督, 2008年, イギリス.
　インドのスラムでの貧しい生活を描いたアカデミー賞受賞映画.

(香川孝三)

Column 1

チョコレート（カカオ）

　日本では，板チョコやプラリネなど多様なチョコレートを楽しむことができる．きれいな箱に詰められて一粒2000円もするものもある．これらのチョコレートの原料カカオは，赤道付近の高温多湿な地域，アフリカ，アジア，中南米で栽培されている．世界で生産されるカカオの約75％はアフリカ産であるが，消費するのは欧米が81％で，アフリカは3％にすぎない．カカオはバナナなどの木陰でよく育ち，奥地の密林にある農園でも栽培される．熟したカカオの実から果肉を取り出し，数日間発酵させた後乾燥させるという手作業を経て，チョコレートの原料となる．

　チョコレートが広く欧米に普及したのは，植民地からの十分なカカオ供給と加工技術の向上があった19世紀以降である．カカオを美味しいチョコレートに加工するには，設備と高い技術が必要だ．ミルクやナッツなどを加えてより美味しいチョコレートが生産され，大きな利益を生み出す商品となる．チョコレートの売り上げは，1100億ドルを超えるが，そのうちカカオ生産者が受け取る対価は3％に過ぎないと推計される．

　年間約460万トンが生産されるカカオは，石油，コーヒーに次ぐ大きな国際貿易だ．市場の約80％を独占する巨大企業数社の年商は数十億ドルに達し，最貧国の国内総生産額にも匹敵する．これらの企業は貿易を規制する国際機関に対しても大きな影響力を行使し，国際ルールを自分たちに有利なものとすることに成功している．

　カカオの価格はロンドンとニューヨークの商品取引所で，生産者とは全く無関係に決定される．カカオ収入に依存している生産者は，買い取りにくる仲買人の言うままの値段で売るしかなく，コストを抑えるため，子どもたちに奴隷労働を強いる農家も少なくない．親にお金を渡したり，だましたりして貧しい地域から連れてこられた子どもたちを農園に売る業者もいる．西アフリカでは，主に12-16歳の男の子百数十万人が，大きな鎌や殺虫剤を防護服もなしに使用するなど劣悪な環境で，1日12時間以上も働かされる．奴隷労働を強いられた子どもたちは，心身ともに深い傷を負う．

　このような過酷な児童労働をなくすための取り組みとして，近年，日本でもフェアトレードチョコが，徐々に普及してきた．フェアトレードとは，生産者と消費者の互いへの敬意に基づく，より公正な取引をめざすものである．フェアトレードでは，生産者が生活していくのに必要な，適正で安定した対価を支払う．パッケージに「フェアトレード」と表示されているチョコレートを見かけたことがあるかもしれない．これらは，児童労働によらないカカオのみを原料としているとは限らないが，生産者がより安全に安心して働けること，児童労働をなくすことを目指している製品である．

　あなたが今日食べたチョコレートの原料は，どんな農園で誰が収穫したのだろうか．

（市川ひろみ）

第2章 北タイのストリート・チルドレンとNGO
―― メコン川流域開発と子どもの人権 ――

はじめに

地図2-1 タイの地域区分

今日のグローバリゼーションの中で，国境を越えたヒトの移動が活発化している．東南アジア大陸部でも1989年の冷戦の終結と，1991年のカンボジア内戦の終結のあと「戦場から市場へ」が合言葉になって，メコン川流域（GMS: the Greater Mekong Sub-Region）の地域統合に向けた開発も進んでいる．これはタイ，ミャンマー，ラオス，カンボジア，そして中国の雲南省の越境インフラ整備，経済回廊を建設し，物流のネットワークを形成すると同時に，通信，エネルギー，人的資源，環境，貿易，投資，観光，農業分野などの開発をすすめ，市場を活性化させることを目的としている．この開発によって，タイと国境を接するミャンマー，ラオス，カンボジアの隣国3カ国からタイへの移民労働者の流入は，1990年前後から右肩上がりに増えた．

ストリート・チルドレンも同様である．タイではこうした移住労働者だけでなく，帯同する子どもの国籍や教育の権利をどう保障するか，そして人身取引の問題にどう取り組むかが課題となっている．

　北タイの中心チェンマイはバンコクから北に700キロ離れているが，19世紀まで続いたランナー王国の古都で，日本人の観光客も多く訪れる．1990年代から本格的に観光産業に力をいれるようになった．そして，それと平行して繁華街にストリート・チルドレンが増加した．最初は10代のタイ人の子どもが路上に出ていた．1990年代後半には，タイの山岳地帯やミャンマーから国境を越えてやってくるエスニック・マイノリティ（山地民）の子どもが増加していった．筆者が最初にストリート・チルドレンについての原稿を執筆した2009年ころは，NGOで保護されていた子どもたちの多くは，タイのアカ族が多かった．ところが，2015年になると，ミャンマー人やミャンマーのアカ族の子ども，しかも無国籍の子どもが圧倒的多数を占めていた．こうしたストリート・チルドレンの問題もGMS開発の負の側面として考える必要があるだろう．

　本章では，GMS開発の影響によるヒトの移動の活発化と，北タイで特徴的な山地民の子どもの問題を踏まえた上で，ストリート・チルドレンの現状を検証する．そして，子どもを保護し，彼らの権利を保障するために，タイ政府やGMS各国がどのような取り組みをしているのかを考察する．さらに，実際に現場でストリート・チルドレンの保護や人身売買の予防について取り組んでいるNGOの活動も検討する．

1　北タイにおけるストリート・チルドレンの現状と背景

　バンコクのチュラロンコン大学は2007年にストリート・チルドレンについての調査を実施し，その数はおよそ2万人であると報告した．2010年にはこの数字に加えて，1万人の子どもがミャンマー，ラオス，カンボジアなどからバンコクなどの都市にやってきて路上で物乞いなどをしていると推定されている［Wandee 2013: 2］．北タイの中心地であるチェンマイやミャンマーと国境を接するメーサイにも数多くのストリート・チルドレンが確認されているが，アーサー・パタナー・デック財団（VCDF: The Volunteers for Children Development Foundation）の調査によると，チェンマイだけでも約300-500人の子どもが確認されている．

ストリート・チルドレンは各国の事情によってさまざまであるが，2003年にアジア開発銀行はストリート・チルドレンを「ストリートを仕事や生活の場とし，ストリートで成長・発達し，希望的観測だが，将来的にはストリートを巣立ってゆく子ども」と報告書で定義した［West 2003: 10］．また，ペレイラは『国際関係のなかの子ども』において，ブラジルのストリート・チルドレンを"children on the street"（家族がいて，日中家計を補うために路上で何がしかの仕事に従事している）と，"children of the street"（何らかの事情で家庭を飛び出し，子どもたちだけで路上で暮らしている子ども）に分類した［ペレイラ 2009: 80］．これは北タイのストリート・チルドレンにも当てはまる．

　ストリート・チルドレンは路上での物売り（花・土産物・タバコなど），靴磨き，物乞いなどを生業とする児童労働者でもある．麻薬の密売や児童買春といった危険な労働にも巻き込まれる危険性が非常に高い．児童買春は国際労働機関（ILO）がいうところの「最悪の形態の児童労働」（第182号）のひとつである．こうした労働は家族を支えるため，あるいは自分で生活するための手段である．

　彼らにとって「子どもらしい」生活──1日3回食事をし，早寝早起きをし，毎日学校に行き，放課後は友達と遊び，宿題をするなど──は，遠い世界の出来事である．彼らは眠くなったら路上，公園，バスターミナル，市場，空き家など，どこでも眠り，食事はありつけた時に食べる．学校教育を受けることもほとんどない．そして，病気になったら雨や風が凌げる場所でTシャツに手足を入れ，丸くなって横たわり，回復するのをじっと待つ．彼らの生活はつねに暴力や病気と隣り合わせでもある．親や周囲の人が虐待や性的虐待を繰り返すこともある．特に女の子は人身取引やレイプのターゲットになりやすい．多くのストリート・チルドレンは，バーが立ち並ぶ繁華街で花を売る．そこで，バーの女性を口説こうとする酔った男性に花を売る．小さい時からバーに出入りすることで，売春への抵抗感がなくなり，酔った客に買われてしまうこともある．また，子どもを買うためにやってくるタイ人，あるいは外国からの観光客もいる．ストリート・チルドレンは彼らとの性交渉を通して生活費や麻薬代を稼ぐこともあるが，それはつねにHIV／エイズの危険にさらされることになる．あるいは，寂しさからボーイフレンドと性交渉をしてしまい，10代前半で妊娠・出産をしてしまう女の子もいる．こうした「早期妊娠」は本人への体の負担も大きいだけでなく，生活力や責任能力もないままに子どもを持つことになり，貧困からの脱却が余計に困難になる．このような状況にある子どもたちは，将

来のビジョンがまったく描けない．放っておけば，10年後も20年後も同じ生活を繰り返すしかないのだ．

チェンマイのストリート・チルドレンはタイのエスニック・マイノリティ（山地民）のアカ族や，ミャンマーからやってくるアカ族やミャンマー人が多い．

タイの山地民は，アカ族，カレン族，モン族，ミエン族，ラフ族，リス族，ルア族，カム族，ティン族ら9つの民族である．チェンマイの山地民研究所（Hill Tribe Research Center）によると，その人口は86万6749人（2002年）となっている．彼らは1950年代に冷戦が本格化するまで独自の民族の言語を使用し，焼畑農業やアヘンなどを栽培して自給自足に近い生活をしていた．当時は木々が深々と生い茂る山岳地帯に住む彼らと低地のタイ人との交流はそれほどなく，タイ政府も彼らに対して無関心であったために，彼らはタイ国境内にすんでいても放置されていた．ところが，冷戦がこれを一変させる．当時タイ国内の共産主義勢力が拡大するのを恐れたタイ政府は，彼らを1959年に「山地民」と定義し，国境付近の警備を強め，彼らの移動を管理し始めた．

山地民の最初の人口統計とされるものは，1960年に国連とタイ政府が合同でおこなった山地民社会経済調査であった．その後，タイの内務省や政府機関の山地民研究所などが，6回にわたって山地民の人口調査を実施している．しかし，その時々のタイ政府の関心や調査能力によって，その調査対象地域や対象民族が異なるため，その数を正確に把握できていない．そして，タイ政府は調査対象になった山地民に対して，国民としての権利を享受できる「タイ市民権カード」，県内までの移動の自由を認める「山地民カード」などを適宜発行してはいるが，そのどちらのカードも発行されていない山地民も存在する［石井2000: 639; 645］．さらに，タイ政府はこうしたカード保持者に対してタイ国籍を自動的に付与するわけではなかった．1999年，チェンマイ県庁前で山地民を中心として人びとによる座り込みデモがおこなわれた．彼らの主要な目的は，山岳地帯の資源へ対する地元住民のアクセス権の規制の見直しと，タイ国内出生者へのタイ国籍の付与であった［石井2000: 637; 638］．このことからもわかる通り，タイ政府は山地民が希望しても一部の人びとにのみ国籍を付与している．タイ国籍がなければ公立学校の卒業証明書が発行されず，タイでは学歴を証明する証明書，まして市民権がなければタイ政府が定める最低労働条件を満たした職業につくことは難しいことになる［石井2000: 638］．

また，タイ政府は山地民の生活空間に市場経済を導入し，彼らの生活を変容

させた．まず，1970-90年代にタイ政府は，先進国に拡大する麻薬ルートを断つために，その生産拠点といわれるタイ，ミャンマー，ラオスの国境地帯（ゴールデン・トライアングル）に，ケシ栽培の代わりに，キャベツなどの換金作物の栽培を奨励した．それまで，山地民はほとんど自給自足で暮らしていたが，野菜の栽培のためには肥料や農薬が必要であった．そのため，山地民の中には借金を抱えるものも増えた．1980年代になると，国際社会で環境破壊の懸念が広がった．タイ政府は森林保全と称して森林の国有化を推進し，山地民の焼畑農業を禁止して定住を求めた［Mccaskill, Leepreeecha and Shaoying eds. 2008: 16］．こうしたタイ政府の山地民管理政策と市場経済の導入によって，「よりよい現金収入」を求めて，低地のタイ社会に移動する山地民が増えていった．その結果，地縁・血縁からなるコミュニティが衰退してしまう村もあった．その一方で，低地のタイ社会に行っても，山地民は国籍や市民権といった基本的人権がはく奪されている状況では，最低労働条件を満たした職業につくことは困難で貧困に陥りやすい．そのため，人身取引や麻薬密売に巻き込まれる危険性が高まることになる．

　そもそもアカ族は，中国の雲南省，タイ，ラオス，ミャンマーの国境付近にすむ山地民である．タイのアカ族は20世紀ころに中国の雲南省から南下してきたグループで，チェンマイ山地民研究所によると2002年には5万6616人（2002年）が確認されている．

　9つの山地民の中ではカレン族が最も多く（35万3574人），モン族（12万6300人），ラフ族（8万5845人）に続いて4番目に多い．山地民の中でもアカ族は国境を越えて各地に分散しており，彼らのネットワークが大きいせいか，離村するアカ族は多い．たとえば，1982年にチェンマイで確認されたアカ族は76人であったが，1996年には2000人に増えたと推定している［Toyota 1998: 197］．国籍や市民権をもたない山地民は，家政婦やインフォーマルセクター，建設労働者など，収入が少なく不安定な職業に従事することになる．また，アカ族の子どものなかにはタイ語が苦手なものもいて，学校で勉強についてゆけない．また，教育，医療や保健，福祉サービスの面で差別されることもある．そうした差別や貧困によって，子どもたちが路上で働かなければならない状況が発生するのだ．

　次に，ミャンマーのアカ族のストリート・チルドレンについて考えてみたい．チェンマイでストリート・チルドレンを支援する活動をしているVCDF（the Volunteers for Children Development Foundation, 1992年設立）は，タイの最北端でミャ

ンマーと国境を接するチェンライ県のメーサイを経由してミャンマーからチェンマイまで，親子で流れてくることをつきとめた．メーサイはもともと人身取引が横行している町でもあるが，国境付近でミャンマーのアカ族などの村から，日中子どもたちが物乞いをしにくることを確認し，チェンマイとメーサイに「ドロップインセンター」(子どもたちの相談や緊急避難の意味をふくめた立ち寄り所)と「子どもの家」(子どもの保護施設)を設置した．2014年，チェンライ県の郊外にある子どもの家には2–26歳の子ども114人（男子54人，女子60人）が暮らしている．そのうち4人のタイ人の子どもはタイ国籍を持っている．しかし，残りの110人はミャンマーから移動してきた無国籍の子どもたちである．中でも105人がアカ族の子どもで，残りはリス族とカレン族が1人ずつ，ミャンマー人は3人である．ミャンマーのアカ族にいったい何がおこっているのだろうか．

　ミャンマーから子どもたちが移動してくる背景には，ミャンマーの軍事政権による弾圧やタイとの経済格差がある．先にも述べたとおり，アカ族は国境を越えて拡散しているため，ミャンマーのアカ族はタイの親族や知人を頼って山岳地帯の村に匿ってもらう者もいる．しかし，そのネットワークを持たないアカ族の仕事は，買春や麻薬の密売などに限定されてしまう．悲惨なことに，麻薬の売人をしているうちに親も麻薬中毒になってしまい，麻薬欲しさに，子どもに路上で物乞いや花売りを強制させることが多いことだ．麻薬や貧困のせいで，正常な判断が出来なくなっているのだと思うが，親は子どもが一生懸命稼ぐお金をすべて麻薬に使ってしまうことが多いという．そして，親が麻薬売買の罪で刑務所に収容されると，子どもは路上で，自分の力で命をつないでゆくことになる．

　国籍も身分証明書も持たず，不法滞在するミャンマーのアカ族の子どもたちは，タイで就職する権利，医療・福祉サービスを受ける権利がまったくない．彼らの社会参加はこの国籍の問題が立ちはだかるため，タイ人のそれよりも難しい．

　ミャンマーからストリート・チルドレンがやってくる問題をGMS流域における移住労働との関係からもう少し考えてみたい．タイは東南アジアの中でも比較的順調に経済成長してきた．1997年のアジア通貨危機によってバーツが大暴落したが，2013年の1人当たり国内総生産（GDP）は5647ドルで，国境を接しているミャンマー，ラオス，カンボジアと比較しても，その成長ぶりが著しい．軍事政権下のミャンマーの1人当たりの国内総生産は868ドル（2012-13年

IMF推定)，ラオスは1628ドル（2013年），カンボジアは933ドル（2012年）である[1]．こうした経済格差とGMS統合のプロセスの中で，近隣諸国からの移住労働者数は右肩上がりに増えてきた．タイ政府による労働許可制の下，1992年最初に登録されたミャンマー人は706人であった．2009年になるとミャンマー人，ラオス人，カンボジア人を合わせて131万4382人であった．この数字はすでに雇用されている労働者が申請をおこなった人数である．休職中の者，帯同している家族，不法に滞在している者の数を加えると，実数はさらに増える．特にミャンマーからタイに逃れる人の数が年々増加している．これらの合法・非合法を含めた移民たちは，タイ人が嫌う3D（dirty, dangerous, disdained）にあたる漁業や魚肉加工，養鶏や養豚，建築労働などで働いてタイ経済を下支えしてきた．そのため，彼らはタイ経済にとってなくてはならない存在であるという認識も高まりつつある［Asian Migrant Centre 2002: 144-55］．

　こうした移民の中に子どもが存在することは想像に難くない．雇用者からすると子どもたちは大人よりも従順に働き，人件費も安くてすむので扱いやすい．特に10代から20歳前後の若い女性が工場や家政婦，その他のサービス部門（直接・間接的に性行為にかかわる仕事に従事することが多い）で優先的な雇用対象者となる．問題はそれが長時間かつ低賃金という，過酷で不当な労働である点にある．また，性的虐待をふくめた虐待を受けることもあり，子どもの健全な成長と発達を妨げる点である．こうした問題があっても子どもたちは家族から離れて孤立し，公の目にさらされない場所で労働に従事させられるために，行政やNGOが介入しづらい．また，子ども自身も不法滞在者であったり，タイ語ができなかったりすることなどから，助けを求める声をあげにくい．こうした悪循環が，ますます移民の子どもの児童労働者の数を増やし，問題を深刻化させている．国境を越えた人身取引によってタイ国内では毎年120億バーツの利益がもたらされているという指摘もある［Kuwinpant 2003］．ストリート・チルドレンの問題は，こうしたミャンマーの移住労働，児童労働の形態のひとつとして考えることもできるだろう．

2　子どもを守るための子どもの権利条約とタイ政府の役割

　では，こうした子どもたちの問題に対して，タイ政府はどのように対応しているのだろうか．ここでは，子どもの権利条約（1989年）との関係からタイ政

府の政策について考えてみたい．

　国際連合は2つの世界大戦を二度と繰り返さないように，人間の基本的人権と尊厳および価値と，男女同権，大小各国の同権を目指して，1945年に創設された．そして，1948年に採択された「世界人権宣言」にもとづいて，さまざまな人権の基準を国際的に統一することで，直接的暴力や構造的暴力のない世界を実現しようとしてきた．

　1989年に採択された子どもの権利条約は，1959年の国連の第14回総会で採択された「子どもの権利宣言」を踏まえ，「生きる権利・育つ権利・守られる権利・参加する権利」の4つの子どもの権利を具体的に示し，守るように定めている[2]．子どもも「権利」を保有する主体であることを前面に打ち出し，これらの権利について包括的に規定した点が，「子どもの権利宣言」と比較して画期的といって良い点である．また，第4条（締約国の実施義務）によって，締約国は子どもの権利の実現のために立法措置，行政措置を講ずるよう促している．このように，子どもの権利条約は幅広く定める子どもの権利を実現するために，すべての適切な立法措置，行政措置その他の措置をとることを国家に義務づけた初めての法的文書という点においても意義がある．さらに，第43条（子どもの権利委員会）によって，締約国による条約の履行を監視・促進するために専門家からなる「子どもの権利委員会」が設置された．そして，それぞれの締約国は国内で条約の内容をどのように具体化しているのかの報告書を，国連事務総長を通じて子どもの権利委員会に提出する（第44条・締約国の報告義務）．子どもの権利委員会はその実施状況を監視し，各締約国にさらなる条約の実施について勧告をおこなうこととした［米田 2009: 197］．この作業を重ねることで，締約国の法律や行政システムが，子どもの権利条約をより反映したものとなり，子どもの人権基準が国際的に統一される方向に向かうのである．

　「子どもの権利」という国際的な規範は，その後の選択議定書などによって，ここ数年でさらに強化されている．たとえば，国連は「子どもの権利条約」第34条（性的搾取，性的虐待からの保護）と第35条（誘拐，売買，取引の防止）を発展させ，2000年に国連総会で「子どもの売買，子ども買春および子どもポルノグラフィーに関する子どもの権利条約の選択議定書」を採択した（2003年に発効）．2008年10月現在，129カ国がこの議定書の締約国となっている．その背景には，1990年代以降のグローバリゼーションによって国境を越えた子どもの人身売買が増加し，インターネットの普及は子どもポルノを流通させ，子どもへの負の影響

が大きくなっているからである［勝間 2009: 237］．子どもの買春・人身取引・ポルノを総称して，子どもへの商業的な性的搾取という．国連は，年間当たり100万人以上の子どもが被害にあっていると推定している．では，タイ政府は子どもの人権規範を国内に普及させて子どもを守るために，どのような政策を実施しているのだろうか．

　タイ政府は1992年に子どもの権利条約に加入した[3]．その他にも，2001年2月16日に国際労働機関（ILO）の「最悪の形態の児童労働についての条約」（第182号），2003年1月28日に「人種差別撤廃条約」（1965年国連採択）も批准し，国内の法の整備や行政システムの構築に取り組み始めた．その代表例として，2003年に制定された「児童保護法」について検討したい[4]．この法律を一読すると，タイ政府が子どもの権利条約の内容を反映させながら児童保護法を制定したことが理解できる．たとえば，児童保護法の第22条では，いかなる場合にも子の最善の利益を考慮することが望ましく，いかなる差別や不平等も禁止すると規定している．これは子どもの権利条約の第3条（子どもの利益の優先）や第2条（差別の禁止）の内容と同じである．また，第32条においては，ストリート・チルドレン，孤児，遺棄された子ども，拘留に処せられるなどの何らかの理由により，保護者が育てられなくなった子どもの福祉を支援するよう定めている．同様に，虐待された子ども，子どもの発達と成長を妨げるような労働や行為をさせられた子ども，タイ政府が保護を必要していると判断した子どもたちの安全を保護することも規定している（第40条）．これは子どもの権利条約の第20条（家庭環境を奪われた子どもの養護）と第19条（虐待・搾取からの保護）と内容を重ねていると考えられる．

　そして，子どもの権利を守るための行政措置についても明記している．まず，子ども権利や社会福祉の政策の決定と実施する機関を内務省，社会開発・人間安全保障省（Ministry of Social Development and Human Security），教育省などに定めた（第6条）．また，社会開発と人間安全保障省の大臣が委員長として兼任する「国家子ども保護委員会」を設置し（第7条），子どもの福祉，安全保護のためのサービスを向上させるために各省庁や民間団体との調整をはかり，手続きを制度化すると規定した（第8条）．さらに，県レベルでも県知事を委員長とする「子ども保護委員会」を設置することを定めた（第17条）．

　この子ども保護委員会設置に先駆けて，北タイの中心地であるチェンマイでは，1997年から「子どもの権利保護のための連絡調整センター」を県庁に設け

た．このセンターでは虐待や人身取引の被害を受けた子どもを保護するため，24時間体制で電話の通報を受け付けている．保護された子どもはソーシャル・ワーカーらが中心となって，子どもの状況に応じて病院，養護施設，少年院，NGOのセーフ・ハウスなどに送るようにしている．チェンマイではストリート・チルドレン，孤児，エイズ孤児，スラムに住む子どもたちの生活向上，麻薬常用者の治療，聴覚障がい者，人身取引の危険に晒される可能性のある山地民の少女たちなど，その子どもたちが抱える問題に応じるために，さまざまなNGOや政府管轄の福祉施設が存在する．[5] このセンターはこうした福祉施設や，NGO，子どものカウンセラーや大学の専門家などを招いて定期的に会合を開き，地域で子どもの問題に横断的に対応してゆけるようなネットワークを形成する役割も果たしてきた．さらに，女性や子どもの人身取引が世界的に注目されてゆく中で，タイ政府も2002年に「社会開発・人間安全保障省」の「社会開発・福祉局」の中に「女性・子ども人身取引対策課」を新たに設置した．[6]

また，山地民や移民の子どもの教育問題は前進がみられた．タイ政府が2005年の閣議決定によって，移民労働者の子どもや出生および国民登録をしていないエスニック・マイノリティの子どもたちでも，学校に来たならば受け入れることを決めたのだ．タイ政府のこうした政策は，子どもの権利条約第28条（教育に関する権利）を実現する一歩として，国連の子どもの権利委員会でも評価された．

このように，タイでは子どもの人権を守る制度づくりが着々と進んでいるように思われる．しかし，タイ政府は子どもの権利条約の第7条（登録・氏名・国籍の権利）の批准を2010年12月まで保留していた［United Nations 2012］．これはタイ政府が北タイの山地民の子どもの出生登録および国籍取得の対応に消極的であったことを物語っていた．

タイ政府は2010年に子どもの権利条約第7条の保留の撤回を発表したが，その背景には，国連の子どもの権利委員会の果たした役割が大きいと推察する．なぜなら，2006年1月に国連の「子どもの権利委員会」は，タイ政府に対して子どもの権利条約第7条（氏名・名前・国籍の権利）の保留を取り消していない点を遺憾であるとコメントしていた．[7] そして，難民・移民・山地民の子どもについては以下のような改善を求めていた．

第一に，すべての移民の子どもとその家族を一方的に逮捕・抑留，迫害しないよう求めた．また，本国へ送還されたとしても，ノン・ルフールマンの原則

を尊重すべきであるとした．そして，移民の子どももタイ人と同様に医療や社会サービス，教育を受けることができるような政策の実施を提言した．[8]

第二に，山地民については子どもの権利条約第2条（差別の廃止）と第30条（マイノリティ・先住民の子どもの権利）にもとづいて，山地民の子どもが，彼らの歴史や文化，慣習や言語を保持し，アイデンティティを確立するという彼らの権利を実現するための諸策を実施するよう求めていた．そして，山地民にも社会・医療サービスや教育プログラムを提供するような政策を継続するよう勧告していた．同時にすべての山地民の子どもに出生登録を実施するよう促し，特に山岳地帯の山地民の人口を正確に把握するための国勢調査を実施するよう勧告していた．[9] 特に，未登録の子どもや正式な出生証明書がない子どもも，登録して最低限の医療や教育を受けられるようにする．また，名前・国籍の取得や身分証明書の発行も実施するべきであると記載していた．[10]

第三に，子どもの権利委員会は，教育については2005年7月の閣議決定を積極的に評価しながらも，遠隔地に在住する山地民の子どもたちが依然として教育を受けられないままでいることや，小中学校を卒業しないまま辞めてしまう学生の割合が高いことを懸念していた．そして，子どもの権利条約第28条（教育に関する権利）にもとづいて，山地民の文化や言語を尊重し，彼らの言語や宗教を学ぶ権利を認めた上で，すべての子どもが平等に教育を受けられるようにするために，タイ政府が教育予算や人的・技術的資源を適正に配分するよう勧めた．[11] また，子どもの権利条約第2条（差別の禁止）を引用し，日常の学校教育においてもあらゆる差別を禁止するための教育プログラムを実施するよう奨励していた．[12] このように，国連の子どもの権利委員会が，タイ政府に対して山地民の子どものへの対応を重ねて勧告することが外的圧力となり，タイ政府は第7条（氏名・名前・国籍の権利）の保留を撤回したと考えることができる．しかし，第22条（難民の子どもの保護）については周辺諸国との外交問題に及ぶ可能性があるために，保留の撤回までにはいたっていない．

3 子どもを守るためのGMS地域連携とNGOの役割

2000年に国連総会では「国際的な組織犯罪の防止に関する国際連合条約を補足する人（特に女性および児童）の取引を防止し，抑制し，および処罰するための議定書」（パレルモ議定書）が採択された．それから国際社会や市民団体は，

各国が人身取引にどのように取り組むかについて厳しく監視するようになった．ストリート・チルドレンは人身取引に巻き込まれる危険性が高いので，GMS地域での人身取引対策についての地域協定についても触れておきたい．

　まず，パレルモ議定書を受けて，2000年からGMS下流域諸国における人身取引に関する国連機関間のプロジェクト（UNIAP: United Nations Inter-Agency Project on Human Trafficking in Greater Mekong Sub-region）が発足した．UNIAPはILOや国際移住機関（IOM: International Organization for Migration）と連携しながら，GMS諸国の政府高官を集めて，人身取引に関する予防・保護・訴追にいたるさまざまなプロジェクトについての会議を定期的に開催している[13]．また，GMS諸国間では，2004年に人身取引に関する多国間合意書（MOU）が交わされ，人身取引委員会（COMMIT: The Coordinated Mekong Ministerial Initiative against Trafficking）が設立された．これはUNIPが提示した行動計画に沿う形で，人身取引防止のためのプロジェクトを実施している[14]．このように国連機関とGM諸国が連携して，GMS流域統合の負の側面としての人身取引について，地域が連携しながら対応している．

　チェンライ県にある「GMS地域の少女とコミュニティのための発展・教育プログラム」（DEPDC/GMS: Development and Education Program for Daughters and Communities Centre in the GMS）というNGOは，GMS地域の子どもの人身取引を防止するために，さまざまなプログラムを実施している．まず，1996年から国籍や市民権がなく，タイの公立学校に通えない子どもたちのためにタイ語や英語，数学からライフスキル・トレーニングまで，さまざまな教科を教えている．現在幼稚園から小学校6年生まで113名の子どもが通っている．このNGOはミャンマーとの国境付近にあるため，ミャンマーから国境を越えて学びに来ている子どもは34人いる．ところが，民族の構成をみると，ミャンマーのシャン族の子どもだけで60人，それに，アカ族が18人，ミャンマー人も2人，ミャンマーにいるワ族の子どもが3人，カチン族の子どもが1人いる．タイの国境内にすでにミャンマーの子どもたちが移動していることがわかる．

　次に，このNGOはメーサイ地区のコミュニティで暮らす山地民や不法滞在のミャンマー移民をふくむすべての人びとに，ノンフォーマル教育をおこなっている．

　ノンフォーマル教育とは，子どもから成人まで学校教育だけでは補いきれない人びとの基礎的な学習を充足するために，学校教育システムの外で組織化さ

れた教育活動のことである．ノンフォーマル教育は，保健（エイズ教育ほか），環境保全，ジェンダー，人権，平和構築のような，人びとが生活の中で直面する課題を解決する能力を高め，柔軟性や即応性をもち，学習者のニーズに対応している．

　たとえば，2006年からDEPDC/GMSは，メーサイ周辺地区の人身取引に巻き込まれそうな危険性の高い子どもを保護する施設を，ラオスとの国境に近いチェンコンに設置した．ここでは子どもたちに，基礎的な学力を身につけ，人身取引やエイズ，人権教育もふくめた教育プログラムを実施して，子どもたちが人身取引に巻きこまれたり，ストリートに出るリスクを減らそうとしている．また，子どもラジオ，24時間対応のホットラインをもうけている．こうしたNGOは，目の前の子どもたちの生きる権利・育つ権利・守られる権利・参加する権利を実現するために活動しているといえる．

　そして，実際にストリート・チルドレンと日常的に向き合い，保護しているNGOもある．たとえば，先述したVCDFはユニセフの支援を受けてチェンマイとチェンライ県で「ドロップインセンター」と「子どもの家」を運営するNGOとして出発し，2005年に財団となった．現在チェンマイとチェンライのVCDFはそれぞれ独立して運営をおこなっている．

　この組織の目的は，政府機関や他のNGOと協力しながら，子どもの人権や生活を保護することである．具体的には次の3つがあげられる．第一に，子どもたちが立ち寄り，一時的に宿泊できる「ドロップインセンター」でのライフスキル・トレーニング（エイズ教育，虐待から身を守る方法，人権教育など）やタイ語の識字教育，そしてスタッフとの交流により，より良く生きる力を子どもたちに身につけさせる．第二に，セーフ・ハウス「子どもの家」で規則正しく，落ち着いた生活を送りながら学校や職業訓練所に通い，自立と社会復帰をするための準備をおこなう．第三に，ストリート・チルドレンの子どもたちが危険な行為をしないための予防活動である．活動場所はチェンマイとミャンマーと国境を接するチェンライ県のメーサイという街である．先述したとおり，ミャンマーのアカ族のストリート・チルドレンはこのメーサイを経由してチェンマイにやってくるので，チェンマイに来る前に，子どもたちへの被害を最小限に食い止めたいとして，メーサイの郊外に活動拠点を置いた．現在ではこの「子どもの家」にミャンマーのアカ族の子どもたちを中心に，100名以上が生活している．

ストリート・チルドレンを保護し，心身ともに健全に育ててゆくことは年月を要するだけでなく，寛容と忍耐を強いられる．ストリート・チルドレンの子どもたちは親から基本的な躾を受けていないだけでなく，虐待のトラウマや親の愛情不足など，一人前になるために克服しなければならない問題が山積している．中には麻薬や薬物中毒，エイズで死んでしまう子どももいる．また，無国籍の子どもの場合，学校で成績が良くてもさらに進学しようとする時に奨学金がもらえない，いざ社会に出ようとすると就職先がみつからないという経験を通して，自分は努力しても社会に受け入れられず，ダメな人間だと思ってしまうことが多い．そうした中，VCDFでは子どもたちのエンパワーメント（自分に誇りや自信を持ち，生きる力を身につけること）を重要視している．子どもたちが，学校での勉強や農作業などを通して「やればできる」と自信をつけ，将来のビジョンを持つようになれば，良い方向に成長してゆくことが多いからだ．また，子どもの家を飛び出したとしても，再び戻ってきたら暖かく迎える．失敗しても，スタッフが忍耐強く受け入れることで成長してゆく子どもも少なからずいるからだ．実際に，VCDFではこの10年間で心身ともに成長し，現在はスタッフやアシスタント・スタッフとして元ストリート・チルドレンのタイ人やアカ族の子どもたちが働いている．

　2015年1月からチェンマイのVCDFは，10代後半から20代になってきている元ストリート・チルドレンが自立できるように，新たな事業を立ち上げた．まず，成績が優秀であったが，無国籍のために就職できない子どもたちが家の修理屋を始めた．次に，農業と養豚を学んだ子どもたちも，有機農業を始めた．将来的にはそこで収穫した野菜や肉を使って，カフェを立ち上げようとしている．こうしたVCDFの活動を中心的に支えているのは，日本の「カルナーの会」である（https://www.facebook.com/karuna.osaka）．この市民団体は，子どもの家の建設費のほか，月々の運営費や里親制度による教育支援，子どもたちが作成したマスコットやアクセサリーの販売もおこなっている．ストリート・チルドレンの家庭の多くは貧しかったり，崩壊したりしていて，子どもに安心・安全な空間を提供できるような状況ではない．それに代わって，国際機関やNGO，そして海外のNGOとが協力して，子どもたちのセイフティ・ネットとなっているといえよう．

おわりに

　ストリート・チルドレンはそれぞれの家庭や民族の背景を背負って路上で暮らしている．脆弱な彼らが自らの力で問題を克服し，自立してゆくことはほとんど不可能である．

　1992年に子どもの権利条約に加入したタイ政府は，2003年の児童保護法を制定した．また，全国の県庁などに「子ども保護委員会」を設置した．さらに，2005年の閣議決定によって移民の子どもや，未登録・無国籍の子どもでも学校に通えるようになった．2010年には，子どもの権利条約第7条（登録・氏名・国籍の権利）の留保を取り下げた．このようにタイ政府は，子どもの権利条約の実現に向けて国内法を整備し，さまざまな政策を実施している．また，GMS地域統合が加速化し，ヒトの移動が活発化する中で，ストリート・チルドレンもミャンマーから国境を越えてタイ国内に流入している．したがって，GMS諸国が連携して，女性や子どもが人身取引に巻き込まれないような対策を強化している．さらに，実際に子どもたちに向き合い，親の代わりに子どもに接して健全に成長するようサポートしているのはNGOである．ストリート・チルドレンを減少させるには，GMS諸国の政治経済状況の改善をふくめて，国際社会とGMS諸国の地域連携，そしてNGOなどによる多角的なアプローチが不可欠である．

　ここまで，筆者は研究者として，北タイのストリート・チルドレンの現状と課題を紹介した．

　最後に，筆者は一個人，地球市民として記したい．みなさんが，もしこうした問題に関心を持ったならば，スタディーツアーなどで現地を訪問してみてほしい．実際に行って1日でもいいから現場を体験することは，国際社会の一員として目覚める大きなきっかけになる．そして，子どもたちがつくるアクセサリーの購入でもいい，NGOでボランティアをするのもいい，あるいはストリート・チルドレンを卒論のテーマをするのもいいだろう．私もストリート・チルドレンの現状に直面し，何か行動を起こしてみたいと思った．今は調査を通じて出会ったアカ族の女の子の里親をしている．一人ひとりの力は小さいけれども，多くの人が実行すれば子どもたちへの大きな力となると信じている．学生のみなさんには，学びと実践をつなげる人間になることを期待しながら，この

章を終えることとする.

注

1）外務省HPのタイ，ミャンマー，ラオス，カンボジアを参照（http://www.mofa.go.jp/mofaj/area/, 2015年7月1日閲覧）.
2）子どもの権利条約については 奥脇編［2009: 312-22］を参照．ただし，この条約集では「子ども」を「児童」と訳しているので本文では「子ども」に統一する.
3）「加入」とは署名の工程を省きそのまま条約を受け入れたことを意味する．なお，「批准」は条約を国会で審議承認し，国際的に宣言したことを表す.
4）タイ児童保護法についてはhttp://www.coj.go.th/en/pdf/ChildProtectAct.pdf（2015年6月20日閲覧）を参照.
5）たとえば，チェンマイの児童養護施設はBaan King Kaew Widoolsanti，エイズ孤児はバーン・ロムサイやメーソー村などのコミュニティ・ケア・ネットワーク，スラムに住む子どもたちの生活向上のプログラムを実施しているのはYMCAサンティタム，麻薬の問題はチェンマイ麻薬依存治療センター，聴覚教育学校はアヌサーンスントーン聴覚教育学校などがあげられる.
6）http://www.unicef.org/thailand/protection_3343.html（2015年6月20日閲覧）.
7）Committee on the Rights of the Child (41st Session): *Consideration of Reports Submitted by States Parties under Article* 44 *of the Convention, Concluding observations*: Thailand, CTC/C/THA/CO/2, 27 January, 2006, Unedited Version, pp. 2-3.
8）*Ibid.*, p. 17.
9）*Ibid.*, pp. 19-20.
10）*Ibid.*, p. 7.
11）*Ibid.*, pp. 14-15.
12）*Ibid.*, pp. 5-6.
13）http://www.no-trafficking.org/index.html（2015年7月1日閲覧）.
14）http://www.no-trafficking.org/commit.html（2015年7月1日閲覧）.

参考文献

石井香世子［2000］「タイにおける『山地民』概念の変遷」『法学政治学論究』（慶應義塾大学），46.
ペレイラ，H. M. G.［2009］「子どもたちの短い命——リオ・デ・ジャネイロで麻薬取引に関わる子どもたちとストリート・チルドレン——」（戸田真紀子訳），初瀬龍平・松田哲・戸田真紀子編『国際関係のなかの子ども』御茶の水書房.
奥脇直也編［2009］『国際条約集2009年版』有斐閣.
勝間靖［2009］「子どもへの商業的な性的搾取——子ども買春・人身取引・ポルノ——」，初瀬龍平・松田哲・戸田真紀子編『国際関係のなかの子ども』御茶の水書房.
米田真澄［2009］「子どもの権利条約と子どもの笑顔」，初瀬龍平・松田哲・戸田真紀子編『国

際関係のなかの子ども』御茶の水書房.

Asian Migrant Centre [2002] *Migration Needs, Issues & Responses in the Greater Mekong Subregion: A Resource Book*, Hong Kong: Asian Migrant Centre (http://www.mekongmigration.org/publications/Resource%20Book%202002.pdf, 2015年7月7日閲覧).

Committee on the Rights of the Child (41st Session): *Consideration of Reports Submitted by States Parties under Article* 44 *of the Convention, Concluding observations*: Thailand, CTC/C/THA/CO/2, 27 January, 2006, Unedited Version, pp. 2-3.

Kuwinpant, P. [2003] "Cross-border Migration to Thailand: Governmental Policy and Practices Towards Labor Migration from Burma, Laos and Cambodia," (田村隆悟訳「タイへの国境を越える移動──ビルマ，ラオス，カンボジアからの労働移民に対する政策とその実践──」『社会学雑誌』(神戸大学社会学研究会)，22，2005年).

Mccaskill, D., Leepreecha, P. and H. Shaoying eds. [2008] *Living in a Globalized World: Ethnic Minorities in the Greater Mekong Subregion*, Chiang Mai: Mekong Press.

Toyota, M. [1998] "Urban Migration and Cross-Border Networks: A Deconstruction of Akha Identity in Chiang Mai," *Southeast Asian Studies* (Kyoto University), 35(4).

United Nations [2012] "United Nations Committee on the Rights of the Child 59th Session, Consideration of Reports submitted by States parties under article 44 of the Convention, Concluding observations: Thailand, Feb17," 2012 (http://www2.ohchr.org/english/bodies/crc/docs/co/CRC_C_OPSC_THA_CO_1.pdf, 2015年7月7日閲覧).

Wandee, S. [2013] *Promotion and Protection of the Rights of Children in Street Situations in Bangkok, Thailand*, NOHA Master's in International Humanitarian Action Master Thesis 30CTS, UPPSALA University. (http://www.streetchildrenresources.org/wp-content/uploads/2014/11/Promotion-and-Protection-of-the-Rights-of-Children-in-Street-Situations-in-Bangkok-Thailand.pdf, 2015年7月7日閲覧).

West, A. [2003] *At the Margins: Street Children in Asia and the Pacific* (Poverty and Social Development Papers No.8), Asia Development Bank (http://www.adb.org/sites/default/files/publication/29163/margins.pdf, 2015年7月7日閲覧).

読んでほしい本・ウェブサイト

① 国境なき子どもたち『ぼくは12歳，路上で暮らしはじめたわけ．──私には何ができますか？ その悲しみがなくなる日を夢見て──』合同出版，2013年．
　ストリート・チルドレンについての入門書としてお勧めの一冊．とても読みやすい．

② 秦辰也編『アジアの市民社会とNGO』晃洋書房，2014年．
　東南アジア各国NGOは貧困問題についてどのよういう対応しているのか．また，それぞれの社会においてどのように歩んできたのかがわかります．

③ 日本ユニセフ協会『世界のストリート・チルドレン』http://www.unicef.or.jp/children/children_now/street.html（2015年9月9日閲覧）．

世界のストリート・チルドレンにかんする日本ユニセフの活動の様子を紹介している．
④ 日本ユニセフ協会『子どもの権利条約』http://www.unicef.or.jp/about_unicef/about_rig.html（2015年9月9日閲覧）．
　ユニセフの活動や子どもの権利条約についてわかりやすく解説してある．
⑤ 国際移住労働機関（IOM）http://www.iomjapan.org/activity/trafficking_top.cfm（2015年9月9日閲覧）．
　移住労働や難民についての国際機関であるが，人身取引についての活動もおこなっている．

（堀　芳枝）

Column 2

エイズ孤児（AIDS Orphans）

　国際連合エイズ合同計画（UNAIDS），世界保健機構（WHO），国連児童基金（ユニセフ）によると，エイズ孤児とは「15歳にならないうちに，片親または両親をエイズで失った子ども」である．アジアで最初にエイズ問題に直面したのはタイであった．タイ政府は1984年に国内でのHIV感染者，AIDS発症者の感染を認めたが，その感染者はアメリカから帰国した男性の同性愛者であった．その後静脈麻薬常用者やセックスワーカーたちの間にも陽性率が確認され，1989年のチェンマイのセックスワーカーのHIV抗体陽性率が44%であることが確認された．また，1990年に実施された調査によると「15-49歳の男性の22%（20-24歳の男性では37%）が過去1年に買春し，常時コンドームを使用したのは38%である」という結果が明らかになった．その結果1990年代には，地方の農村で暮らす働き盛りの男女にもHIV/AIDS感染者が増え，それがエイズ孤児の増大につながった．

　タイ政府は1991年からエイズ予防に本格的に取り組み始めた．対策のための国家予算を2年間で10倍に増やし，マスコミ，学校，保健所，地域，職域を利用した徹底した予防キャンペーンを展開した．また，NGOや警察・保健局とも連携して「100%コンドーム運動」も展開した．

　筆者は1990年代にエイズ孤児を引き取った祖父母を支援するため，コミュニティでエイズ孤児をサポートしていた村を訪問したことがあった．また，1999年にはタイ北部のチェンマイに名取美和さんが「バーンロムサイ」を立ち上げ，エイズ孤児を30名引き取り暮らし始めた．こうした政府や地域やNGOの取り組みによって，タイでは新規感染拡大を抑えることに成功していった．

　とはいえ，2017年のUNAIDSは，今日も世界に3690万人が感染しており，年間180万人が新規に感染し，100万人がAIDSで死亡している．また，若者や子どもは300万人が感染，その半数以上が東部・南部アフリカ地域の子どもであると報告している．

　2016年の国連総会では「HIVとエイズに関する政治宣言：HIVとの闘いを高速対応軌道に乗せ，2030年のエイズ流行終結を目指す」を採択した．具体的にはミレニアム開発目標のもとに2015年までに1500万人のHIV感染者に抗レトロウイルス治療薬を投与できたこと，推定85カ国で母子感染をなくす目標が達成の見込みであることを高く評価しつつ，エイズの影響で孤児となり，時に家族の大黒柱として責任を負わなければならないような状況や女性や子どもといったよりぜい弱な立場にいる人びとへの配慮をしたエイズ対策をおこなうよう述べている．こうした状況において，タイ政府や地域，NGOのエイズ予防の取り組みから学ぶべき点は多いのではないだろうか．

（参考）安田直史　宮本英樹「成功したタイのエイズ予防対策」『公衆衛生』67巻，12号，2003年12月．
　　　「API-Netエイズ予防情報ネット」http://api-net.jfap.or.jp/status/index.html（2019年6月10日閲覧）
　　　「UNAIDS」https://www.unaids.org/en(2019年6月10日閲覧）

（堀　芳枝）

第3章　慣習と子ども

はじめに

　日本を含む含む多くの非西洋社会においては，近代化のなかでさまざまな伝統文化が失われてきたと言われているが，それでも「伝統」と称される行事やしきたりはさまざまな場面で生き残っている．

　子どもに関わる日本の慣習をみてみよう．まず，妊娠5カ月目の「戌の日」に安産を願って腹帯を巻く「帯祝い」がある．赤ちゃんが無事に生まれたら，7日目に命名しお披露目をする「お七夜」の行事があり，氏神に参詣する「お宮参り」，百日目（地域で異なる）の「お食い初め」，「初節句」，誕生祝があって，七五三から入園式，卒園式，入学式，卒業式，成人式に至る．これだけをみると，少なくとも筆者が育った地域において1970年代以降は，子どもの身体を害するような伝統行事や慣習は見当たらない．

　しかし，身体を害する慣習がないからといって安心はできない．日本は他の先進国と比べて男尊女卑の考え方が強く残っているからである．「元気な男の子」「おとなしい女の子」というステレオタイプからはみ出た子どもたちには，どのような声掛けが大人たちからされているだろうか．「男の子は女の子を守らないといけない（守ってもらわないといけないほど女の子は弱くはない）」とか「男は泣いてはいけない（つらいときは泣けばいい）」とか「生意気な女（議論で勝てないときの男子生徒の捨て台詞）」とか，小学校で理不尽なことを言われた経験はないだろうか．何より日本の「婚姻適齢」は男性18歳，女性16歳となっており，後述する「児童婚」を法律上容認してきた．[1]

　また，「身体を害する慣習がない」と上で述べたが，政府の対策が遅れている「児童虐待」について，その背景に「子どもは親の所有物である」という根強い

考え方があるのではないだろうか．親子心中をした親に厳罰を求めずに同情を寄せるのも，同じような考え方に基づくものと考えられる．日本が子どもたちの人権を守っている国とはとても言えないという前提で，本章では世界の子どもたちが直面している慣習に関わる問題に焦点を当てる．

世界には，子どもの健康を害し，成長に悪影響を与え，人権侵害とみなされるような行事，行為や価値観が存在する．本章ではこれを「慣習」ではなく「因習」と呼ぶ．因習にはどのようなものがあるだろうか．これから，1人の女の子が直面する問題を中心に，生まれてから結婚するまでを時系列で見ていきたい．

1 残すべき伝統，捨てるべき因習

民族にとって，伝統文化は重要である．しかし，中には，捨てるべき因習も含まれている．地域によっては女の子が最初に直面する因習となる「女児殺し」を例にみてみよう．

(1) 女児殺し

嬰児殺しとは，新生児を殺害することである．戦前の日本においても，貧しい村々では嬰児殺しがおこなわれており，また，育てられないという理由での嬰児殺しは，現代社会においてもみられる．これは伝統でも因習でもない．しかし，女児殺しという問題は，因習の部類に入る．そこに男尊女卑の価値観が加わるからである．AFPの「インド，女児殺しの慣習による危機」という記事は，ラジャスタン州のある村で続く女児殺しの因習を報じている．

　　……「このあたりでは，男の子が生まれれば大喜びだが，女の子だと悲しむんだ」と語る．そして女児が生まれた場合，多くは24時間以内に殺してしまうのだという．手を下すのは母親か，お産を手伝った女性だと言う．「アヘンを使うか，砂やマスタードの種を詰めた小さな袋を赤ん坊の顔に押し付けるんだと聞く．娘だとお乳をやらないで飢え死にさせる母親も多いそうだ」．

　　この状況はインド全体の危機を反映している．英医学専門誌『ランセット』によると，インドでは毎年約50万人もの女児が中絶されている．その理由は結婚の際に，違法ながら父親が花嫁に持たせなければいけないとされている巨額

第3章　慣習と子ども

の持参金や，男子は一家の稼ぎ手とみなされる一方で女子は経済的な重荷とみなされていること，ヒンズー教の儀式にまつわるものまで様々だ［AFP 2012］．

　女児殺しがおこなわれているのはインドだけではない．中国，台湾，韓国，パキスタン，バングラディシュ，ネパール，ブータン，アフガニスタンでも［Hudson and Den Boer 2005: 20］，アゼルバイジャンやアルメニア［Michael, King and Guo et al 2013］でも，アフリカでも，女児殺しは報告されている．労働力としての息子への期待，国家による社会保障制度が整備されていないため老後を息子に託す必要があること（特に，慣習法で女性の相続権が否定されている社会では，寡婦は息子がいないと惨めな老後を送ることになる）などが大きな理由であるが，貧困問題を改善する政策がとられてこなかった地域で女児殺しが顕著である．筆者の調査地であるケニア共和国の北東部でも，男女の双子を産んだ貧しい母親が，男の子だけに母乳を与えて，女の子を餓死させた事件があった．

　子どもの権利条約第6条（生命への権利，生存・発達の確保）や第7条（名前・国籍を得る権利，親を知り養育される権利）を提示するまでもなく，女児殺しは犯罪であり，各国政府はこれを撲滅する努力を怠ってはならない．しかし，この因習が続く背景に，家父長制や男尊女卑の価値観が関係しているのであれば，その家父長制を問題とせずに女児殺しだけを撲滅することは不可能だろう．

（2）慣習法と女性差別撤廃条約

　本章で扱うテーマは，「女児殺し」「女性器切除（FGM: Female Genital Mutilation）」「早婚（児童婚）」「教育差別」「アルビノ（先天性白皮症）の身体切断」である．「女の子」に限られるテーマが多いのは，男の子よりも女の子の方が暴力の犠牲者になりやすく，子どもが直面する問題が顕著に表れていることが理由であり，決して男の子への人権侵害がないということを考えているわけでない．

　女性差別撤廃条約第5条第1項は次のように述べている．

　　　両性のいずれかの劣等性若しくは優越性の観念又は男女の定型化された
　　　役割に基づく偏見及び慣習その他あらゆる慣行の撤廃を実現するため，男
　　　女の社会的及び文化的な行動様式を修正すること．

　この第1項から，この条約が女性の利益だけを守ろうとしているわけではないことが読み取れる．女性が「女らしさ」に縛られると同様に，男性も「男ら

しさ」に縛られている．家父長制が男性にとって有利に働く場合もあるが，その同じ家父長制で男性が苦しむ場合も必ずある．女性が生きにくい社会は，男性にとっても生きやすくない社会なのである．

　さて，開発途上国，特にアフリカの多くの国々では，民族の慣習法や地域によっては宗教法（特にイスラーム法であるシャリーア）が，議会が定めた家族法に優先されているのが現状である．もちろん慣習の全てを否定するわけではないが，慣習法の中に，女性差別撤廃条約に抵触するルールが含まれていることは各国政府も認めており，締約国である以上は，各国は因習の撲滅に最大限の努力をする国際的責任がある．

　男尊女卑の価値観を変えることは難しい．経済大国である日本において，未だに男尊女卑が是正されない状況をみると，経済発展だけではこの問題を解決できないことがよくわかる．だからといって，あきらめてはいけない．国連食糧農業機関（FAO）の2011年の報告書には，「現在，9億2500万人の人びとが栄養不良であると見積もられている．農業生産力におけるジェンダー・ギャップを縮めていくことによって，栄養不良の人びとを1億人から1億5000万人減らすことができる」［FAO 2011: vi］と書かれており，女性の人権が守られることは，女性だけではなく男性の生活向上にもつながることがわかる．

　このように書くと，「途上国の伝統を尊重すべきだ」という反応が必ずある．日本に住む者同士で議論しても答えが得られるものではないため，現地の人びとに意見を聞いたことがある．アンケート結果は戸田［2013: 169-71］を見て頂くとして，結論だけ言えば，ケニアの中でも伝統を守ろうとする意識が強い地域においても，回答者100名のうち（男性63名，女性37名），「伝統を犠牲にしても経済発展を望む」と答えた人が，男性の46％，女性の19％であり，「経済発展よりも伝統が大切である」と答えた人は，男性では1.6％（つまり1名），女性は0％であり，守るべき伝統を取捨選択しようとする姿勢がみられた．

　冒頭のインドの事例のように，女性を苦しめる因習は世界中でみられるが，本章では，南アジアとアフリカ（サハラ以南アフリカ）の事例が中心となる．このことから，南インドとアフリカが文化的に劣っているとは考えてほしくはない．前述した家父長制の問題は，欧米でも日本でも同じように抱えているからである．

　筆者が改善すべきと考えている因習については，現地の女性NGOも同様に考えていることを申し添えて，これから，女児殺しに遭わずに育った少女が直

面する諸問題を年齢順に見ていきたい．施術される年齢が若年化しているが，地域や民族によって，少女たちは女性器切除（FGM）の施術を受ける．FGMを受けて大人の女として認められると，今度は早婚の問題に直面する．FGMや早婚は少女から教育を受ける機会を奪い，教育の問題につながる．[4]

2　成女儀礼と女性器切除（FGM）

　FGMは女性外性器の一部もしくは全部の除去・変形のための施術である．[5]地域の因習であるが，アフリカ全土でおこなわれているわけではなく，イスラームの教えとも無関係である．[6]法律で禁止する国も多いが，取り締まりが緩い国もあり，なかなか根絶することが難しい．また，FGMを拒否することが出来ないように施術が低年齢化している．どうしてFGMを残すべき慣習ではなく，なくすべき因習と筆者が考えるのか．それは，少女たちが施術のもたらす弊害を理解せず強制的に受けさせられていることと，この施術によって命を失うことがあるからである．[7]

　FGMの施術中に出血多量で死亡する．施術中に細菌に感染し敗血症で死亡する．同じナイフを使いまわして施術することによりHIVに感染しエイズを発症して死亡する．ファラオ式の施術を受けた少女のお腹に生理の血が溜まり妊娠と勘違いした父親に殺害される．[8]ファラオ式の施術を受けた少女が出産するとき膣口周囲の皮膚が固くなり膣口が十分に開かず難産で母子ともに死亡する——このようにFGMが原因で死に至る事例は枚挙に暇がない．運良く死に至らずとも，多くの健康被害が報告されている．特に，ファラオ式の施術を受けた場合，生理の期間中の激痛のために，登校や出勤もままならないことが多い．

　「アフリカ映画の父」と呼ばれたセンベーヌ・ウスマン監督がFGM廃絶を訴えた名作「モーラーデ（邦題：母たちの村）」を是非見て頂きたい．アフリカの村の美しい風景が印象的な映画であるが，アフリカの家父長制の状況とFGMがなくならない理由がよくわかる．都会の富裕層は娘を病院に入れて施術を受けさせることができるが，映画に登場するような村の娘たちは，村の施術師のナイフで切除される．万が一，娘の1人が（母子感染により）HIV陽性であれば，他の娘たちも感染する危険もある．映画の主人公であるコレに保護されていた少女の1人は，母親に連れ去られ，FGMの施術を受けて死んでしまった．

　このように女性にとって生命の危機すら生むFGMはどうして「慣習」とし

て続いているのだろうか．各地域に共通するひとつの答えは，FGMを受けていない女性には結婚資格がないことである．FGMを受けない女性は不浄であり，成人女性としても扱われない．女性が生きていくためには「妻」となる選択肢しかない社会において，結婚資格を得るために母親たちは可愛い娘にFGMを受けさせるのである．また，FGMが娘の身体に与えるリスクについて医学的な情報が母親たちに与えられていないことも，FGMが続く原因のひとつである．前記の映画で，嫌がる娘にFGMを受けさせ死なせてしまった女性は，娘の名を呼びながらずっと泣いていた．

　では，FGMを廃絶するためにはどうすればよいのだろうか．FGMを法律で禁止している国は多いが，厳しく取り締まっている国は少ない．また，厳しく取り締まるだけでは地下に潜行して施術がおこなわれてしまい，被害が拡大することも指摘されている．FGMをなくすためには，長老や宗教指導者に対する説得，学校での親と子どもへの教育活動などに加えて，施術師対策も重要である．先述の映画の中でも，「1人当たり1万フラン（CFA）の収入」を施術師たちが得ているというセリフが出てくる．FGMが廃絶されれば職を失う彼女たちのために，施術に代わる仕事を用意する必要がある．近年，病院の医師もFGMの手術による収入を期待しており，この因習をなくすには，息の長い活動が必要である．

　筆者の調査地は敬虔なイスラーム教徒が大部分を占めているが，現地のNGOの10年以上にわたるFGM廃絶活動が功を奏して，FGMに反対する宗教指導者が増えてきている．またアフリカ各地でも，FGMをおこなわない成女儀礼がNGOにより推奨されている．私たち日本人もこういった活動を支援することで，多くの少女たちの命を救うことができるのである．

3　早婚（児童婚）と難産

　早婚がいかに酷いものかは，文章よりも写真が雄弁に物語ってくれる．参考文献にDays Japanの関連記事を挙げているので，是非見てほしい．たとえば，「結婚させられる少女たち」と題された記事には，アフガニスタンのダマルダ村で2005年に撮影された結婚式前の新郎（40歳）と新婦（11歳）の写真が掲載されている．新婦の夢は「教師になることだったが，婚約により学校を中退させられてしまった．結婚後も学校に通う少女たちはほとんどおらず，婚約が成立

するとすぐに中退させられてしまう．アフガニスタン政府やNGOによると，約57パーセントのアフガニスタンの少女たちが，法定年齢の16歳になる前に結婚しているという」［長谷川 2008］．

長谷川［2008］は，ネパールの早婚の状況を詳しく説明している．ネパールでは法律で婚姻適齢が定められているが，一部の地域では，「7，8歳の幼女が，結婚の意味さえ知らぬまま，嫁がされる風習」が残っている．長谷川はこの背景に，「宗教的慣習」と貧困の問題があると指摘している．ひとつはネパールの国教であるヒンドゥー教である．

ヒンドゥー教の聖典であるマヌ法典には，「娘は8-10歳の間に結婚させるのが最善である」と書かれ，それが出来なければ，「初潮が見られたら，数週間後には結婚させなければならない」として，「その責務を果たせない場合，親は地獄に落ちることになる」という．「マヌの法典では，女性は生来，邪悪な生き物であり，常に監視の対象にあるとし，月経，妊娠，分娩などの生理現象から，不浄な性とされている．よって，その独立を認めず」，父親，夫，息子に従属する立場に置かれるのである．「また，生家は娘を一時，預かっているだけの仮の家族であり，嫁ぎ先こそが本来の家庭である」とも考えられているため，「娘をもつ親は，できるだけ早い時期に良縁を探し，嫁がせなくてはならない」と考えるのだという［長谷川 2008: 16-20］．

宗教上の慣習とは異なる理由による早婚もある．ケニアの北東部にある筆者の調査地では，女性は平均14歳で結婚する．もちろん初婚は恋愛結婚ではない．婚資（家畜やお金など）と交換に，父親が決めた相手と（多くの場合，婚資を払う余力のある年配男性の第三夫人や第四夫人として）結婚する．一度，嫁をもらう側の男性陣に，どうして14歳の少女を選ぶのか尋ねたことがある．「その年齢の少女は夫に従順だから．中等学校を卒業する年齢になると従順でなくなる」という回答が返ってきた．他方，貧しい家庭の場合，娘が貰った婚資を息子の婚資にまわすという話も聞いた．

早婚によって，少女は教育を受ける権利を奪われてしまう．折角中等学校に入学し勉学に励んでいても，退学させられる．ケニアでは就学中の少女を結婚させることは違法であるが，少女たちが突然姿を消してしまうと，学校側も対策がとれないのが実情である．

早婚の弊害は，教育を受ける機会を逸するだけではない．FGMと同じく，早婚も，少女たちの命を奪う原因となる．骨盤が十分に発達していない段階で

妊娠・出産することは，難産の原因となり，母子ともに死の危険に直面する．また，数日にわたる難産の間に，子どもの頭が膣周辺の壁を圧迫し，膀胱や直腸との間に孔があいてしまう「産科瘻孔（フィスチュラ）」という病気になることもある．体が未成熟なまま結婚したために，死産の上，排泄のコントロールを失った少女たちは，その臭気のために家から追い出され，ブッシュで暮らすという．

　赤ん坊が無事に生まれたとする．筆者の調査地には貧血の女性が多い．「母親が貧血だと，子どもは生まれたときから鉄分保有量が少なく，母乳中の鉄分も不十分なので，離乳後に補っていかない限り貧血になってしまう」．「女の子は貧血が十分改善しないまま初潮を迎えてしまう．貧血のまま若くして結婚し，回復する間もなく妊娠・出産を繰り返し，その子どもがまた貧血になるという悪循環を繰り返す．貧血の女性は，出血や感染症に対する抵抗力が弱いため，妊娠・出産で命を落とす危険も高くなる」という［青山・原・喜2001: 166-167］．

　早婚が原因となるさまざまな危険を避けるために，WHOは18歳未満の結婚と20歳未満の妊娠を避けることを提案している［WHO 2011］．何より，早婚が母子の命を奪っていることを国民に周知し，早婚を防ぐことが，途上国政府にとっての喫緊の課題である．[11]

4　教育を受ける権利

　早婚が少女たちから教育を受ける権利を奪っていることはすでに述べた．では，結婚するまでは，兄弟たちと同様に，少女は学校に通っているのだろうか．**表3-1**は，HDIランクの下位に位置するアフリカ諸国の25歳以上の人びとの中で「少なくとも中等教育を受けた人口」の男女それぞれの割合（2010-2017年）と，15歳以上の成人識字率（2006-2016年）を示したものである．

　日本（HDIランク19位）における「少なくとも中等教育を受けた人口」は，女性94.8％，男性91.9％［UNDP 2018: 38］であることを比較すると，アフリカ諸国の25歳以上の人びとの中で，初等教育で終わってしまっている人びとの割合が高いことにまず驚くことだろう．コンゴ民主共和国は，男性では65.8％という数値を出しているが，女性は36.7％であり，他のアフリカ諸国の女性の数値よりは格段によいものの国内では男女差が大きいことがわかる．

　社会保障が充実していないアフリカでは，特に人口の大部分が住む農村部で

表3-1 少なくとも中等教育を受けた人口（25歳以上）と成人識字率（15歳以上）

(単位：％)

HDIランク	国名	少なくとも中等教育を受けた人口(女性)	少なくとも中等教育を受けた人口(男性)
171	マラウィ	16.7	25.4
173	エチオピア	11.2	21.4
174	ガンビア	29.0	42.3
175	ギニア		
176	コンゴ民主共和国	36.7	65.8
177	ギニア・ビサウ		
179	エリトリア		
180	モザンビーク	16.1	27.3
181	リベリア	18.5	39.6
182	マリ	7.3	16.4
183	ブルキナファソ	6.0	11.7
184	シエラレオネ	19.2	32.3
185	ブルンジ	7.5	10.5
186	チャド	1.7	10.0
187	南スーダン		
188	中央アフリカ共和国	13.2	30.8
189	ニジェール	4.3	6.9

（注）HDIランク171位以降の国々で、数値が記載されていなかったジブチ（172位）を除く。178位はイエメンである。
（出所）UNDP 2018: 40-41, 56-57.

は、老後の頼りとなる息子に教育を受けさせ、嫁におこなってしまう娘の教育は後回しになる傾向がある．これは男尊女卑の価値観に加えて貧困が原因でもあるが、初等教育と中等教育の無償化が進み、大学での奨学金制度の充実により、女子の高等教育修了者が増加すれば、女性に経済力が付き、それにより、女子教育への理解が進むことが期待できる．実際、筆者の調査地では、就職した子どもたちについて、息子よりも娘の方が親への仕送りをきちんとしてくれることを経験的に学んだ親たちが、娘の教育に熱心になりつつある．このことは、少女たちの未来にとっても、彼女たちが育てる子どもたちにとっても、この地域の発展にとっても、将来への希望である．母親の教育レベルは5歳未満児死亡率に影響し、字が読める母親の子どもの死亡率は低下するからである．女子教育の充実は次の世代への贈り物ともいえる．

5　因習を変えるための方策

　女性差別撤廃条約や子どもの権利条約を持ち出すまでもなく，本章で紹介した「女児殺し」「FGM」「早婚（児童婚）」そして後述する「アルビノの身体切断」は，ほとんどの途上国において，法律で禁じられている行為である．途上国政府が主体的に実効性のある対策をとれるように，国際社会も側もそれを支援する必要がある．

　ここでひとつ考えて頂きたいことがある．本章で無くすべき因習として紹介したFGMについて，日本ではいまだに文化相対主義を掲げて施術を擁護する研究者がいる．第2節で紹介したように，FGMが原因でこれまで数多くの女性が命を落としてきた．なぜ少女たちが命を懸けてFGMを守り続けないといけないのか．FGMをアフリカの伝統文化として守り続けるべきだと主張することは，家父長制の存続を容認することであり，日本のジェンダー平等推進にとっても決してプラスにはならない．なぜ日本でジェンダー平等が必要かについて議論するには紙幅の余裕がないが，「労働市場における男女平等が実現すれば，今後20年で日本のGDPは20％近く増加することが予測」されるというOECDの指摘もある［OECD 2012］．

　因習の撲滅に最も効果的な活動ができるのがNGOである．現地に赴かずに日本にいながらにできる国際協力とは，子どもたちの命を守ろうとするNGOの会員となり，その活動を支援することだろう．

おわりに

　2009年2月25日に，AFPは次のような事件を報じた．

　　東アフリカ・ブルンジ北部のカヤンザ県で23日夜，アルビノの6歳の少年が生きたまま手足を切断され，死亡するという事件が発生した．同国では，呪術使用目的でのアルビノ殺害事件がたびたび発生している．警察が24日明らかにしたところによると，23日午後10時ごろ，犯人グループは同県ルブモ町の家に押し入り，両親を縛り上げたうえで少年の手足を切断し，逃走した．少年の悲鳴は近所一帯に響き渡ったという．アルビノの保護を担当しているニコデメ・

ガヒンバレ主任検察官によると，今月初めには，北東部のムインガ県で，40歳のアルビノの女性の殺人事件が発生したばかり．過去5か月で，国内で殺害されたアルビノの数は少なくとも8人にのぼるという．

　警察は，アルビノの手足や臓器は隣国タンザニアの呪術師らに売られ，「お守り」として調合されていると見ている．漁師や鉱山労働者がこうしたお守りを買っていると考えられていたが，アルビノの身体の一部はタンザニアで今や数千ドル（数十万円）で取引され，逮捕者もあとを絶たないことから，大がかりな密輸組織が絡んでいる疑惑も持ち上がっている．

　タンザニアだけで，この1年間に40人以上のアルビノが殺害されているという［AFP 2009］．

　タンザニアでは，お守りとしてアルビノの身体が売買されている．抵抗できない子どもたちが狙われやすい．上記の記事にある漁師や鉱山労働者だけではなく，選挙のときには政治家までが呪術師のお守りに頼るという[12]．

　「地方の政治指導者は，呪術師の力を信じている．選挙での勝利を呼び寄せてくれると思っているのだ」と，アルビノの人権擁護団体「アンダー・ザ・セイム・サン（Under The Same Sun）」のタンザニア事務局長，ビッキー・ヌテテマ氏は説明する．

　アルビノの遺体は，全身なら売れば7万5000ドル（約900万円）にもなる．ヌテテマ氏によると，これほどの高値で売れる事実こそが，アルビノ殺害に「政財界の大物」が関与している可能性を示唆しているという［AFP 2015c］．

　7万5000ドルという金額は，貧しいタンザニア人の年収の100倍以上になる．アルビノを守るための方策を議論する責任があるタンザニアの政治家までが，アルビノの身体を用いた「お守り」と呪術師に依存しているのであれば，アルビノの子どもたちを守る施策がこれまでとられてこなかったのも当然であろう．AFP［2010］の記事には，ブルンジでは14件中12件で有罪判決が下っているのに対して，アルビノ襲撃原因を作っている側のタンザニアにおいて「法の裁きも遅々として進んでいない．タンザニアでは，この2年間に有罪判決を受けたケースはたった2件」とあるが，両国での数字の違いがタンザニアの政治家の関与を如実に物語っている．

　2015年にタンザニア政府はようやく本格的な対策に乗り出したが[13]［AFP

2015a; 2015b]．呪術師が３月に200人以上逮捕されているものの，それでもアルビノの子どもたちの安全は保障されない．2015年10月に大統領選と議会選を控えたタンザニアでアルビノの人びとを標的とした襲撃が増加しているという記事が５月に掲載されている［AFP 2015c］．記事にあったように，アルビノに対する偏見を取り除くための教育がまず必要である．[14]

　アルビノの身体をお守りとする慣習をもつ地域の人びとに対して，それを民族の文化と考える読者はいるだろうか．FGMをアフリカの伝統文化であるとする主張と関連づけて考えてほしい．

注

1) 2018年３月13日の閣議決定により，婚姻適齢は男女ともに18歳に改められることとなり，改正民法は2022年４月から執行予定である．
2) その内容は時代や文化によって異なるが，権力の所在が男性（家父長）にあることを示すpatriarchyの訳語である．
3) かつてドイツでは，男子割礼が傷害罪に当たるか親の宗教教育権として認められるかが法廷で争われ，法律制定に至った［天田 2014］．南アでは男子割礼により30人が死亡し300人以上が病院に搬送された事件も報じられている［AFP 2013］．
4) これら３つの問題は密接に関係している．FGMを受けて早婚させられ学校に行けなくなるからである．
5) FGMの起源には諸説ある．戸田［2013: 153; 174］を参照のこと．
6) ブルース［2010: 28］にも，娘におこなったFGMについて，「これはクルド人の習慣なの．もうだれも思い出せないぐらい昔からのね．どうしてこんなことをするのか知らないけど，止めるわけにはいかない．イスラム教の決まりだし，年長者がそうしろと言うから」という母親の発言が記されている．「ここはイラク国内では唯一，切除が行われている場所」と記述されているように，FGMは全てのイスラーム教徒がおこなっている慣習ではなく，クルアーンにもFGMについての記述はない．
7) 命を失うリスクが少ないタイプであっても，施術時の恐怖はトラウマとなってその後の人生に影響する．
8) FGMには４つのタイプがある．タイプⅢのファラオ式（陰部封鎖）が最も厳しい施術となる．詳しくは戸田［2013: 152］を参照のこと．
9) 『マヌ法典』第５章による．この『マヌ法典』に従い，ネパールには月経専用小屋であるチャウパディ・ゴート（家畜小屋や出産・月経専用小屋として用いられる）が存在する．ネパール最高裁判所は2007年５月９日に「チャウパディ慣習根絶令」を発しているが，2010年１月にネパール極西部のアッチャム郡のチャウパディ・ゴートで女性と９カ月の息子が死亡（凍死と推定）した事件があり，WHOやUNICEFを始めとして，チャウパディ慣習はネパール社会の陋習に基づく女性への差別であり人権侵害問題であると非難された．かつては日本でも，「チャウパディ・ゴートと同様の施設が，西日本に多

く存在していた．明治元年に廃止例が出たが，福井県若桜では昭和48年まで存在し，現在は民俗文化財になっている」という［伊藤 2010: 105; 119-120］．
10）娘が貧しい男性の第一夫人になるより裕福な男性の第三夫人になることを望む母親もいる．貧しい女性の中には「金持ちの男を1人の女が独占するのはおかしい」という声もある．
11）日本の女性の婚姻適齢が，2019年現在，16歳であることの意味をもう一度考えてほしい（民法731条）．「子どもの花嫁に関する10の事実」［ユニセフ 2019］によれば，世界では，18歳未満で結婚する女の子が年間1200万人いると推定される．
12）「アルビノの身体の一部を持って金鉱山へ行けば，金が地表に沸（原文ママ）いてくると言われている．釣りの餌として使用すれば，おなかに金の詰まった大きな魚が釣れるとも言われているんだ」［AFP 2008］．
13）2015年までに全く対策がとられてこなかったわけではない．タンザニア政府はアルビノの子どもを守るための収容施設を設けているが，AFP（2014）は，この施設の環境が劣悪であり虐待が横行しているという国連人権高等弁務官事務所の専門家の報告を報じている．
14）残念ながら，2019年現在でも，アルビノの人びとに命の安全は保障されていない［AFP 2019］．

参考文献 ●●●
青山温子・原ひろ子・喜多悦子［2001］『開発と健康——ジェンダーの視点から——』有斐閣．
天田悠［2014］「〔外国刑事判例研究〕信仰上の理由に基づく小児割礼と傷害罪の成否（LG Köln, Urt. v. 07.05.2012-151 Ns 169/11）」『早稲田法学』89，91-100頁．
伊藤ゆき［2010］「『チャウパディ慣習根絶令』を巡るネパールの女性たち——月経慣習と法の間——」『文京学院大学外国語学部文教学院短期大学紀要』10，105-126頁．
戸田真紀子［2013］『アフリカと政治　改訂版』御茶の水書房．
長谷川まり子［2008］「結婚させられる少女たち」（写真：ステファニー・シンクレア）『DAYS JAPAN』5(9)．
ブルース，A.［2010］「クルドの女性器切除」『DAYS JAPAN』7(5)．
Hudson, V. M. and A. M. Den Boer [2005] "Missing Women and Bare Branches: Gender Balance and Conflict," *ECSR Report*, Issue 11.
Michael, M., King, L., Guo, L., McKee, M., Richardson, E. and D. Stuckier [2013] "Mystery of Missing Female Children in the Caucasus: An Analysis of Sex Ratios by Birth Order," *International Perspectives on Sexual & Reproductive Health*, 39(2), pp. 97-102.
FAO [2011] *The State of Food and Agriculture 2010-2011* (http://www.fao.org/3/a-12050e.pdf, 2019年7月21日閲覧)．
OECD [2012]「男女間の格差縮小のために今行動が求められている〜日本〜」(http://www.oecd.org/japan/Closing%20the%20Gender%20Gap%20-%20Japan%20FINAL.pdf,

2019年7月21日閲覧).
UNDP［2018］*Human Development Indices and Indications: 2018 Statistical Update*（http://hdr.undp.org/sites/default/files/2018_human_development_statistical_update.pdf, 2019年5月22日閲覧).
WHO［2011］*The WHO Guidelines on preventing early pregnancy and poor reproductive outcomes among adolescents in developing countries*（http://www.who.int/immunization/hpv/target/preventing_early_pregnancy_and_poor_reproductive_outcomes_who_2006.pdf, 2019年7月21日閲覧).
World Bank［2012］*Africa Social Protection Policy Briefs: Pension*（http://siteresources.worldbank.org/INTAFRICA/Resources/social-protection-policy-brief-pensions-EN-2012.pdf, 2019年7月21日閲覧).
AFP［2008］「『呪術師に高値で売れる』、東アフリカ・ブルンジのアルビノに魔の手」(2008年10月15日) http://www.afpbb.com/articles/-/2528599?pid=3423929（2019年7月21日閲覧).
AFP［2009］「東アフリカ・ブルンジでまたアルビノ殺害事件,生きたまま手足を切断」(2009年2月25日) http://www.afpbb.com/articles/-/2575214（2019年7月21日閲覧).
AFP［2010］「止まらぬアルビノ殺害,今月だけで被害者3人　アフリカ」(2010年5月7日) http://www.afpbb.com/articles/-/2723801（2019年7月21日閲覧).
AFP［2012］「インド,女児殺しの慣習による危機」(2012年2月11日) http://www.afpbb.com/articles/-/2856993?pid=8439008（2019年7月21日閲覧).
AFP［2013］「割礼儀式で若者30人死亡,南アフリカ」(2013年7月8日) http://www.afpbb.com/articles/-/2954751（2019年7月21日閲覧).
AFP［2014］「タンザニアのアルビノ児童施設『虐待』と国連専門家が非難」(2014年8月26日) http://www.afpbb.com/articles/-/3024148（2019年7月21日閲覧).
AFP［2015a］「タンザニア政府,呪術師を禁止　急増するアルビノ殺害の抑止に」(2015年1月15日) http://www.afpbb.com/articles/-/3036615（2019年7月21日閲覧).
AFP［2015b］「アルビノ殺害をめぐり一斉捜索,預言者ら225人逮捕　タンザニア」(2015年3月13日) http://www.afpbb.com/articles/-/3042334（2019年7月21日閲覧).
AFP［2015c］「選挙と呪術,タンザニアでおびえ暮らすアルビノの人びと」(2015年5月1日) http://www.afpbb.com/articles/-/3047166?pid=0（2019年7月21日閲覧).
AFP［2019］「タンザニアでアルビノの遺体掘り起こし,人々を「恐怖に」と自助団体」(2019年4月30日) https://www.afpbb.com/articles/-/3223105?cx_amp=all&act=all（2019年5月22日閲覧).
ユニセフ［2019］「児童婚」https://www.unicef.or.jp/news/2019/0019.html（2019年5月22日閲覧).

第3章　慣習と子ども

――― 読んでほしい本・観てほしい映画 ―――

① 謝秀麗『花嫁を焼かないで――インドの花嫁持参金殺人が問いかけるもの――』明石書店，1990年．
　法律では禁止されていても，今なお持参金殺人が続くインドの現状が理解できる．
② 馮驥才『三寸金蓮(てんそくものがたり)』(納村公子訳)，亜紀書房，1989年．
　足が小さいことが女性の魅力とされた時代の中国において，幼い頃から激痛に耐えてきた女性を主人公とする物語．纏足が誰のための，いかなる因習であったかがよく理解できる．
③ ナワル・エル・サーダウィ『イヴの隠れた顔』(村上眞弓訳)，未來社，1994年．
　エジプト（アラブ世界）で初めてFGMの問題を取り上げた女性（精神科医，作家）が，「西欧の女性は心を切除されている」と言って，世界共通の問題として家父長制の問題を訴えている．
④ プラン・ジャパン『わたしは13歳，学校に行けずに花嫁になる．――未来をうばわれる2億人の女の子たち――』合同出版，2014年．
　児童婚の現状を理解する本は数多く出版されており，他の本も図書館で探してほしい．
⑤ 映画「母たちの村」センベーヌ・ウスマン監督，2004年，フランス／セネガル．
　「アフリカ映画の父」と呼ばれたセンベーヌ監督がFGM廃絶を訴えた映画．西アフリカの村の生活も理解でき，美しい映像も堪能できる名作．
⑥ 映画「魔女と呼ばれた少女」キム・グエン監督，2012年，カナダ．
　子ども兵にされた少女が主人公であるが，彼女の夫となった少年がアルビノであり，現地の呪術や迷信，慣習の一端を垣間見ることができる．

（戸田真紀子）

第4章　イスラームと女子教育

はじめに

　国際的な教育推進運動にとって，2015年は節目の年である．1990年に国際機関や各国政府，NGOなどが中心となってタイのジョムティエンで開催された「万人のための教育（EFA: Education for All）世界会議」で初等教育の普遍化，教育における男女の就学差の是正を目標とした「万人のための教育宣言」および「基礎的な学習ニーズを満たすための行動枠組み」が決議された．その10年後の2000年にセネガルのダカールで「世界教育フォーラム」が開催され，女子や少数民族への教育環境整備，教育における男女の平等など2015年までに果たすべき6つの目標を掲げた「ダカール行動枠組み」が出された．同年，国連が2015年までに達成すべき目標である「ミレニアム開発目標（MDGs）」の8つの目標の中にダカール行動枠組みのうちの2つ，「初等教育完全普及の達成」と「ジェンダー平等の推進と女性の地位向上」が盛り込まれた．

　さらに，日本の提案で2005年からの10年間が「国連持続可能な開発のための教育（ESD: Education for Sustainable Development）の10年」に定められた．その後，目標とされた2015年が近づくと，2014年にオマーンのマスカットでの「EFA世界会議」でポスト2015年の目標が議論され「マスカット合意」にまとめられ，同年，日本の名古屋と岡山で開催された「ESD世界会議」で10年間を振り返って新たな課題に向けての取り組みが議論された．2015年，韓国の仁川での「世界教育フォーラム」では，2030年までに「すべての人に包括的かつ衡平な質の高い教育と生涯教育」を目標とすることが定められた．

　EFA達成のための取り組みによって，初等教育を受ける子どもの数は飛躍的に伸びた．世界全体で1999年から2012年まで初等教育を受ける子どもは20%

増加した．たとえば，アフリカのブルンジの就学率は2000年に41％だったものが，2010年には91％まで伸びた．モロッコの就学率は1999年の71％から2013年に99％になっている［UNESCO 2015: 79-80］．2012年のデータによると世界で初等教育を受けることができない子どもたちの数は約5800万人おり，地域別にみると，非就学児童が最も多い地域はサブサハラ以南のアフリカで，次に南アジアとなっている．そのうち女子は54％でジェンダーに基づく格差が見られる．

　本書では貧困や紛争などさまざまな問題にさらされる子どもたちが出てくるが，そのような子どもたちの多くは教育を受けることができない．紛争下にいる子どもたちは命の危険にさらされ，家や家族を失い，難民になった子どもは学校に通うことができない．たとえば東京都の約半分の面積のガザ地区に150万人のパレスチナ人が住んでいるが，約100万人は難民である．ガザの周囲は金網などで覆われ，そこから外に出ることはできない．ガザは2006年以降，イスラエルによる3度の攻撃を受けている．攻撃は民家や学校にも無差別におこなわれ，2014年8月，国連が運営する学校も空爆されている[1]．難民の子どもは公立の学校に通うことができず，国連やNGOの運営する学校に頼らざるを得ない．しかし，そのような学校は，その時の予算によって左右され，常に安定した教育を受けることは難しい．さらに，2012年に世界で児童労働を強要されている子どもの数は1億6795万人いる［ILO 2013: 3］．これは2000年の2億4550万人に比べると減少傾向にあるとはいえ，仕事をしている彼／彼女たちは，当然学校に通うことができない．

　子どもが継続的に教育を受けるために，紛争がないことはもちろんのこと，学校を建設し，教師を養成し，親が子どもを安心して学校に送り出せる環境を整える必要がある．パキスタンにはゴーストスクールと呼ばれる学校が存在する．政府が建築した学校があって，毎月教師に給料が支払われているにも関わらず，子どもが通っている実態のない学校のことである．また，遠くにある学校に毎日命がけで通う子どもがいる．フランス映画『世界の果ての通学路』（パスカル・プリッソン監督，2012年）でケニア，アルゼンチン，モロッコ，インドの子どもたちの通学する様子が描かれているが，馬に乗って通学する子ども，野生動物に襲われないよう注意しながら通学する子ども，片道4時間かけて毎週寄宿舎のある学校へ通う子どもがいる．学校があり，子どもが通っていても教員に十分な給料を支払うことのできない国では，教員が副業を持ち，教育の質が下がることもある．

本章では世界の教育の問題のなかでも女子教育，特にイスラームと女子教育に焦点を当てて論じる．歴史的に女子が学校に通う制度の整備が遅れてきたのは，イスラーム教徒の女性たちであった．第1節ではイスラーム諸国の教育制度の歴史的な変遷について，第2節では，イスラームと女子教育の問題について，それぞれ論じていきたい．

1 イスラーム諸国における教育

(1) イスラームの伝統的教育

イスラームの高等教育機関であるマドラサは10世紀頃から存在している．伝統的なイスラーム教育では，コーランを学び，イスラーム法を中心にイスラーム諸学を学ぶことを目的としてきた．マドラサに入学する前は，家の近くにある初等教育機関でコーランを声に出して読み，コーランなどをテキストにして読み書きを学ぶ．その後，一部の子どもたちがマドラサに進学する．マドラサの入学に年齢制限はなく，現在の学校制度のように同年齢の子どもが同時期に入学することはない．マドラサはワクフというイスラーム教徒による寄進によって運営されるのが一般的である．そのため寄宿舎があり，食事が提供されることから，貧しくとも能力さえあれば入学が可能となる．教育内容はコーランだけではなく，地理や歴史，修辞学など多様な分野に及ぶ．ただし，このマドラサに進むことができたのは男子だけだった．近代以降，国によって異なるが，一部の神学校で女子部ができることで女子の入学が可能となった．たとえば，エジプトのアズハル大学は1961年に女子部が設立された．この大学はスンナ派イスラーム学の最高学府として世界各地から女性も含めた留学生を受け入れている．

マドラサでの教育で重要なことは，どこで学んだのかではなく，誰から学んだのかということである．師から修得を認められると許可状をもらうが，その師が誰であるのかが重要である．ずっと同じマドラサに留まる師もいれば，世界各地を旅する師もいる．学生のなかにはより良い師を求めてイスラーム世界各地を旅する者もいた．有名な師のいるマドラサには多様な人材が集まり，相互交流が見られた．タタール人イスラーム法学者ムーサー・ジャールッラーは世界各地を旅して，第二次世界大戦前の日本を訪れた．日本で初めてコーランをアラビア語から翻訳したイスラーム哲学者の井筒俊彦は，直接彼からイス

ラーム学を学んでいる．マドラサでの授業内容は基本的に問答形式の議論で，議論の仕方を徹底的に学ぶ．このような教育を基にイスラーム法を修めた知識人，ウラマーが生まれる．マドラサから社会に出たウラマーは，教育や司法の仕事だけでなく，冠婚葬祭を取り仕切り，モスクでの集団礼拝で説教をおこなうなど，イスラーム教徒の生活にはなくてはならない存在となる．そのウラマーの中でも一部の優秀な者だけがイスラーム法を導き出す解釈を許されるムジュタヒドと呼ばれる．これまで歴史的にほとんど存在しなかったが，一部の神学校に女子部ができてから少しずつではあるが，女性のムジュタヒドも誕生し始めている．

(2) 近代教育の導入

10世紀以来の伝統的教育制度は19世紀頃に大きく変化する．「西洋の衝撃」と言われるナポレオンのエジプト遠征以降，中東イスラーム地域には英国やフランスなど西洋諸国が進出し，中東の政治，経済，社会，文化が大きく変化する．これらの地域では日本と同様に西洋諸国との不平等条約解消のために「近代化」の名のもとでの司法制度や教育制度などの社会制度改革を迫られた．西洋諸国へ留学生を派遣し，大学などの高等教育機関を設立し，西洋教育を教えることのできる教師が育成された．

20世紀に入ると，第一次世界大戦後にオスマン朝が崩壊し，オスマン朝の支配下にあったアラブ諸国は英国やフランスの植民地となった．英国の植民地インドとソ連に挟まれた緩衝国イランにはパフラヴィー朝が成立した．同じ緩衝国アフガニスタンにも王朝が成立したが，1908年に石油が発見されたイランと異なり，アフガニスタンは欧米諸国による「近代化」の波は来なかった．第二次世界大戦後にはアジア・アフリカ諸国が相次いで国家として独立し始める．国境で線引きされた国家が成立することで，司法制度や教育制度のあり方はそれぞれの国家が単位となって決めることになった．したがって，何年間の義務教育を設定するのか，女子教育を始めるのかどうか，学校教育におけるイスラーム教育の割合などについては，それぞれの国家ごとに多様な形が見られる．

紙幅の都合上，ここでそれぞれの国家の教育政策を細かく論じることはできないが，イスラーム諸国では，日本や西洋諸国と同じような学校教育制度があり，それとは別に神学校が存在するという形をとることが多い．たとえば，エジプトではそれまであった神学校を初等教育の学校に変えていったという歴史

を持つが［田中 2000］、現在では教育省管轄の公立校、私立校が存在する。近年、私立校の中でもフランス語や英語で授業をおこなうランゲージスクールに通わせる親が増えている。また、トルコでは第一次世界大戦後に政教分離原則が憲法で言及され、すべての神学校が廃止となった。1923年に教育制度が始められてから男女共学が一般的である一方で、教育カリキュラムの中には宗教教育が盛り込まれている。後にイマーム・ハティップ校という公立中等教育機関も生まれている［宮崎 2014］。インドネシアでは、一般の公立学校の制度と別にプサントレンといわれる寄宿舎つきの神学校が存在する［西野・服部 2007］。

2 女子教育の否定？

(1) 女子教育の必要性

　国連は女子教育の必要性を強調しているが、それは、これまで歴史的に女子が教育を受ける機会を奪われてきたということと、女子教育の普及が途上国における他の問題の解決につながるという理由からである。女子教育が普及すれば若年の結婚を防ぐことができる。結婚後、毎年のように子どもを産むことがなく、人口爆発を防ぐことができる。さらに、女子教育の普及によって、生まれた子どものケア、衛生管理などの知識が増え、5歳児未満の子どもの死亡率が減る可能性が出てくる。また、教育を受けた女性たちは、自分の子どもにも教育を受けさせようとする傾向が強くなるので、教育の普及がより一層進み、好循環が生まれる。

　これまで、イスラーム教徒の多く住む地域では、男女間で学校に行くことのできる子どもの間に格差があった。しかし、イスラームの教えですべての女子教育が禁止されていると考えるのは誤りである。確かに、イスラーム諸国で女子教育が普及し始めるのは、日本と比べても遅かったといえる。また、「西洋の教育は罪悪」という意味を持つナイジェリアのイスラーム武装組織で、2014年に200人を超える女子生徒を誘拐したボコ・ハラム、アフガニスタンのターリバーン、また、2012年10月にマララ・ユースフザーイーさん（以下マララさんとする）を襲撃したパキスタン・ターリバーン組織（TTP）はイスラームの名のもとで女子教育を否定している。しかし、女子教育を否定しているのは、イスラーム教徒の中でも一部に限られており、その他の多くのイスラーム教徒の女子児童は、普通に学校に通っている。もし、イスラームの教えによって女子教

育が否定されるのなら，現在世界で約16億人といわれるイスラーム教徒のうち，数億人規模の子どもたちが学校に行かないことになってしまう．

(2) 女子教育の根拠

では，ターリバーンなどでは何を根拠に女子教育を否定しているのだろうか．それを知るためには，まずイスラーム法のしくみを知る必要がある．イスラーム法はアラビア語でシャリーアという．法というと憲法や民法などの成文法を連想するかもしれないが，イスラーム法というひとつの成文法は存在しない．イスラーム法は，イスラームの聖典コーランや，預言者ムハンマドの言行を記したハディースをテキストとして，法学者たちが法解釈をすることで，法規範を導き出したものである．イスラーム法の法源とされるものには，コーランとハディースの他にキヤースと呼ばれる類推，イジュマーと呼ばれるイスラーム法学者たちの合意などがある．これらの法源から導き出された法規定の中には，礼拝や巡礼などの儀礼に関する問題だけでなく，刑罰や戦争，家族関係，経済活動などイスラーム教徒の生活に関わるあらゆる規定が含まれる．

10世紀頃にスンナ派においてはハナフィー派，マーリク派，シャーフィイー派，ハンバル派という法学派の始祖の名前をつけた四つの法学大系がまとめられた．シーア派の多数派である十二イマームシーア派にはジャアファル法学派がある．それぞれの法学派は，法解釈をおこなうときの方法が異なり，それぞれ導き出される法規定が少しずつ異なる．ムジュタヒドが，特定の方法論を使って法規定を導き出すことをイジュティハードというが，四法学派の大系が確立したところで新たなイジュティハードが抑制されたことから「イジュティハードの門が閉ざされた」と言われるようになった．つまり，確立された法学大系の範囲内で法律問題が議論されてきた．

法解釈の一例を挙げよう．女性がヴェールをかぶることに関してコーランにはっきりと「ヴェールをかぶれ」と書いてあるわけではない．コーランのヴェールに関する記述はいくつかあり，そのうちのひとつ，33章59章に「これ，預言者，お前の妻たちにも，娘たちにも，また一般信徒の女たちにも，(人前に出る時は)必ず長衣で(頭から足まで)すっぽり身体を包みこんで行くよう申しつけよ」[井筒 1958: 297]と書いてある．これらの記述から法学者たちが解釈して現在のヴェールについての規定が導き出されている．世界でヴェールの形や色は多様であり，時代によってもヴェールのかぶり方は変化している．[後藤 2014]

したがって，女子教育に関してもコーランの中にはっきりと書かれているわけではない．ハディースの中には「知を求めよ，中国まで」という言及があり，ここからイスラームでは知の追求が奨励されており，教育が推進されているととらえられている．このハディースが生まれた時，イスラーム世界にとって中国とはたいへん遠い国を指しており，世界の果てと思われるほど遠いところまでも知識を求めるために行くべきであるという意味である．他方，女子教育を推進する根拠としてよくとりあげられるのは，ハディースの中の「知を求めることはすべてのイスラーム教徒の義務である」という文言である．すべてのイスラーム教徒というのは，男性に限らず女性も，と解釈できることからイスラームは女子教育を禁止しているわけではないと解釈される．

　他方でイスラームでは家族の中の男性が妻や姉妹，娘などの女性を守らなければならないという教えから，女性が家族以外の男性との接触を避けようとする男女隔離の文化が存在する．家族の重視により，結婚の奨励および結婚後の家庭を大切にすることが重要とされる．したがって，女性が知を求めることよりも家庭を大切にすることをよしとする人は，教育を受けるよりも女性が家庭に入って，家族のために尽くすことを望む傾向にある．そのような人たちの中には女性が教育を受け，仕事を持つことを妨げることはしないが，女性が結婚して子どもを持ち，家庭生活を大切にしたうえで，可能であるならできると考える人たちがでてくる．

(3) 女子教育への抵抗

　イスラームの教えがすべて女子教育を禁止しているわけではないとしたら，アフガニスタンやパキスタンのターリバーンやナイジェリアのボコ・ハラムは，何を根拠に女子教育を禁止したのだろうか．先述のように，イスラーム法ではひとつの書かれた法典が存在するわけではない．イスラーム法とはコーランやハディースなどの法源から解釈されるという形で法規定が導き出されるものである．イスラーム法にはいくつかの法学派が存在し，解釈の仕方が少しずつ異なることから，現実社会におけるイスラーム教徒の実践には，実にさまざまなものが存在することになる．さらに，イスラームにはファトワーと呼ばれる，イスラーム法学者が一般信徒の質問に対して法学的な回答をおこなう制度がある．このファトワーは「判決のような強制的な執行力を持たない」とされている［大塚・小杉・小松ほか 2001: 829］ものの，地域で権威を持つ法学者により出さ

れたファトワーは信者たちに影響力を持つ．現在もイスラーム教徒の存在するところはどこでもさまざまな権威のもとでファトワーが出されている．また，IT技術の発展により，ファトワーが一瞬で世界中に広がることも現在では可能となっている．

　アフガニスタンのターリバーンは「中核はイスラームにおけるスンナ派・デーオバンド学派の学生で構成される」とされ，「その教えはシーア派を認めず，歌舞音曲や聖者崇拝を厳格に禁止する立場をとり，ファトワーと呼ばれる教令・意見書を多数出すことで知られている」組織である［山根 2002: 44］．アフガニスタンのターリバーン政権下で女性が1人で外出することの禁止や女子教育が禁止されたのは，このファトワーに基づく規定である．アフガニスタンとパキスタンの国境をまたいで存在するパシュトゥーン人には，「パシュトゥーンワライ」と呼ばれる民族特有の掟が存在し，この掟に女性の隔離や貞操についての規定が存在する［山根 2002: 43-44］．この掟はイスラーム法とも共通点が多いために，パシュトゥーン人の多くは，この掟とイスラーム法とを混同する傾向にある．TTPはパキスタンのトライバルエリア（FATA: Federally Administered Tribal Areas）で生まれた．トライバルエリアとはパキスタン政府の支配が及ばず，ジルガという長老たちによる伝統的な会議により行政がおこなわれている地域のことである．

　マララさんの自伝によると，彼女は1997年にパキスタンのスワート県で生まれたパシュトゥーン人である［Yousafzai 2013］．彼女の父親はスワートの大学を卒業後，私立学校を開設した．その学校には女子も通学することが可能だった．男女隔離の文化が根強く残っているこの地域で女子が学校に通うことに，地元の保守的なウラマーからも非難を受けていた．しかし，2007年にこの地域がTTPの影響下に置かれると，状況は悪化した．歌や踊りが禁止されるようになり，女子が通っていることを理由に彼女の父親の学校は脅迫を受けるようになった．そんな中，TTP支配下に住む女性に日記を書いてほしいという，ペシャワールのBBCラジオの通信員からの依頼が来た．BBCの通信員が電話でインタビューした内容を，パシュトゥーン語ではなく，パキスタンの言葉であるウルドゥー語でBBCウルドゥー語のウェブサイトに偽名で連載することになった．しかし，この後彼女は米国の「ニューヨークタイムズ」のドキュメンタリーに出演し，パキスタン政府軍がスワート渓谷からTTPを追放すると，政府により実名で国民平和賞を受けた．彼女が国内外で有名になると，TTPによる

脅迫が始まり，2012年に銃撃を受ける．現在，彼女は英国に住み，2014年にノーベル平和賞を受賞した．彼女の言葉によって勇気づけられた人びとは多いだろう．しかし，彼女は10代の若さで父親の経営する学校とTTPとの，パキスタン政府とTTPとの，西洋諸国および国際社会とTTPとの闘いのシンボルとなり，標的になってしまった．

(4) 女子教育を推進する力

2014年のフィールズ賞はイラン人女性マルヤム・ミールザーハーニー氏が獲得した．フィールズ賞とは，4年に一度，数学の最高権威者に与えられる賞で，彼女は女性で初めての受賞者となった．現在は米国の大学で教えているが，イランで大学まで教育を受けた後，米国の大学へと進学した．あまり知られていないが，イランはこれまで何度も数学や科学，物理などの能力を競う科学オリンピックで優秀な成績を収めてきた．優秀者の中には女子も含まれている．ミールザーハーニー氏も数学オリンピックのイラン代表で参加し，金メダルを獲得した．

イランは1979年の革命後からイスラーム体制をとっている国家である．革命前は国王が推進する西洋化に合わせた学校建設がおこなわれてきたが，革命後に教育のイスラーム化が進んだ．小学校から高校までは完全に男女別学となり，女子は通学路でのヴェール着用が義務づけられた．また，教科書やカリキュラムもイスラームに適ったものに変えられた［桜井 1999］．革命によりイスラーム化した国家ということで，イランでは近代科学が否定され，女子教育が否定されているのではないかと考える人もいるかもしれない．しかし，それは誤解であり，革命後のイランのイスラーム体制は近代以前の状態に戻ることを意図したものではない．近代化の影響を十分に理解したうえで，それでもなおイスラームを選択し，イスラームで政治や社会を動かしていこうと考える政治的立場である．人権や民主主義など近代が獲得してきた制度や価値観を，イスラームに反しないことを条件として受け入れている．その意味で，革命後のイラン政府にとって，女子教育の推進は重要な政策に位置付けられている．イラン革命後のイランの女性は，家庭も大切にし，同時に社会でも活躍できる女性であるべきだとされている．そこで，イランでは地方の隅々まで学校が建設され，遊牧民とともに移動しながらテントで教えている教師もいる．また，高校までの男女完全別学やイスラーム化したカリキュラムによって子どもが「西洋かぶれ」

するのではないかと危惧し，子どもを学校に通わせるのをためらっていた親が安心して学校に通わせるようになった．現在では大学に進学する半数以上が女性となっている［桜井 2001: 171-76］．

　他方，イスラーム教徒にとっての聖地メッカのあるサウジアラビアは，ワッハーブ主義を建国理念とし，他の国家と比べてもイスラームの戒律を厳格に守ることで知られている．実のところ，サウジアラビアの女子教育の開始は1960年であり，1990年頃まで女子に対して「読み書きとイスラームの知識以外の教育は不要」とするファトワーに基づき，女子教育はあまり進んでいなかった．しかし，その後，急速に女子教育が拡大し，2007年までに女子の大学進学率が男性の1.5倍になった［辻上 2014: 82］．サウジアラビアでは2002年に女子学校で火事が起きた際，女子生徒たちがヴェールを被っていないことを理由に消防隊の侵入が許可されなかったために17名の死亡者が出た事件を契機に女性の権利向上が図られ，女子教育も拡大することになった［Hamadan 2005］．2004年には9年間の義務教育が施行された．男女別学が基本で，小学校から高校まで半数が女子校となり，男女差は解消されている［武藤 2014: 26］．「少女は自転車に乗って」（ハイファ＝アル・マンスール監督，2012年）という映画では，女性が1人で自動車を運転することが禁止されているサウジアラビアで，自転車に乗ることが好意的にとられないにもかかわらず，自転車がほしいと願うこれまでにない女性の姿が描かれている．

(5) ヴェールを被って通学すること

　イスラーム諸国で女子教育の進展が遅れたことから，どの国も政教分離にすれば女子教育が進むと考えられがちであるが，そんな単純な問題ではない．先述のようにトルコでは1920年代から政教分離原則があり，学校など公共の場所では，イスラーム教徒の女性たちが被るヴェールが禁じられてきた．しかし，トルコでイスラーム主義を掲げる女性たちの中には，大学構内に入るときにヴェールの着用が禁じられていることに反対する運動をおこなっている．この運動により，トルコは憲法改正の問題が議論されるなどの政治的な争点となった．

　また，同じく政教分離原則を掲げるフランスでは，公立学校にイスラームのヴェールを被った女性が登校することが問題となり，2004年には宗教的なシンボルをつけて公立学校へ通うことを禁止する法律が制定された．このような法律は，ヴェールを被りたいと考える女性が公立学校に通うことを妨げるもので

ある．

おわりに

　イスラーム世界は多様であり，そこで実現されている教育についても多様な姿が見られる．そんな中，全体的に見れば，イスラーム諸国における女子教育は着実に進展している．たとえば中東北アフリカ地域の純就学率は1995-99年の男子88％，女子80％から2009-13年には男子92％，女子89％になっている［ユニセフ 2002: 85; 2015: 65］．男女格差も減少してきている．しかし，西洋のマスコミなどでいつも強調されるのはアフガニスタンのターリバーン政権がおこなった女子教育の禁止であり，顔まですっぽり覆うヴェールの強要であるし，マララさんへの襲撃である[2]．このような西洋諸国の無理解により，イスラーム教徒を常にテロリスト扱いし続けることは，イスラーム教徒の反発を招き，対立を深め，問題を悪化させることはあっても，問題の改善にはつながらない．

　子どもが教育を受けることなく大人になると，選択できる職業が限られ，貧困状態から抜け出すことが難しい．生活への不満を抱えた若者は，犯罪により生活費をまかなったり，暴力で問題解決しようとしたりする．さらに，反体制派の軍事組織などに加入する恐れが大きくなる．このような生活は，その子どもにもまた影響を与え，悪循環が続く．単に戦争が存在しないことが平和なのではなく，子どもが安心して学校に行くことができ，将来，自分で生活する目途を立てることができること，それを保障することが必要である．教育環境改善運動は，たいへん地道な活動である．結果を得られるまでに10年，20年の時間がかかる．しかし，現状を変えていくのに，これほど着実で間違いのない方法も他にないのである．

注

1)「イスラエル軍がガザの国連運営学校を空爆，10人死亡」，ロイター通信ウェブ版，2014年8月4日(http://jp.reuters.com/article/topNews/idJPKBN0G400420140804 (2015年6月25日閲覧)．
2) 嶺崎は，これを「ジェンダー・オリエンタリズム」としている［嶺崎 2015］．

参考文献

大塚和夫・小杉泰・小松久男・東長靖・山内昌之編［2002］『岩波イスラーム辞典』岩波書店.
井筒俊彦訳［1958］『コーラン（中）』岩波書店.
後藤絵美［2014］『神のためにまとうヴェール――現代エジプトの女性とイスラーム――』中央公論新社.
桜井啓子［1999］『革命イランの教科書メディア――イスラームとナショナリズムの相克――』岩波書店.
―――［2001］『現代イラン――神の国の変貌――』岩波書店（岩波新書）.
田中哲也［2000］「エジプトにおける近代的民衆教育制度の開始」『福岡県立大学紀要』9（1）.
辻上奈美江［2014］「サウジアラビアにおける高等教育の拡大と女性の将来」『中東協力センターニュース』2/3月号.
西野節男・服部美奈編［2007］『変貌するインドネシア・イスラーム教育』東洋大学アジア文化研究所・アジア地域研究センター.
嶺崎寛子［2015］『イスラーム復興とジェンダー――現代エジプト社会を生きる女性たち――』昭和堂.
宮崎元裕［2014］「トルコにおける2012年義務教育改革――宗教関連選択科目の新設とイマーム・ハテップ中学校の再開に注目して――」『京都女子大学発達教育学部紀要』(10).
武藤幸治［2014］「数字が語るサウジ女性の高学歴化と就職難」『季刊アラブ』150.
山根聡［2002］「ターリバーンの盛衰」，広瀬崇子・堀本武功編『アフガニスタン――南西アジア情勢を読み解く――』明石書店.
ユニセフ［2002］『世界子供白書』日本ユニセフ協会（http://www.unicef.or.jp/library/sowc/2015/pdf/15_04.pdf，2015年6月30日閲覧）.
―――［2015］『世界子供白書』日本ユニセフ協会（http://www.unicef.or.jp/library/sowc/2001/pdf/haku_t.pdf，2015年6月30日閲覧）
Hamadan, A.［2005］"Women and Education in Saudi Arabia: Challenges and Achievements," *International Education Journal*, 6(2)
International Labor Organization (ILO)［2013］*Making Progress against Child labour-Global Estimates and Trends 2000-2012*（http://www.ilo.org/wcmsp5/groups/public/---ed_norm/---ipec/documents/publication/wcms_221513.pdf，2015年8月9日閲覧）.
UNESCO［2015］*EFA Global Monitering Report-EFA 2000-2015 Achievements and Challenge*（http://unesdoc.unesco.org/images/0023/002322/232205e.pdf，2015年7月4日閲覧）.
Yousafzai, M.［2013］*I Am Malala: The Girl Who Stood Up for Education and was Shot by the Taliban*, edited by C. Lamb, London: Weidenfeld & Nicolson（金原瑞人・西田佳子訳『私はマララ――教育のために立ち上がり，タリバンに撃たれた少女――』学研マーケティング，2013年）.

―― 読んでほしい本・観てほしい映画 ――――――

① 湯川武『イスラーム社会の知の伝達』山川出版社，2009年．
　山川出版社の世界史リブレットのシリーズの一冊．歴史学研究者による「イスラームの知」をキーワードにマドラサやモスクについて詳しく書かれている．
② 谷口淳一『聖なる学問，俗なる人生――中世のイスラーム学者――』山川出版社，2011年．
　山川出版社の「イスラームを知る」シリーズ2．歴史学研究者による中世のイスラーム学者の学問習得方法および職業について書かれている．
③ 桜井啓子『イランの宗教教育戦略――グローバル化と留学生――』山川出版社，2014年．
　山川出版社の「イスラームを知る」シリーズ13．イランのシーア派神学校のグローバルな展開と女子教育について書かれている．
④ 映画「世界の果ての通学路」パスカル・プリッソン監督，2012年，フランス．
　世界各国の子どもたちが苦労して学校に通う姿を通して，教育について考えさせられる．
⑤ 映画「少女は自転車にのって」ハイファ＝アル・マンスール監督，2012年，サウジアラビア．
　日本では珍しい，サウジアラビア製作映画．主人公の少女の快活な姿が見られる一方で，少女の母親が直面するサウジアラビア女性の抱えている問題を知ることができる．

（森田豊子）

第5章 JFC（ジャパニーズ・フィリピノ・チルドレン）母子の日本への移住の課題

はじめに

　グローバル化の進展に伴い，外国から就労，留学，結婚などで来日する外国人が増えている．子どもを伴う家族単位での滞在も増加しており，さまざまな出身地域や世代で構成される多民族・多文化社会へと進んでいる．法務省が集計する在留外国人統計によると，2018年6月末現在の在留外国人数は263万7251人．約25年前の1994年末の135万4011人と比べると倍増している．

　日本が多様性に富む社会に向かう一方で，外国人，あるいは外国にルーツをもつ人びととをめぐるネガティブな現実も表出している．本章では，フィリピンから日本に移住する日本につながりのある子どもとその母親たちが直面している問題に焦点をあてながら，日本の多民族・多文化共生社会に向けた課題を考察したい．

1　JFCの権利促進の裏側で起きていること

(1) 岐阜と愛知のバーでの摘発

　岐阜県警が2015年2月中旬，岐阜県と愛知県内のバーなどを家宅捜索し，就労資格のないフィリピン人女性たちを働かせているとして「出入国管理及び難民認定法」（入国管理法）上の不法就労助長の容疑で，ブローカー（自称コンサルタント）の日本人男性やバーの経営者，従業員ら9人を逮捕した．岐阜県警と名古屋入国管理局から捜査員200人以上が投入されるという大がかりな摘発であった．この摘発の結果，バーで働いていた女性とその子どもたち約20人が保護された．

保護されたのは，ほとんどが来日1年以内の母子たちで，日本人の父親からの連絡が途絶えた子どもたち，いわゆるジャパニーズ・フィリピノ・チルドレン（以下，JFC）［松井 1998］，およびその母親たちだった．
　ブローカーの男性は，しばしばフィリピンを訪れ，地元女性を連絡役に多数のJFC母子と接触し，「日本の父親を探して認知を得る」「子どもの日本国籍取得を支援する」「日本での仕事を紹介する」などと持ちかけて勧誘し，日本に送り込んでいた．弁護士が中心となって設立したK財団（仮名）が父親からの認知など国籍取得に必要な法的手続きをおこなうこと，日本での滞在先はK財団の寮であるという話によって母子はブローカーを信用したという．
　法務局の団体登記記録によると，K財団は，2013年10月に設立された広島県に事務所を置く，一般財団法人の法人格を有している団体である．「国際人権法及び人権条約の理念に基づき，国際社会において人種，性別，言語，宗教，社会的身分又は政治的，経済的，釈迦的関係における弱者を救済支援することを目的」とし，その目的のために「国際交流の推進」「国際人道支援」「国内外における就業支援」「語学教育支援」「生活協力支援」などの事業をおこなうとしている．ちなみに，役員一覧にはブローカーの名前はない．
　そのような崇高なミッションを掲げる団体の支援のもとで来日したものの，女性たちは岐阜県や名古屋市内にあるバーで3-4年間ホステスをするよう命じられたのだ．労働条件は，月額8万円から10万円の賃金で，休日は月に2日のみ．厳しい売上げノルマ（客が店に支払う飲食代）が課せられた．捜査した警察によると，母子たちは「K財団研修寮」と看板を掲げた岐阜県内の住宅数カ所に住まわされ，監視カメラが設置されていた場所もあったという．国際人権法や人権条約の理念とはかけ離れた「支援」の現実が待ち構えていたのであった．

(2) 国籍法改正とJFC母子

　2009年1月の改正国籍法の施行によって，国際カップルの子どもは，出生後に日本人の父親から認知を受け，20歳までに手続きをすれば，両親が結婚していなくても日本国籍を取得できるようになった．それ以前は胎児認知が要件であったことから，この改正は，国際婚外子の日本国籍取得の道を拡げたのである．
　改正は，日本に住む10人のJFCが，国に日本国籍の確認を求める訴訟を起こ

したことがきっかけだった．最高裁は2008年6月，10人全員に日本国籍を認めるとともに，父親から生後認知されても両親が結婚していないという理由で日本国籍を認めないそれまでの国籍法は憲法第14条の「法の下の平等」に反するという判決を言い渡したからだ．

国籍法改正はフィリピン在住のJFC母子にとっても権利や機会の促進をもたらした．子が日本国籍を取得できれば，あるいは子が日本で国籍取得手続きをするために母子ともに来日し，母親は子の養育者として日本に定住し職種に制限なく就労することが容易になったのである．その結果，日本滞在をめざすJFC母子が急増した．

その希望に応えるため，さらには希望を掘り起こしつつ「支援」を約束する団体がフィリピンで次々と設立されたのである．マニラなど主要都市に事務所を構え，日本での受入れ企業と提携しながら，来日要件にかなう母子をフィリピン各地でリクルートするようになった．人づてによるものから，全国各地の地方紙や地方ラジオ局で広報するなど，広報活動は地道かつ緻密におこなわれている．

それらの団体は，「慈善」をうたい，JFC母子たちの相談に乗り，日本語指導，渡航手続き，就労先の斡旋など準備を整えて日本に送り出すという活動を展開している．来日するのは10代前半までの学齢期の子どもとその母親が多いようだが，青年となったJFC単身の場合もある．岐阜県のバーで就労させられていた女性たちのなかには20歳前後のJFCが幾人もいた．

彼女・彼らの代表的な就労先は介護施設と工場，バーである．日本で頼る相手がいないうえ，日本語をあまり解さない母子の渡航手続きや就労を支援することは確かに必要であろう．だが，多くの仲介団体に共通する問題は，渡航経費の金額，返済条件，仕事内容，労働条件などに関する重要なことがらの事前説明が不明瞭や虚偽であったり，来日前後で話が食い違っていたりすることである．国籍法改正以降，在日外国人を支援する各地の市民団体にJFC母子からしばしば相談が寄せられるようになってきたのである．たとえば，「飛行機代などの渡航経費の支払いは不要」だと仲介団体から聞いていたはずが，来日後に雇用者である介護施設から少なくとも50万円超の請求書を示されて，毎月の給与からの天引きで2-3年で完済するという契約を迫られて戸惑っているといった相談だ．

2　1980年代から現在に連なる人身取引

(1) フィリピンパブの隆盛とJFCの「誕生」

　ではなぜたくさんのJFCがフィリピンで母親とともに取り残されているのだろうか．きっかけは第二次世界大戦直後に遡る．戦後から1960年代にかけて日本に駐留する米軍基地の職員や建設労働者として多くのフィリピン人が雇用されるようになった．そして，基地周辺では主に男性からなる「フィリピンバンド」と呼ばれるミュージシャンが演奏活動に従事するようになったのである．

　それが，1980年代になると男性バンドから若い女性の歌手やダンサーといった「エンターテイナー」によるパブ（バー）での興行へと移行していったのである．日本が「経済大国」となり，外国からの移住労働者が増えてきた時期と符合する．彼女たちの就労先は総称して「フィリピンパブ」と呼ばれるようになり，米軍基地とは関わりなく全国各地にできていった．当時，日本人には代替できない技能を有する外国人をのぞいては日本での就労が認められるのは極めて限定的であったのだが，芸能やスポーツ選手を対象とする「興行」という在留資格にフィリピンからの「エンターテイナー」は含まれ，最長6カ月間の就労が許可され，再来日も認められたのである．

　フィリピンパブの隆盛につれて，「エンターテイナー」と客の日本人男性とのあいだで国際結婚が増えた［佐竹・ダアナイ 2006］．同時に，婚約をして女性はフィリピンに帰国し子どもをもうけたものの，男性がすでに妻子がいることを隠していたり，独身であっても他の女性に関心を移してしまったりして，連絡を断つパターンも増えていったのである．フィリピンに取り残される女性と子どもたちの存在が徐々に知られるようになった．当初，ジャパニーズ（日本人）とフィリピーノ（フィリピン人）とのあいだの子どもであることから，ジャピーノ（日比混血児）という呼称がメディアなどで使われていた．しかし，蔑視的なニュアンスでしばしば語られるようになったことから，メディアやNGO関係者がジャパニーズ・フィリピノ・チルドレン（JFC）と呼び方を変えるようになり，新たな呼称として浸透してきたといういきさつがある．

　1980年代後半から90年代にかけて，フィリピンやタイから来日しバーなどの水商売を含む性関連産業に送り込まれる女性たちはしばしば「ジャパゆきさん」［山谷 2005］と呼ばれていた．19世紀後半から20世紀初頭にかけ日本から女衒（ぜげん）（ブ

ローカー）によってフィリピンを含む東南アジアや東アジアの「娼館」に送り込まれた日本人女性の「からゆきさん」をもじった呼び名である．「ジャパゆきさん」は，すぐさまフィリピンでも使われるようになった．日本で苦労しながらも送金して家族を助けるサクセス・ストーリーへの憧れと，「体を売って稼いでいる」という疑いや侮蔑がフィリピンの庶民のあいだで交錯していた．そのあおりを受けて，JFCのなかには，「Japayuki」の子どもだと嘲笑や陰口の対象となる子もいた．子どものあいだでも，日本人の大人を揶揄するいくつかの定型言葉がJFCに浴びせかけられることもある．

　1988年から1994年までフィリピンに滞在していた筆者は，人びとの「豊かな日本」への憧れと，「日本人の野蛮さ」への警戒が混在していることに，日常の他愛のないやりとりのなかでも自覚させられたものだ．野蛮さは，第二次世界大戦時にフィリピンを占領した日本軍による残虐行為の記憶に基づいたものだ．

　「Japayuki」が日本で被る虐待や強制売春などの人権侵害は，日本に巣食う問題として認識されていた．「Japayuki」というタイトルの昼間の連続テレビドラマが放送されたり，日本で不審死した「エンターテイナー」のマリクリス・シオソンさんの実名を冠した映画[1]が制作されたりしていた．主役には1993年のミス・フィリピンに選ばれた有名女優が起用されたことから，その映画は大きな注目を浴びたものである．

　フィリピンの市民社会で膨らむ懸念とは裏腹に，在留資格「興行」は日本のバー関係者に乱用，あるいは悪用され続けた．もちろん，送り出す側のフィリピンの業界関係者もそれで潤っていた．

　「フィリピンパブ」が林立するにつれ，「エンターテイナー」としての役務は有名無実の一途をたどったのである．業界では「タレント」と呼ばれているものの，実際はパブに設けられた小さなステージでの申し訳ていどの歌や踊りのショータイムをのぞけば，男性客をもてなす「ホステス」がもっぱらの業務であった．低賃金，長時間労働，無休，売上げノルマの強要と罰金制度，客との同伴（店外デート），パスポートの取上げなど数々の違法行為が多くみられた．さらに，売春強要のケースもしばしば発覚した［藤本 2007］．

　入国管理局はおおよその実態を認知していたのだが，散発的な摘発をするに留まっていた［坂中 2005］．貧困から脱出するためにフィリピンなど発展途上国から来日した女性がブローカーや雇用者などによって労働搾取や性的搾取を受

けている現実に，日本政府は有効な対策を講じることなく看過していたのである．業界と行政がまるで癒着しているかのようにみえる日本における長年にわたる不作為に対して批判が強まっていった．「人身売買大国ニッポン」の姿が，国際社会で浮き彫りとなったのである［JNATIP編 2004］．

日本の実態を酷評した2004年6月に発表された米国国務省の「人身取引報告書」は大きな一撃となった．日本政府は同年12月に「人身取引対策行動計画」を急きょ策定した．そのなかで，「人身取引の温床」となっている「興行」の在留資格審査の厳格化を対策の目玉に位置付けたのである．なかでも，「興行」での女性の来日が突出して多いフィリピンの「エンターテイナー」をピンポイントで規制対象としたのだ．2004年の「興行」でのフィリピンからの新規入国者は最多の8万2741人（一部男性も含む）にまで達し，興行全体の61％を占めていた．

厳格化の結果，2005年は4万7765人へと急減し，その後も毎年減少し続けた．2013年は2680人に萎んだ．かつて田園地域や島嶼部にもあった「フィリピンパブ」の大半が一気に閉店へと追い込まれていった．「エンターテイナー」に対する搾取の問題は，水際作戦により規模が縮小した．しかし，JFCをめぐる問題はそのまま残ったのである．

近年，母親と一緒に来日するJFCは10歳余りの子が多いが，「エンターテイナー」の来日ピーク時に，日比国際結婚の増加に並行してJFCもたくさん誕生した結果だとみられる．奇しくも若い女性の渡日就労の増加という「グローバル化」がもたらした影の部分に，国籍法改正が光が当てたことになる．

(2) 東大阪の介護会社での処遇

2014年7月，東大阪市にある介護会社のJ社がフィリピンでリクルートした際に，本人が日本で「自然死」しても「刑事，民事いずれにおいても会社の責任を問うことを永久に放棄する」という誓約書にサインさせていたことが共同通信のスクープで明らかになった[2]．J社は，他の多くの仲介団体と同様に，マニラにJFC母子を日本に送るための団体を立ち上げてリクルートし，日本語や介護の研修を提供するとともに，日本での就労に必要な入管手続きを代行したうえで日本に送り出すという方法をとっていた．

約30人がこの「権利放棄誓約書」を提出させられていたという．誓約書は意味不明な文言で綴られており，法的効力を欠く文書なのだが，日本で就労する

うえでの権利行使を萎縮させるような内容にほかならない．女性たちはフライト日の直前に同意を求められ意味を理解しないまま否応なく応じたという．

　J社が宿直を月間13回もさせたり，休日はわずかという過酷な労働条件，給与の強制積立を課していたりしたことも明らかになった．また，夜勤手当の計算根拠も不明朗であった．

　事態の発覚を受けて，大阪労働局はJ社に対し，労基法に違反する処遇や，勤務時間中に交通事故に遭ったスタッフの労働災害補償手続きを怠っていた問題などについて是正勧告を出すに至った．

　一方，J社に勤めたあと他の施設に転職したCさん（41歳）が2014年11月末，厳しい勤務を強いられたなどとして，J社に未払い賃金や慰謝料など約580万円の支払いを求める訴えを大阪地裁に起こした．Cさんは10代前半のJFCの娘を連れて2011年8月に来日していた．さらに，2015年5月末，9人の女性たちが同様の理由でJ社に対して合計数千万円の損害賠償を求めて提訴したのである．介護事業で外国から来日した労働者が雇用主を訴えたのは異例のことである．このアクションは，「子どもに日本国籍をとらせたい」「子どもを日本で教育したい」といった母親としてのささやかな願いを逆手にとって利益を追求する介護会社を相手に正義を求める闘いであるといえよう．[3]

　J社は，おもにCさんと同世代の30-40代の，小中学生のJFCを養育する女性たちを受け入れていた．女性たちはかつて「エンターテイナー」として幾度か日本各地に来日し，店の客であった日本人男性とのあいだに子どもをもうけていた．すでに日本国籍を取得した子もいれば，父親の認知を得ることができないままフィリピン国籍だけの子もいる．どの子も，地元の公立学校に通っているが，フィリピン語を母語として育ってきたことから日本語習得の壁に直面していた．

（3）子どもたちの学習支援と「居場所」づくり

　報道により事態が発覚した2014年7月末，カトリック大阪大司教区とその傘下で社会活動に取り組むNGO「シナピス」が，JFC母子が暮らすアパートの近隣に位置する東大阪市のカトリック教会の信徒の協力のもと，教会施設を借りてJFCたちの学習支援を開始したのである．母子たちがカトリック教徒であることが，両者の距離をすぐに縮めた．同じ学校に通う小学生と中学生十数名が集まってきた．夏休みの宿題を手伝うことから始まった．支援者には，学校教

員，元教員，日本語学習の指導者，大学生などがボランティアとして名乗り出た．筆者は立ち上げからボランティアとして加わった．

ところが，新学期が始まると参加人数が減り，子どもたちの学習教室に出てくることのモチベーションが下がっている様子が手に取るようにわかった．そうしたなか，地域の国際協力祭りのプログラムとしてフィリピンのダンスを披露するアイデアが浮かんだ．もとよりダンスの好きな子どもたちであった．フィリピンにルーツのある大学生 3 人が指導に来てくれるようになると，週 1 回の教室への人数が増えていった．そうして2014年の秋は，3 カ所のイベントで出演機会を得ることができた．勉強では得にくい達成感や連帯感，そして自尊感情の高まりを自覚したに違いない．

ダンスの練習時には，母語であるフィリピノ語（タガログ語）が普段以上に賑やかに飛び交った．来日 2-3 年以内のJFCたちにとって，日本語による勉強は一様に難しいと語るのだが，少し年上の同胞のお姉さんたちの存在じたいが励みになっているという．子どもたちは，日本での自分の将来を描くことができない苦悩をいだくとともに，日本でたった 1 人頼れる存在であるはずの母親とかみ合わないで悩んでいる．そうした境遇のなかで，大学生のお姉さんは近い将来の可能性を示すロールモデルに映る．そして，学習教室は，単に学校での勉強を補う勉強部屋ではなく，子どもたちが安心して母語で溶け合う「居場所」となっているのである．大半の子が来日直後に学校でからかわれたり，いじめられたりした経験をもっている．

2015年 3 月，学習・ダンス教室に顔を出していた中学 3 年生の 6 人が大阪府立高校の受験に臨んだ．志望校を不合格になった子もいるが，最終的に全員が入学することができたのである．裁判に訴えるまでに厳しい現実に直面する母親たちの不安の一方で，子どもたちは疎外感や孤立感からエンパワメントに向かっていく可能性を秘めている．

3 搾取の悪循環

（1）搾取を予見していた日本政府

日本政府はJFC母子の渡日プロセスをめぐる懸念について以前から警鐘を鳴らしていた．外務省は国籍法改正以前の2007年 8 月のホームページの「人身取引対策に伴う査証審査厳格化措置」のなかで，「査証審査においては，人道的

配慮を要する方が適法かつ安全に日本へ渡航できるように配慮しています．特に近年多くみられている，日本人の親とフィリピン人の親の間に誕生し日本人親の扶養を受けていない子ども（新日系フィリピン人/JFC）[4]及びそのフィリピン人母親等の日本定住を支援すると称して，母子を日本で働かせその収益等を搾取しようと企む悪質ブローカーや犯罪組織がありますので注意してください」としていた．

　さらに，2013年7月に掲載した「フィリピン人親が日本人との間の実子を同伴して渡航する場合の必要書類」では，「あなたを日本で働かせその収益を搾取しようと企んで身元保証を持ちかける悪質なブローカーや人身取引を行う犯罪組織がありますので，気を付けてください」と注意喚起している．同様の警告が在フィリピン日本大使館の英語のサイトにも掲載されていた．

　だが，多くのJFC母子が結果として搾取の罠にはまってしまったのだ．「エンターテイナー」として日本で働いた経験のある女性たちであれば一様に警戒心をいだくはずなのだが，「子どもの父親を探して日本国籍の手続きをしたい」「日本で教育を受けさせたい」「日本で働きたい」など渡日への強い望みが，冷静な判断を曇らせてしまうのかもしれない．

　一方，日本政府は警告を発しつつも，「慈善」を冠した仲介団体の「別の顔」を見過ごしてきた．2012年頃，マニラの日本大使館（領事部）の窓口では，JFC母子が国籍取得や日本への渡航について信頼して相談できる機関として8団体の連絡先を記したプリントを配布していた．ところが，それにリストアップされた団体を介して来日した母子から数々の苦情や相談がNGOに舞い込んでいるのだ．東大阪のJ社が設立しマニラに事務所を構える団体もリストに含まれていたのである．日本大使館は著しく警戒心に乏しい情報を提供していたことになる．

　フィリピンでは長年，地元のNGOが「JFCネットワーク」（東京）をはじめとする日本の市民団体と協力しながら，JFCの子どもたちやその母親に対して，日本人の父親捜し，子どもの認知，養育費の支払いを求めたり，就学や職業訓練などの支援，エンパワメントのためのプログラムを提供したりしている．また，JFCたちが認知を得た後の国籍取得の手続きを支援してきている．

　しかし，そうしたNGOは，活動目的をJFCと母親たちの権利の回復・擁護に据えており，JFC母子が日本で就労するための仲介はおこなっていない．仲介団体はその間隙を縫って母子に接触するのである．

(2) 逆手に取られた法的権利

　岐阜と愛知で発覚したケースは,「子の認知」「父親の遺産相続」などの訴訟提起を「目的」に, K財団の役員に就く広島県の弁護士が保証人となり, 20-30代のJFC母子を短期滞在の在留資格（観光ビザ）で入国させるという共通点があった. 弁護士は母子たちが来日するたびに, 広島から岐阜に足を運び, ブローカー同席のもとで「契約」を結んでいたという. 筆者が接触できた母子たちは「弁護士費用60万円」だと告げられ文書にサインしたものの, そのコピーは受け取っていないと異口同音に語る. たしかに父親に連絡をとるなど司法手続きへと進んだケースもあるが, うやむやになった案件もある. 当人が訴訟を提起したくない場合でも, そうすることが日本に行くための近道であるとフィリピンでブローカーから説明を受けていたという.

　ブローカーは, 就労可能な在留資格への変更手続きが完了するのを待たずに女性たちをバーに送り込んだ. 一方, 弁護士がブローカーの行動をどこまで把握し, 一体的な行動をとっていたかは不明である. いずれにせよ, ブローカーと弁護士は, K財団を介した「パートナー」であったことに間違いない.

　入国後に直面した現実に, 2014年7月から8月にかけて自力で避難したり, 警察に保護を求める母子が相次いだ. それを契機に岐阜県警に捜査本部が設けられ, 2015年2月の摘発につながったのである.

　筆者は2014年7月中旬, 事態の一端を耳にした. 日本国籍をもつ10代前半の子ども2人を連れて5月に来日した30代の女性がインターネットを通じて「お金もなく食べ物が十分に与えられない」「ずっと監視されている」「子どもは学校に通わせてもらえない」と, たまたま筆者の知人である関西在住の女性の縁者に助けを求めてきたからだ. その母子は7月末に岐阜県警に最初の被害者として保護されるに至った.

　その後, 筆者は同様のブローカーのもとから10月初旬に自力で避難した2組合計3人の母子と別の人たちを介して知り合った. 彼女たちは安全な場所を求めて関西方面へと民間シェルターを転々と移動していた. その過程で, 多くの個人・団体などが支援の輪に加わった. 事態の解明と解決を願い岐阜県警による度重なる事情聴取にも協力することになった.

　避難したうちの1人は, 2014年8月に20歳になったJFCであった. 彼女は7月にブローカーに連れられ中部空港から入国し, その足で岐阜県内のバーに連れていかれた. 工場もしくはウェイトレスの仕事の約束だったのに, 経営者に

引き合わされたとたん服を着替えてホステスをするよう言われたのだ．茫然としたものの，初めての日本で誰も頼れる相手がいないことから従うほかなかったという．

来日直前まで大学生であった生活は一変した．毎晩7時から翌朝2時過ぎまで客の隣りに座らされた．仕事前には踊りの練習もさせられた．体を触ってくる客には耐えられず，経営者に泣きついたが「我慢しなさい」と取り合ってくれなかった．「ポイント」と称する売上ノルマが課せられた．

そんな境遇で4年も働くと思うと気が遠くなった．10月のある明け方，自分より4カ月ほど前に小学生の娘を連れて来日していた29歳の同僚と相談し，寮から密かに脱出を敢行したのであった．避難後，フィリピンの母に連絡をとると，「あんたの娘が逃げた．どこにいるか知らないか」と問い詰める電話がブローカーをアシストする地元女性から幾度かかかっていることを知らされた．母の身が気がかりとなり始めた．とはいえ，女性は自分の安全を求めて身を潜めるしかなかった．

おわりに
──母子の人身取引の解決と多民族・多文化共生社会への道──

岐阜県警は2月中旬の摘発の後，中心的な役割を担ったと目される容疑者などを3月6日に再逮捕した．だが，容疑者たちは「容疑を一部否認」していた．それでも，「不法就労」を強要された結果逃げ出した多くの被害者が存在することから，否定しきれる容疑ではないと筆者は確信していた．ところが3月27日，岐阜地検（区検）はブローカーの男性をはじめ容疑者を不起訴としたのである．「起訴するだけの証拠が得られなかった」という．唯一，クラブ経営者1人を略式起訴し，岐阜簡裁が罰金70万円の略式命令を出すに留まったのである．避難した女性たちから直接聞いていたこと，地道な捜査がおこなわれたことなどを考え合わせると，あまりにも意外すぎる決定であった．ブローカーおよび経営者と，女性たちのあいだの支配──被支配の関係がほぼ不問にされてしまったことになる．

この事件は，ブローカーが女性たちを「不法就労」させたという容疑だけにとどまらない．JFCのアイデンティティへの希求や法的権利の遂行につけ込む手段で，毎月8-10万円ほどの賃金で，本人の意に反して深夜のバーで3-4年間働かせるといった労働搾取を目的に，JFC母子をリクルートし日本に連れて

くるという行為を伴っている．日本政府がいみじくも懸念していた人身取引だといえないか．捜査関係者によると，名古屋入国管理局の管轄下だけで60人を超える母子がK財団の「看板」を介して来日しているという．にもかかわらず，多数を巻き込んだ人身取引事案が法廷で問われることなく収束を迎えたのだ．今後，同様の手口を勢いづかせることになりはしないだろうか．

　女性たちはかつて貧困からの脱出をめざして来日したのだが，フィリピンの送出業者，日本の招聘業者，パブ経営者などによって搾取のループにはまった．そして，日本人男性の結婚の空約束のもとで，多数のJFCがフィリピンで生まれ取り残された．その数，数万人と見積もられる．一連の現実は，日本人の発展途上国の女性に対する差別や蔑視をくっきりと投影している．

　国籍法の改正がJFC母子の権利向上への道筋をつけた．だが，母子が権利を回復するために日本に移住してきたとき，またしても搾取の包囲網が待ち受けていたのである．この悪矛盾に日本社会はどう対応すべきなのか．日本人の子どもであるJFCが，フィリピンから日本に人身取引されているという事態が起きている．

　この悪矛盾を食い止めるための課題は多岐に及ぶ．まず，政府は実態を詳細に把握する必要がある．国籍法改正後のJFC母子の入国者数すら把握していないからだ．そして，不審な就労先のモニターをおこなうことなどで搾取的な移住の再発防止に努めるとともに，もし被害を受けた場合は，母子たちが日本で自立できるよう保護・支援することも必要だ．さらに，搾取的ではない公正な移住を仲介・支援するシステムを構築することが重要である．JFC母子をめぐる課題の解決は，日本がグローバル化の深化なかで求められている多民族・多文化共生社会を志向する「移民政策」の試金石ではなかろうか．

　付　記
　　本章は，「日本に移住するJFC（ジャパニーズ・フィリピノ・チルドレン）母子に対する搾取」（『部落解放』710号，2015年）をもとに加筆した．

注

1) Maricris Sioson: Japayuki, 1993（http://www.moviefone.com/movie/maricris-sioson-japayuki/20032548/main，2015年8月11日閲覧）．
2) 共同通信「死亡しても会社の責任問わず　フィリピン人採用で誓約書」（2014年7月13日）．
3) 裁判は2017年2月に和解が成立し，J社が過酷労働や不適切な契約を認め女性たちに謝罪するとともに，総額約1000万円の解決金を支払った．
4) 第二次世界大戦以前にフィリピンに移住した日本人およびその子孫である日系人と区別するために，JFCのことを新日系人と呼ばれることがある．

参考文献

坂中英徳［2005］『入管戦記』講談社．
佐竹眞明・M. A. ダアナイ［2006］『フィリピン――日本国際結婚 多文化共生と移住――』めこん．
JNATIP編［2004］『人身売買をなくすために――受入大国日本の課題――』明石書店．
藤本伸樹［2007］「フィリピンから日本への搾取的移住を考える」，反差別国際運動日本委員会編『講座　人身売買』解放出版社．
松井やより編［1998］『日本のお父さんに会いたい――日比混血児はいま――』岩波書店．
山谷哲夫［2005］『じゃぱゆきさん』岩波書店．
Montañez, J. T. [2003] *Pains and Gains : A Study of Overseas Performing Artists in Japan*, Manila: Development Action for Women Network (DAWN)（ドーン・ジャパン訳『フィリピン女性エンターテイナーの夢と現実――マニラ，そして東京に生きる――』明石書店，2005年）．
Nuqui, C. G. and J. T. Montanez [2004] *Moving On: Stories of DAWN women survivors*, Manila: Development Action for Women Network (DAWN).
Takeda, J. and M. T. Erpelo [2008] *Behind the Drama of Filipino Entertainers in Japan*, Quezon: Batis Center for Women, Inc.

読んでほしい本・観てほしい映画

① 野口和恵『日本とフィリピンを生きる子どもたち――ジャパニーズ・フィリピノ・チルドレン――』あけび書房，2015年．
　フィリピンと日本で生きるJFC（ジャパニーズ・フィリピノ・チルドレン）とその母親たちの生の声を通して，彼ら・彼女たちが背負っている困難，そして2つの文化を併せ持つ子どもたちの可能性を探っている．
② 移住労働者と連帯する全国ネットワーク・貧困プロジェクト編『日本で暮らす移住者の貧困』現代人文社，2011年．
　「多文化共生」の裏に存在する移住者の貧困問題を，統計や具体的事例により明ら

かにしている．移民第2世代の子どもや若者たちにのしかかる待ったなしの「貧困の再生産」という課題を提示している．
③「外国につながる子どもたちの物語」編集委員会編『まんが クラスメイトは外国人——多文化共生20の物語——』明石書店，2009年．
　日本に暮らす多くの「外国につながる子どもたち」が，なぜ日本に住み，どのような問題と直面しているのか，まんがを通して考える．
④ 映画「ハーフ」西倉めぐみ・高木ララ監督，2013年，日本．
　日本人と外国人の間に生まれた「ハーフ」に焦点を当てたドキュメンタリー．背景の異なる5人を追いながらの複雑な心境や，日本での経験を通して，多文化・多人種であるとは，どういうことなのかを探求している．87分．オフィシャルサイト（http://hafufilm.com/，2015年9月9日閲覧）．

（藤本伸樹）

Column 3

フィリピンの海外移住政策（送り出しの枠組み）

　フィリピンは，世界有数の移住労働者・移民の送出国である．失業対策と外貨獲得を目的に「応急措置」として1970年代から国策として始まり40年が経過した．2013年末現在，世界200カ国以上に約1020万人のフィリピン人が一時滞在，あるいは定住・永住している．総人口約1億人の10％にあたる．フィリピン中央銀行によると，2013年のフィリピンの輸出総額が540億ドルに対して，海外移住者からの送金総額は243億ドル．この国の最大の「輸出品」は「労働力」と言われるゆえんである．在外フィリピン人の送金に大きく依存する経済・財政構造となり，「応急措置」がいつのまにか「恒久措置」になってしまっている．

　そうした現実を背景に，フィリピンは，移住労働者や移民の送り出しに関して，世界で最も洗練されたシステムを構築しているのである．① 労働者送り出しに関するいくつもの法律制定，② 在外フィリピン人を保護する法律制定，③ 受け入れ国との条約や協定の締結，④ 在外選挙制度（大統領と上院議員選挙の投票権の付与）などがあげられる．

　代表的な行政機構としては，労働雇用省の傘下に海外雇用庁（POEA）が設置され，民間仲介業者の認可や監督，雇用する外国企業の認定，出国支援，労働市場の開拓などをおこなっている．また，同省に設置された海外労働者福祉庁（OWWA）は，移住労働者とその家族への福祉サービスを提供している．さらに，大統領府のもとに，海外フィリピン人委員会（CFO）が設けられ，結婚や家族統合で海外移住する人たちの福祉の確保や人権保護のためにさまざまなプログラムを実施している．

　そのようにシステムが充実している一方で，就労や移民のプロセスで人身取引にもつながるさまざまな搾取や詐欺が世界各地の目的地国で発生しているのである．高度に整備されているはずのシステムの実効性の欠如がしばしば問われている．

　したがって，フィリピン政府にとって移住者の権利保護の課題は山積みだ．とはいえ，送出国のできることには限界がある．やはり，受入国こそ真剣に送出国と協力しなければ移住者の権利保障は実現しない．国連が1990年に採択した「すべての移住労働者及びその家族の権利保護に関する条約」（移住労働者権利条約）の締約国は，2019年4月現在54カ国で，フィリピンのような移住者の送出国で占められている．しかし，日本をはじめとする移住者の受入国の大半はこの条約に一様に冷淡な姿勢をとり続けているのである．

（藤本伸樹）

第Ⅱ部

戦　争

ドイツ連邦共和国　ベルリンにあるドイツ国防省での連邦軍公開イベントにて軍用車両に乗って遊ぶ子ども（2008年8月撮影）
撮影者：市川ひろみ．

第Ⅱ部のテーマは「戦争」です．戦争が起これば，多くの子どもたちは被害者になります．爆撃に巻き込まれ，家が焼かれ，親兄弟を失い，自身も生死の狭間に立たされる子ども，空中散布されたクラスター爆弾の不発弾をおもちゃと勘違いして触ったり，畑に埋められた地雷を踏んだりして手足を失う子どももいます．他方，第6章で説明されているように，さまざまな理由で子ども兵士になり，加害行為をする子どももいます．幼い頃に誘拐されて兵士とされた子どもが生き延びて，反政府勢力の幹部となり，今度は村を襲って子どもを誘拐して子ども兵にしていたというケースもあります．成人に達しているこの幹部は，被害者としてケアをすべきでしょうか，それとも加害者として処罰すべきでしょうか．

　戦争にならなくても，爆弾が投下されなくても，国連による「経済制裁」によって命を落とす子どもたちがいます．対イラク経済制裁が実施されて以降フセイン政権が打倒されるまでに，50万人のイラクの子どもたちが死亡したといわれます．経済制裁が「知られざる『大量破壊兵器』」と呼ばれる所以です(第9章参照)．

　第7章と第8章で紹介するように，戦争が終わっても，子どもたちを取り巻く状況には問題が残ります．戦争で親を亡くした子どもたちの生活は大きく変わります．戦時下で性暴力の被害を受けた子どもたちを含め，戦後，さまざまなトラウマに苦しむ子どもたちがいます．さらには，残留兵器のために，戦争が終わってからも，子どもたちは危険にさらされています．もうひとつ，将来の紛争／戦争を防ぐために大人たちが障害を作っている場合があります．和解ではなく対立を煽る歴史教育がそのひとつです．1994年にジェノサイドを経験したルワンダでも，独立以来，民族間憎悪を煽るような歴史教育がおこなわれていました．第8章ではボスニア・ヘルツェゴビナの事例をみて下さい．

　戦争が始まると，子どもたちは，子どもとして生きる権利，守られる権利，育つ権利，参加する権利を奪われています．こういった状況に子どもたちを追い込まないためには，外交努力によって紛争を平和的に解決することが必要です．そして，武力を伴わない経済制裁下でも多くの子どもたちが命を失っていること，戦争終結後も苦しんでいる子どもたちがいることを，私たちは忘れてはなりません．

(戸田真紀子)

第6章 紛争の「加害者」としての子ども
――シエラレオネ内戦と子ども兵士問題――

はじめに

　世界各地で発生する紛争の最大の犠牲者が子どもである．2015年6月に国連事務総長は，2014年は紛争による被害をうける何千万人もの子どもを保護するために前例のないほどの課題に直面し，特に拉致される子どもの数が急増し，殺害，手足切断，性的暴力，強制徴募などの被害者になっていると報告した［United Nations 2015］．しかし子どもは紛争の被害者であるとともに，「加害者」でもある．ほとんどの紛争地域において18歳未満の子どもたちが前線で戦ったり，スパイや物資の調達などの軍務をおこなう，子ども兵士として紛争に関与

地図6-1　シエラレオネ略図

したりしている．既に国際社会は，子どもたちの徴兵を規制するさまざまな国際条約を整備し，強化してきた．世界の多くの国は既にこれらの条約に署名・批准（又は加入）し，国内法でも子ども兵士の徴募を禁止している．しかし実際には遵守されていない場合が多く，世界には約25万人の子ども兵士がいると推計されている［UNICEF 2007］．

　一般的に子ども達が兵士となる背景には，① 拉致や誘拐などによって強制的に徴募されるケースと，② 自ら志願して，政府軍や武装組織のメンバーとなるケースに大別されるが，1) いずれの場合も洗脳，軍事訓練などによって子ども達は「軍事化」され，兵士となり，残虐な行為に加担している．従来の子ども兵士に関する研究では，子どもは脆弱な庇護の対象とみなす，「ケアテーカー・ポジション」から研究される傾向が強かった［Muynh 2015: 124-31］．しかし，近年，子どもたちの行為主体性や能力などの「エージェンシー（agency）」に注目し，子どもと紛争の関係性を分析する研究が増えてきている．このアプローチが重視されるようになったのは，さまざまな子ども兵士に関する調査から，紛争下の子ども達（少年，少女ともに）は無力な被害者ではなく，自らの機知と適応力によって紛争時の緊急事態に対応してきたことが明らかになってきたからである［Honwana 2006: 162］．子ども達の「エージェンシー」は，個々の子ども達によって異なるとともに，成人とも異なる．また紛争下の制約された環境において子どもたちが選ぶことができる選択肢は限定されていることは留意しておくべきである．その上で，子ども達の「エージェンシー」に留意することは，2つの点で重要であると考えられる．第一は，近年，ユースバルジ理論（Youth Bulge Theory）などにおいて議論されている，青年人口の増加と紛争発生リスクの増加の関連である［Urgal 2004］．子どもや青年の存在自体が紛争の直接的要因になるわけではないが，子ども達が暴力や紛争の主体となるケースが増えている．子ども達が紛争の「加害者」となったプロセスを解明することは紛争被害の拡散を阻止する上でも，平和構築を推進する上でも重要である．第二に，子ども兵士の脆弱性や被害者性を過度に強調し，庇護の必要性を唱えることは，子どもが有する潜在的能力の存在を軽視し，発展を妨げるだけでなく，援助依存を招き，元子ども兵士の自立や社会統合に弊害をもたらす可能性がある［Drumbl 2012: 31-32］．

　本章では個々の子どもの持つ主体性や能力，および子ども達がおこなう選択に直接的・間接的に影響を与える子ども達を取り巻く環境を分析軸とし，シエ

表6-1　子ども兵士の規制に関連する主な国際規範

1977年	ジュネーブ諸条約第1・第2追加議定書
1989年	子ども（政府訳では児童）の権利に関する条約（子どもの権利条約）
1990年	児童の権利および福祉に関するアフリカ憲章（アフリカ憲章）
1996年	武力衝突におけるアフリカの子どもたちの窮状に関するOAU決議
1997年	ケープタウン原則
1998年	国際刑事裁判所（ICC）に関するローマ規程（ICC規程）
1999年	最悪の形態の児童労働の禁止及び撤廃のための即時の行動に関する条約（ILO182号条約）
2000年	武力紛争における児童の関与に関する児童の権利に関する条約の選択議定書（子どもの権利選択議定書）
2007年	パリ原則

（出所）筆者作成．

ラレオネ内戦時に反政府武装勢力である革命統一戦線（RUF）の子ども兵士となった子どもに焦点をあて，子どもたちが紛争の「加害者」となる過程とその実態，および紛争後の社会統合，平和構築支援を検討する．なお，「子ども」や「青年」の概念は文化や伝統によって異なるが，ここでは子どもの権利に関する国際規範に基づき，18歳未満を「子ども」とし，シエラオネオ政府の定義に従い，15歳から35歳までを「青年」とする．[2]

1　シエラレオネ内戦の推移

　シエラレオネでは，1991年3月にフォディ・サンコー率いるRUFが隣国のリベリアから侵攻し，内戦が始まった．RUFはチャールズ・テーラー率いるリベリア国民愛国戦線（NPFL）やブルキナファソの傭兵の支援をうけ，シエラレオネ南部と東部を攻撃し，政府は独力でRUFを鎮圧することができなかった．
　首都のフリータウンでは，1992年4月に全人民会議（APC）のジョゼフ・モモ大統領が軍事クーデターによって追放され，バレンタイン・ストラッサー大尉が政権を掌握した．ストラッサーは民兵組織（CDF）であるカマジョーや南アフリカ共和国の民間軍事会社，エグゼクティブ・アウトカムズ（EO）と契約を結び，軍事的に優勢にたった．しかし，1996年1月に再び軍事クーデターがおき，ジュリアス・ビオ准将が国家元首に就任した．ビオ政府は民政移管のための選挙をおこない，議会選挙では，シエラレオネ人民党（SLPP）が第一党となり，大統領決戦選挙ではSLPPのアハマド・テジャン・カバーが大統領とし

て選出された．コートジボワールの仲介でカバー大統領はRUFのサンコーと交渉し，1996年11月に双方は和平協定に調印したものの，国内ではRUFとの戦闘が続いた．1997年5月にはジョニー・ポール・コロマ少佐らが率いる国軍革命評議会（AFRC）がクーデターにより政府を掌握したため，カバー大統領はギニアへ亡命した．1997年6月にAFRCとRUFの連合政権が誕生し，サンコーは副議長に就任した．

　国際社会はコロマ少佐によるクーデターを非難し，国連安全保障理事会はシエラレオネに対する武器禁輸等の経済制裁措置を決議した．1998年2月，ナイジェリアは自国軍を中心とした西アフリカ諸国経済共同体停戦監視団（ECOMOG）を率いて軍事介入し，AFRC/RUF連合政権に対する戦闘を開始した．同年3月，ECOMOGがAFRC/RUF連合政権を倒し，カバー大統領が亡命先から帰国し，文民政権が復活した．1999年7月に政府とRUFの間でロメ和平協定が締結されたものの，政府側（政府軍とECOMOG）とRUFの間で戦闘が続いた．2000年5月には国連シエラレオネ派遣団（UNAMSIL）の隊員500名がRUFによって身柄を拘束されるなど不安定な政情が続いた．2000年11月に政府とRUFは，ナイジェリアのアブジャで停戦協定に署名し，ロメ協定に記載されていた武装解除・動員解除・社会復帰（DDR）プログラムに関する話し合いがおこなわれた．2001年からシエラレオネ各地でRUFとCDFの武装解除が本格的に進められ，2002年1月に戦闘状態の終結がカバー大統領によって宣言された．2002年5月におこなわれた議会・大統領選挙でカバー大統領が再選された．

2　RUFと子ども兵士

(1) 子どもから子ども兵士へ

　10年以上におよぶ内戦の間に約1万人の子どもがRUF（及びAFRC），政府軍，民兵組織（CDF）によって兵士として動員された．RUFは約5000-7000人の子どもを戦闘に従事させ，8歳から14歳の子ども兵士がRUFの兵力の半分に相当していた［Richards 2002: 262］．ここで考えていきたいのは，なぜ子どもたちがさまざまな残虐な行為に従事する紛争の「加害者」となったのかという問題である．強制的に徴募された子どもも自ら志願した子どもも，自動的に兵士になるわけではない．また組織の一体性を維持するには，暴力や恐怖などの強制力だけでメンバーの忠誠心や団結を継続させることは不可能である．

しばしばRUFは、「明確なイデオロギー、信条、ビジョン、さらにはモラルや規律さえ有していない武装集団」といわれてきた。だが、これまでの調査から、RUFはシエラレオネ社会で伝統的におこなわれてきた児童労働、養子縁組、年季奉公、秘密結社などの慣行を援用して組織の編成と運営をおこない［Shepler 2014: 30-43］、戦略的に子どもたちを兵士とする「軍事化」をおこなってきたことがわかってきた［Peters 2011: 80-137］。子どもを兵士にする場合、初めにおこなわれるのが教化である。一般的に教化の初期段階では暴力的手段が用いられ、恐怖や残忍さや心理操作を利用して子どもたちを徹底的に服従させる。RUFの基地に到着した子どもたちに対しても暴力的手段や麻薬などが用いられ、洗脳、イニシエーションがおこなわれ、イデオロギー教育が実施された。子ども達がRUFへの忠誠と帰属意識を高めるために、疑似家族・疑似共同体的な関係が形成され、メンター制度によるピア・モニタリングなども導入された。家族や出身地との関係を断絶させるために、子ども達に自分の家族やコミュニティのメンバーを殺害させたり、放火や略奪させたりすることも頻繁におこなわれた。子ども達には、戦闘以外にも家事や雑役などさまざまな仕事が割り当てられ、これらの役割分担はRUFが組織として機能する上でも、RUFの価値観、理想、習慣を子どもたちに再認識させるうえでも重要であった。RUFでは能力主義に基づく報酬・昇進制度が設けられ、紛争発生前や紛争中に疎外感や屈辱的な生活を体験してきた子どもたちにとって能力・実力に応じて得られる社会的、経済的報酬は、魅力的であった［Denov 2010: 96-114］。RUFの暴力的で組織化された社会構造において子ども達のアイデンティティは再形成されていった。むろん、同様の環境や状況に直面した全ての子どもたちが同じ反応や適用を示すわけではないが、RUFの暴力や虐待の犠牲者であった子どもたちは、暴力や残虐な行為が日常化する環境に次第に順応し、躊躇することなく暴力行為に関与するようになっていった。RUFの子ども兵士は殺害、放火、強姦、略奪など非道な行為をおこない、特に「手足切断作戦」は子ども兵士がおこなった残虐な行為である。多くの民間人はレイプに抵抗したり、所持金を渡さなかったり、選挙で政府側に投票したといった理由で手足を切断され、1800人以上の一般市民や子どもが犠牲者になった［石 2005: 129-130］。

(2) 子ども達が兵士となる構造的要因

　シエラレオネでは内戦発生時の1991年以前から中央政府、地方のガバナンス

や統治機能は破綻していた．特に顕著なのが，シエラレオネ統治体制の特徴である，「家産制（パトリモニアル）国家」の解体である．「家産制国家」とは，利益の供与と享受によるパトロン＝クライアント関係によって結びついた「主従関係」が国家を秩序づけている制度をさす．シエラレオネでは，国家の指導者や一部の権力者は資源（富，地位，雇用，権益など）を独占し，自らの支持者であるクライアントに対して生活全般の保障や保護などを提供し，クライアントは権力者に服従し，支持や協力をおこなってきた．しかし，1980年代以降の経済危機，海外援助の減少などで従来のパトロン＝クライアント関係を維持するために必要な資源が不足し，資源の分配が末端レベルまで行き渡らなくなった．汚職や腐敗が横行し，教育，保健・医療などは予算の削減によってサービスの提供が停滞した．失業率が高まり，物価は上昇し，庶民の生活は困窮するようになった．教育を受けられず，職も社会的な地位もない青年が増加し，将来に希望を見出せないために，麻薬やアルコールに依存したり，犯罪組織のメンバーとなり強盗や略奪，麻薬の密売などをおこなったりする青年が増加した．シエラレオネでは1991年以前から政府の統治機能は著しく低下し，人びとの政治，経済，社会的不満は高まっていた．

　地方では，英国植民地支配時代に導入された間接統治の仕組みが独立後も続き，パラマウント・チーフを頂点とする伝統的な社会制度が維持されており，支配者層が利権を独占し，不正義，汚職や腐敗が横行した［落合 2008: 251-78］．特に1980年代以降，税収入と中央政府からの交付金が減少したため，チーフやそのスタッフ達は恣意的に税金や罰金を人びとに課したり，わずかな報酬（または無報酬）で青年を働かせ，搾取したりしていた．住民を巻き込んだ土地の保有権やパラマウント・チーフの選挙をめぐる対立がおきている地域もあった．地域の政策は，チーフ，長老，秘密結社のリーダー達によって決められ，地方の司法制度もチーフの管轄下にあるため，青年達が異議を唱えることや，政策決定過程に参加することは認められていなかった．自らの経済的利益と利権に固執する権力者達に多くの青年達は不平や不満を抱いていた．

　このような状況から，RUFは主に下記の3つのグループから支持を得ていた．

① 首都のフリータウンに住み，教育を受けることができず，仕事もなく，社会的にはみ出した，「ルンペン」といわれる青年たち
② 地方の伝統的な社会制度から疎外された青年たち

③ ダイヤモンド採掘場で非合法に働く鉱山労働者の青年たち
［Keen 2005: 58-59］

　RUFが掲げる革命のイデオロギーや政府，伝統的社会の打倒というスローガンは経済的に困窮し，教育を受ける機会を失い，社会的に阻害された貧困層の青年達をひきつけるものがあった［Peters and Richards 1998］．当初，RUFでは略奪や無差別の殺人の禁止などのルールが定められ，違反者は処罰されるなど一定の規律が守られていたといわれている[4]．強制的に徴募された兵士も，自発的に志願した兵士も，RUFにとどまった理由として，腐敗，政府に対する不満，独裁的な政治を終わらせるために戦ったと答えていた［Humphreys and Weinstein 2004: 25］．しかし，1994年以降，カマジョーなどの自警組織が結成されると，RUFはRUFに協力的でない民間人を襲撃し，RUFは次第に社会から孤立化するようになった．さらに1997年にRUF／AFRC連合政権が誕生すると，RUF内の汚職や腐敗が進み，かつてRUFが掲げる革命のイデオロギーや政治的スローガンに共鳴していたRUF支持者はRUFに幻滅し，求心力が失われていった［Peters 2011: 139-42］．

　シエラレオネの内戦を発生させ，継続させる要因としては，国際レベルでも主に3つの問題がみられた．第一は，国際社会が経済的に破綻していたシエラレオネに対して十分な支援をおこなわなかったことである．ドナー主導の構造調整政策の導入と経済援助の削減によって，1980年代にシエラレオネ経済は悪化し，教育，医療，福祉予算が削減されたため，貧困者，社会的弱者の生活がさらに悪化することとなった．第二に，当初，国際社会はシエラレオネ内戦に対する関心は低く，国連や西アフリカ経済共同体（ECOWAS）が積極的に関与し始めたのは1995年以降である．第三にシエラレオネ内戦はグローバル化した戦争経済に支えられ，維持されていた．RUFは隣国のリベリア等から支援をうけ，ダイヤモンドや木材の密輸によって武器や弾薬を購入し，1997年8月ECOWAS加盟国はシエラレオネに対する武器と石油の供給に関する禁輸措置に同意し，安保理でも武器禁輸が決議されたが，実際には武器の密輸は続いた［杉木 2014: 109-12］．またRUFとの戦闘で劣勢となったストラッサー軍事政権は，1995年に民間軍事会社であるEOと契約を結び，EOは政府軍の訓練，RUF軍事拠点の攻撃などをおこなった[5]．

3 紛争後のRUF兵士の社会統合

1999年7月のロメ和平協定締結後，1999年10月に国連安保理はUNAMSILの派遣を決定し，国際社会による平和構築支援が始まった．その際,元兵士の「社会統合」は治安維持，平和構築，紛争予防において重要な課題のひとつと位置付けられた．

だが，紛争後の元兵士の社会統合は容易なことではない．特に人格形成期に暴力と恐怖を体験してきた子ども達の精神的，心理的問題は長期的なケアが必要であり，元子ども兵士たちは普通の市民としての新たなアイデンティティを再構築する必要がある．

(1) 元RUF兵士が紛争後に直面した問題

内戦終了後，子ども兵士は何事もなかったかのように，家族やコミュニティへ戻り，普通の生活を送ることはできない．理論的には「動員解除」は，公式に武装組織が解散し，部隊の指揮統制構造が廃止されたこととされている．しかし，実際にはRUFにいた期間が長いほど，子どもたちはRUFの価値観や文化，習慣から離脱することが難しく，心理的にも，日常生活においてもRUF時に形成された関係から離脱していない元子ども兵士が少なくなかった．

RUF除隊後，多くの元子ども兵士は暴力や虐待の体験から悪夢，不安，怒り，恐怖，躁鬱状態など社会心理的問題を抱えていた．また普通の子ども，普通の市民としてのアイデンティティの再形成も難しい課題であった．紛争時におこなった暴力や略奪などに対する深刻な罪悪感は，紛争後のアイデンティティの再構築をする上の障害であった．多くの元RUFメンバーは，RUFで形成されたアイデンティティと非軍事的な新たな価値と関係性に基づくアイデンティティの構築の間で板挟みとなり，葛藤に苦しむ場合が多い [Denov 2010: 149]．子ども兵士になることは，強制的に学習させられ，同化させられてきたのに対して，紛争後のアイデンティティの再形成は，概ね個人の努力に委ねられている．元RUF子ども兵士にとって，公的にRUFが解体されたことは暴力，恐怖，虐待からの救済であるとともに，これまで形成されてきた疑似家族的関係，疑似共同体的関係の別離を意味した．特に幼少時にRUFのメンバーとなった兵士たちは，RUFが唯一の家族であり，仲間であり，コミュニティで，普通の

価値や規範，家族関係，人間関係を知らずに成長してきた［Denov 2010: 151］．またRUFで部隊のリーダーや実権を握っていた子どもの中には，従来の特権的な地位を手放すことに反発や抵抗を覚えたり，不安や恐怖に直面した者もいた［Denov 2010: 152］．その結果，内戦終了後も元RUFのメンバーの間では，インフォーマルな相互扶助や主従的な関係が続いているケースが多くみられた．むろん，全ての子どもがPTSDや不適応障害を示すわけでなく，比較的容易に普通の生活に順応した元RUF兵士もいた．しかし内戦の終結や公的な動員解除プログラムの実施が自動的に元兵士と武装組織との断絶，社会統合，日常生活の復帰を可能とするわけではないことは考慮すべきである．

(2) DDRプログラム
概　　要

シエラレオネでは，国家DDR委員会（NCDDR）がUNAMSILや国連機関，ドナー諸国，NGOとともにDDRプログラムを開始した．全ての兵士は全国に設けられたレセプション・センターに集まり，武装解除される．センターでは，個人情報の収集，武器の回収・廃棄がおこなわれ，元兵士はさまざまな特典を受けるためのIDカードを受領し，動員解除センターへ移動する．成人の場合，動員解除センターで生活必需品と支援金を受領し，カウンセリング，啓発セミナー，市民教育をうけ，コースを終了すると，元兵士は約15ドルの交通費を得て，故郷などの社会復帰の場所へ移動する．各県に設置されているNCDDRの登録オフィスで登録を済ませると，最初の3カ月，元兵士には生活支援金が支給された（当初約300ドルであったが，資金不足の為に150ドルに削減された）．社会復帰の支援としては，① シエラレオネ政府軍に入隊，② 復学し，教育を継続，③ 職業訓練，④ 農業支援，⑤ 公共事業に従事し，労働賃金を受領，という5つのパッケージが用意され，これらの中からひとつを兵士は選択する．最も人気が高かったのは51％が登録した職業訓練で，NCDDRと提携したNGOが職業訓練を実施した．

18歳未満の子どもの場合は，動員解除センターに到着すると，原則48時間以内にNGOが運営している臨時ケア・センター（ICC）へ移送される．ICCに到着した子ども達はオリエンテーションをうけ，センターの規律が教えられ，身元確認作業や荷物検査を受ける．ICCでは，社会心理的支援，ヘルスケア，識字や算数などの基礎教育，スポーツ，ダンス，歌などの心理的な傷を和らげる

プログラムなどが提供された．子ども達がセンターに滞在する期間は原則として6週間までで，その後，子ども達は自分の家族の元へ戻る．この時までに子ども達の家族の追跡調査がおこなわれる．家族が行方不明であったり，受け入れを拒否されたりした場合は，里親の元に引き取られた．DDRプログラムに参加した18歳未満の子ども達には生活支援金などは支給されず，再統合プログラムとして，コミュニティ教育・投資プログラム（CEIP）と職業訓練・雇用プログラム（TEP）が実施された．TEPは，15歳から17歳の元子ども兵士を対象としたノンフォーマルな職業訓練プログラムである．CEIPはユニセフの支援によって，2001年5月から始まった．このプログラムは18歳以上の元兵士も含まれ，コミュニティで公教育を受けるか，短期間に集中的に基本科目を学ぶインテンシブ・コースに参加することもできる．2002年5月までに約648名の元子ども兵士がCEIPに参加した．

DDRプログラムにおける問題

シエラレオネで実施されたDDRプログラムは武装解除，動員解除の「成功例」と言われてきた．確かに1998年から2002年1月までの間に約7万5490人の兵士（そのうち，子ども兵士は6845人）が武装解除し，約4万2000点の武器と120万以上の弾薬が回収・破棄され［United Nations Mission in Sierra Leone 2005］，現時点で武力紛争は再発していない．また，2003年6-8月にかけて1000名の元兵士達に対しておこなわれた調査では，DDRプログラムの参加率はほぼ同じ割合で，職業訓練へのアクセス，職業訓練プログラムの内容に対する評価や満足度において，兵士達が所属した部隊による差異はほとんど見られなかった［Humphreys and Weinstein 2009: 53-54］．

しかしDDRプログラムには主に4つの問題があった．第一は武器回収に関する問題である．DDRプログラムの特典を受けるには，武器を提供する必要であったが，猟銃やマチェキ（大なた）は回収対象から除外されていた．また，18歳未満の場合，武器の所有の有無に関わらず，元子ども兵士はDDRプログラムの対象となっていたが，実際には武器の提供が求められた．その結果，武器を所持しない兵士の「妻」であった女性・少女達はプログラムの恩恵をうけることができなかった．また，猟銃やマチェキ（大なた）等を使用して戦っていたCDF兵士もDDRプログラムの対象から除外された[6]．第二に資金不足の問題から生活支援金の支払いや職業訓練プログラムの提供が当初の計画どおりに

実施されず，元兵士達は希望する職業訓練プログラムを受講することができなかったり，終了後の支給されるはずだった道具が支給されなかったりといった問題が生じた．

　第三にジェンダーの問題がある．DDRプログラムに参加した男性および少年に比べ，女性・少女の参加は非常に少ない．動員解除された全兵士のうち女性は4651人（約6.1％）で，少女は506人であった［United Nations Mission in Sierra Leone 2005］．主な原因は，武器を所有していないことや，チャイルド・マザー（子どもを持つ元少女兵士）はDDRの対象に含まれていないことである．同時に，差別，偏見，ジェンダーに基づく暴力などの身の危険などの理由から，参加を拒んだり，途中で離脱したりするケースが多く見られた［Wessells 2006: 166-68］．

　第四に，徴募された時に18歳未満であった子どもが除隊時には18歳以上であった場合には，成人のDDRプログラムの対象となったことである．戦争時に成人となった場合，成人になってから兵士になった人に比べると大きな問題を抱えている可能性も高く，特別な支援が必要であるといわれている[7]．

(3) 元RUF兵士の社会統合の状況

　兵士であった子ども達が普通の日常生活を送るには，元子ども兵士を受け入れ，サポートする体制が整っていることが必要である．だが，子ども達の再統合に関して，シエラレオネでは元RUF兵士は以下の問題に直面した．

家族・コミュニティの受け入れ

　除隊した兵士達が「市民」としての生活を送るには，元兵士を受け入れ，サポートする体制が家族やコミュニティに整っていることが必要である．内戦時に残虐な行為に加担した元RUF兵士や，家族やコミュニティのメンバー達から受け入れが拒否されるケースが多くみられた．ハンフリーズら［Humphreys and Weinstein 2004: 39-40］が2003年6月から8月にかけておこなった調査では，故郷へ戻った元RUF兵士は34％で，そのうち16％は家族や隣人と問題があると答えていた．また，レイプや性的虐待をうけたり，「敵」の子どもを妊娠・出産した女性は忌避され，コミュニティへ戻りたくても戻れなかったりするケースもあると報告されている．

　なお，統計には含まれていない相当数の元子ども兵士たちが，公的なDDRプログラムに参加せず，故郷へ戻る，いわゆる「自発的な社会統合（spontaneous reintegration)」をおこなったといわれている．当初このような非公式のプロセスを経た社会統合は問題視されていたが，RUFの支配地域でない地域ではむしろ「自発的な社会統合」の方がコミュニティへの統合が容易であるといった調査報告がある［Shepler 2014: 101-30］．

　元兵士の社会統合の第一の課題は，コミュニティのメンバーと元RUF兵士の和解であった．内戦時の戦争犯罪の真相解明，処罰，和解を促進するため，シエラレオネでは，シエラレオネ特別裁判所（SCSL）と真実和解委員会（TRC）が設置された．SCSL設置時に，残虐な行為に加担した18歳未満の元子ども兵士を処罰するかどうかに関して論議をよび，シエラレオネ政府や市民団体の代表者達はSCSLの管轄権に子ども兵士の訴追を含めることを求めた．最終的にSCSLの裁判規程では犯罪をおこなった時に15歳以上で18歳未満であった子どもを訴追することが可能となったが，18歳未満の元子ども兵士が実際に訴追されたケースはなかった［Withers 2012: 227-228］．一部の地域では伝統的な和解と除霊の儀式や，コミュニティ・シビック・ワークス（CCW）などが実施された[8]．しかし，SCSLやTRCの実施に関してはさまざまな問題がみられ，伝統的和解儀式やCCWの導入は，元兵士とコミュニティのメンバーの和解に寄与していると肯定的に捉えられているが，実施対象地域は限定されていた．

　第二の課題は，内戦の誘因のひとつである地方における伝統的社会制度の問題である．1996年にカバーは大統領に就任すると，地方自治制度改革に着手することを発表し，英国の国際開発省（DFID）の支援を受け，2000年に「パラマウント・チーフ復帰プログラム」を開始した．2002年12月から2003年1月にかけて，149チーフダムのうち約4割のチーフダム議会でパラマウント・チーフを選出する選挙がおこなわれた．さらに2004年1月に地方自治法が制定され，5月には地方選挙が実施された．1972年にスティーブン軍事政権下で廃止された地方自治体が32年ぶりに復活し，地方自治制度改革は紛争後の制度構築の一環として重視されていた．だが，このような地方自治制度改革が，かつてパラマウント・チーフを頂点とする伝統的支配構造に反発した元RUF兵士のコミュニティへの統合に寄与するのかはどうかは定かでない．内戦終結後，地方ではチーフの任命における不正や利益誘導など再び腐敗や汚職の問題がみられる．

　家族やコミュニティへ戻ることはできない元RUF兵士達は，元RUFのメンバーたちとの関係を継続する傾向がみられ，ハンフリーズらが2003年6月から8月にかけておこなった調査では，かつて所属していた部隊のメンバーと友人

第6章　紛争の「加害者」としての子ども　119

関係やビジネスのパートナーであるかどうかという質問に関して，約14％が同じ組織に所属していたメンバーが親友，ビジネス・パートナー，又は問題が生じた時に最初に頼る人であると答えていた［Humphreys and Weinstein 2009: 54-55］．また2007年総選挙時には元非政府武装組織の再動員化がみられ，元RUF兵士の人的ネットワークが継続されていることが明らかになっている［Christensen and Utas 2008: 515-39］．

経済的自立

先にみたように，青年達が兵士を志願した理由は教育を受ける機会がなく，仕事もなく，社会的に疎外されていたことであった．DDRプログラムでは，教育や職業訓練を受ける機会が元兵士へ与えられた．しかし，提供された職業訓練プログラムは，労働市場のニーズに合致しておらず，職業訓練を終了した兵士達が習得した技術を活かして仕事をみつけることは難しい．2002年に世銀とDFIDがおこなった調査によると，職業訓練を終了した元兵士のうち，約45％が就職しているが，職業訓練で得た技術を活かした仕事をしている人は28％であった［International Crisis Group 2003: 16］．また2003年におこなわれた調査では，元RUF兵士は21％が失業中であった［Humphrey and Weinstein 2009］．

元RUF兵士が直面する経済的問題は，元兵士に限定される問題というよりは，シエラレオネの一般市民が直面する問題である．これまでシエラレオネ政府は，世銀，UNDP，ドナー諸国ともに破綻した経済の再建に取り組み，鉱業・農業部門において順調に経済が回復しているが，2003-2004年の国勢調査によると，1日1ドル以下で生活する人が全人口のうち70％，極度に貧困状態にある人が26％であった．また地域間格差も顕著で，1日1ドル以下の貧困基準の生活を送る人は，フリータウンでは15％であったのに対し，地方では79％，地方都市では70％であった．全般的に15-24歳の青年は全人口の3分の1を占め，3分の2が失業しており，貧困者層に占める割合が最も多かった［Office of the UN Resident Coordinator in Sierra Leone 2007］．2014年の人間開発報告でも，1日1.25ドル以下の生活を送る人は51.7％，失業率は76.7％で，児童労働（5-14歳）も26％に及んでいた［UNDP 2015］．

4 社会統合へむけた草の根レベルの取り組み

　元RUFの子ども兵士たちにとって内戦の終わりは，社会統合という新たな「戦い」の始まりでもあった．しかし，元RUF子ども兵士は，さまざまな困難や問題に直面する単なる弱者であるだけではない．これらの元兵士の中には，自らのイニシアティブで新たな生活手段，社会統合を模索する動きもみられた．そのひとつが，元兵士たちが始めたバイク・タクシー・ビジネスである．シエラレオネのバイク・タクシーは，ケネマで始まり，ボー，コイドゥ，マケニなどの地方都市や首都のフリータウンへ広まっていった．内戦前までこれらの都市にはバイク・タクシーは存在せず，主要な交通手段はミニ・バスと普通乗用車のタクシーであった．バイク・タクシーは紛争後タウンで働く人たちの重要な交通手段となり，利用が拡大した．シエラレオネのバイク・タクシー・ビジネスのユニークな点は，ライダー達が労働組合を組織している点である．たとえば，ボー・バイク・ライダー協会は4名の元兵士が中心に2000年に設立され，2005年の時点で約600名が加入している．役員の半数はRUFとCDFの元兵士である．内戦時に敵対し，戦った兵士達がここでは共同で労働組合の運営にあたっている．労働組合は，負傷したり，病気になったメンバーをケアしたり，ライダーと乗客のトラブルを仲裁するとともに，ビジネスに介入してくる地元の有力者や，賄賂を要求してくる警察官や道路交通局からライダー達を保護する役割を果たしている［Fithen and Richards 2005: 132-35］．

　またバイク・タクシーのライダー達の地域社会との共生を目指そうとする努力もみられる．バイク・タクシー・ビジネスは開業当初は大いに歓迎されたものの，次第にライダーと地域社会の間でさまざまな軋轢が生じ，ライダー側と警官・市民との間で関係が悪化した[9]．このような関係の改善をおこなうために，2003年には交通問題に関するタスクフォースを設け，警察，消防，保険会社，露天商組合，警察官，税関，教員などが定期的に集まり，道路利用全般に関する課題を出し合い，その解決に取り組んでいる．またライダーたちによる病院清掃ボランティア，警官のパトロール協力，刑期を終えた元受刑者のための自立支援などもおこなわれている．このような試みを通して，元兵士を含むライダーたちは，利用者，警察，地域社会との新たな関係性を築いてきた［澤 2011: 109-12］．

従来，問題がおきた場合，シエラレオネ社会では「パトロン（またはビックマン）」に問題解決を依頼し，依存していた．しかし，モーター・バイク組合のメンバーたちは，自らのイニシアティブで民主的かつ平等な原則に基づき問題解決を模索している．バイク・タクシー組合の取り組みが今後シエラレオネの社会制度にどのような影響をもたらすかは定かではないが，自らのオーナーシップで取り組むアプローチは，今後青年の社会統合を考える上で有益な指針になるかもしれない．

おわりに

　本章は内戦下のシエラレオネにおいて，RUFのメンバーとなった子ども達がどのように兵士となり，紛争下を生き抜き，紛争後の社会統合においてどのような問題に直面してきたかをみてきた．
　RUFの組織化された「軍事化」プログラムによって，兵士となった子どもたちは紛争の「加害者」になる．強制徴募であれ，自発的参加であれ，子どもたちは身体的な危害や恐怖，麻薬やアルコールなどの依存によってさまざまな犯罪を関与してきた．紛争時におこったさまざまな非人道的行為は，紛争後の子どもたちを悩ますこととなる．第一に，紛争時に形成された軍事的なアイデンティティと普通の市民としてのアイデンティティの再形成の間で苦しみ，適応することが極めて難しい元子ども兵士がいた．第二に，家族やコミュニティから受入を拒否され，仕事も将来に対する希望もなく，社会統合ができない元子ども兵士もいる．特に兵士の「妻」や性的奴隷となった少女・女性の場合は深刻である．社会統合という点ではDDRプログラムの効果は限定的であった．その点では，元兵士たちが始めたバイク・タクシーとライダー達による労働組合の組織化は市場のニーズに合ったニッチ・ビジネスと自らのイニシアティブで社会統合を進めていく，元子ども兵士の潜在的な可能性を示唆しているといえよう．
　現在の国際社会がおこなっている子ども兵士問題に関する取り組みは，主に① 徴募の規制に関する規範の強化と実効性の確保，② 元子ども兵士の社会統合にむけた支援である．また，紛争で使用される小型武器の規制，キンバリー認証制度の導入などで武器購入資金となるダイヤモンドの取引に関する規制もすすめられてきた．子ども兵士の徴募に関する規制と処罰を強化することは重

要であるが，同時に子ども兵士を生み出す構造的な問題に取り組むことが必要である．子ども兵士の問題の構造的な原因は，さまざまなレベル（国際，国家，社会，家族，個人）で重層的に重なっており，容易に解決できる問題でない．それゆえ，国内外の諸アクターによる真摯なコミットメントが求められ，またグローバル化された国際社会に生きる私たち一人ひとりの行動が問われているといえよう．

注

1) ただし，武装組織のメンバーの子どもとして生まれ，兵士となったケースや，村が武装組織に支配され，武装組織の下で働くこととなった，いわゆる「グレーゾーン」に該当するケースもある．
2) 国連では「青年」を15歳から24歳と定義している．アフリカで年齢階梯制度をとる社会では，年齢的には，15歳から30歳，さらには40歳に及ぶケースもある［望月 2005: 225］．「青年」は，年齢的な問題だけでなく，社会的な地位や政治的プロセスにおいて「成人」と対等な権利や参加を認められていない状況を指している．
3) 英国植民植民地支配時代，シエラレオネは，フリータウンなどでは総督を頂点とする直接支配的な統治システムが成立したが，地方は5つの行政上の「県」(district) に分けられ，各県に派遣された県弁務官（District Commissioner）が伝統的指導者を介し，間接統治をおこなっていた．伝統的指導者は，① 他のチーフに従属しない「パラマント・チーフ」，② パラマウント・チーフに従属しつつその支配管轄領域のなかにある一地区のみを治める「サブ・チーフ」あるいは「セクション・チーフ」，③ 各村落の代表である「ヘッド・マン」に大別される．そして，各パラマウント・チーフが支配する領域を「チーフダム」という行政単位とし，県弁務官がまず各チーフダムのパラマウント・チーフを監督し，その監督下でパラマウント・チーフが「スピーカー」と呼ぶ側近やサブ・チーフを通して住民を支配した［落合 2007］．
4) 但し，RUFに参加していたリベリアやブルキナファソの傭兵は暴力的な行為や略奪などに関与していたと報告されている．
5) ストラッサー政権は1994年には英国のグルカ治安警備会社と契約を結んでいた．
6) DDRプログラム終了後も，国内には相当な数の武器が未回収であり，小型武器による犯罪が増加したこともあり，国連によるDDRプログラム終了後は，「コミュニティ武器回収・破壊プログラム」や「開発のための武器交換プログラム」(AFD: Arms for Development) が実施された．
7) 訴追を恐れた上官が18歳未満の子ども兵士を成人のDDRプログラムに参加させたケースや，子ども兵士の場合は成人と違い生活支援金がもらえないので，成人のプログラムに参加するケースもあったといわれている．
8) CCWとは，紛争の加害者が地域社会で必要とされる公共事業（学校建設，道路工事など）に参加することで，コミュニティのメンバー達との和解を試みるプログラムである

［杉木 2010: 87-89］．
9）バイク・ライダーの中には，無免許のライダーがいたり，運転が未熟で，交通知識や交通マナーが欠如したりしている者がいた．ライダーには元兵士が多いことから，住民はライダーを「無法者」とみなし，トラブル（料金や複数の客を乗せるなど）が発生すると，ライダー達の「兵士の過去」を持ち出し，ライダーを責める傾向がみられた．さらに警察官の中には理不尽な罰金や賄賂をライダー達に要求するものもいた［澤 2011］．

参考文献

石弘光［2005］『子どもたちのアフリカ』岩波書店．
落合雄彦［2007］「分枝国家シエラレオネにおける地方行政——植民地期の史的展開——」『アフリカ研究』（日本アフリカ学会）71．
─────［2008］「シエラレオネにおける地方自治制度改革とチーフ」，武内進一編『戦争と平和の間』アジア経済研究所．
澤良世［2011］「社会統合とバイク・タクシー」，落合雄彦編『アフリカの紛争解決と平和構築——シエラレオネの経験——』昭和堂．
杉木明子［2010］「内戦後における『元子ども兵士』の社会統合——シエラレオネの現状と課題——」『スワヒリ＆アフリカ研究』（大阪大学），21．
─────［2014］「グローバル化時代における紛争と小型武器拡散問題」，池尾靖志編『第2版 平和学をつくる』晃洋書房．
望月克哉［2005］「アフリカにおける住民紛争と『青年』問題——ナイジェリアの事例を中心に——」，篠田英朗・上杉勇司編『紛争と人間の安全保障』国際書院．
Christensen, M. M. and M. Utas [2008] "Mercenaries of Democracy: The 'Politricks' of Remobilized Combatants in the 2007 General Elections, Sierra Leone," *African Affairs*, 107(429).
Denov, M. [2010] *Child Soldiers: Sierra Leone's Revolutionary United Front*, Cambridge: Cambridge University.
Drumbl, M. A. [2012] *Reimaging Child Soldiers in International Law and Policy*, Oxford: Oxford University Press.
Fithen, C. and P. Richards [2005], "Making War, Creating Peace: Militia Solidarities and Demobilisation in Sierra Leone," in P. Richards ed., *No Peace, No War*, Oxford: James Currey.
Honwana, A. [2006] *Child Soldiers in Africa*, Philadelphia: University of Pennsylvania Press.
Humphreys, M. and J. Weinstein [2004] "What the Fighters Say: A Survey of Ex-Combatants in Sierra Leone," *CGSD Working Paper*, 20.
─────[2009] "Demobilization and Reintegration in Sierra Leone: Assessing Progress," in R. Muggah ed., *Security and Post-Conflict Reconstruction: Dealing with Fighters in the Aftermath of War*, London: Routledge.

International Crisis Group [2003] "Sierra Leone: The State of Security and Governance," 2 September.
Keen, D. [2005] *Conflict and Collusion in Sierra Leone*, NY: Palgrave, 2005.
Muynh, K. [2005] "Child Soldiers: Causes, Solutions and Cultures," in K. Muynh, B. D' Costa and K. Lee-Koo, *Children and Global Conflict*, Cambridge: Cambridge University Press.
Office of the UN Resident Coordinator in Sierra Leone [2007] "The Republic of Sierra Leone: United Nations Common Country Assessment in preparation for the United Nations Development Assistance Framework 2008-2010," January.
Peters, K. [2011] *War and Crisis of Youth in Sierra Leone*, Cambridge: Cambridge University Press.
Peters K. and P. Richards [1998] "Why We Fight: Voices of Under-age Youth Combatants in Sierra Leone," *Africa*, 68 (2).
Richards, P. [2002] "Militia Conscription in Sierra Leone: Recruitment of Young Fighters in an African War," in L. Mjoset and S. van Holde eds., *The Comparative Study of Conscription in the Armed Forces*, 20.
Shepler, S. [2014] *Childhood Deployed: Remaking Child Soldiers in Sierra Leone*, New York: New York University Press.
United Nations [2015] Children and Armed Conflict, Report of the Secretary-General, A/69/926-S/2015/409, 5 June 2015.
United Nations Mission in Sierra Leone [2005] "Fact Sheet 1: Disarmament, Demobilization and Reintegration," UNAMSIL End of Mission Press Kit, Pace and Security Section of the United Nations Department of Public Information, DPI/2412B, December 2005.
UNDP [2015] Human Development Report, Sierra Leone, Human Development Indicators (http://hdr.undp.org/en/countries/profiles/SLE, 2015年7月6日閲覧).
UNICEF [2007] "Press Release : Global Conference to End the Recruitment of Children by Armed Groups and Forces in Paris" (http://www.unisef.org/media/media_38218.html, 2015年5月20日閲覧).
Urgal, H. [2004] "The Devil in the Demographics: The Effect of Youth Bulges on Domestic Armed Conflict, 1950-2000," Social Development Papers, *Conflict Prevention and Reconstruction*, 14, July 2004.
Wessells, M. [2006] *Child Soldiers: From Violence to Protection*, Massachusetts: Harvard University Press.
Withers, L. [2012] "Release and Reintegration of Child Soldiers: One Part of A Bigger Puzzle," in I. Derluyn et al. eds., *Re-Member: Rehabilitation, Reintegration and Reconciliation of War-Affected Children*, Cambridge: Intersentia.

第 6 章　紛争の「加害者」としての子ども

┌─ 読んでほしい本・観てほしい映画 ─────────────

① P. W. シンガー『子ども兵の戦争』（小林由香利訳），NHK出版，2006年.
　世界の子ども兵士の現状やその背景を理解するための必読書．国際社会が取り組むべき課題も提示されている．
② 石弘之『子どもたちのアフリカ』岩波書店，2005年.
　アフリカにおける子ども兵士や子ども達が直面しているさまざまな問題を知るのに役立つ．
③ イシメール・ベア『戦場から生きのびて』（忠平美幸訳），河出書房新社，2008年.
　シエラレオネ内戦時に子ども兵士になった筆者の体験記．当時の子ども兵士の状況を理解するのに役立つであろう．
④ 映画「ブラッド・ダイヤモンド」エドワード・ズウィック監督，2006年，アメリカ．
　シエラレオネ内戦と関連する子ども兵士，紛争ダイヤモンド，小型武器，民間軍事会社などの問題をテーマとした映画．主演はレオナルド・ディカプリオ．
⑤ 映画「ジョニー・マッド・ドック」ジャン＝ステファーヌ・ソヴェー監督，2007年，フランス／ベルギー／リベリア．
　リベリア内戦時に残虐な行為に関与した子ども兵士達の様子を生々しく再現した映画．目をそらしたくなる場面もあるが，オーディションで選ばれた元子ども兵士や元武装組織の司令官も出演しており，論議をよんだ．

（杉木明子）

Column 4

カラシニコフ

　世界のさまざまな紛争地域で使用されている武器が小型武器であるが，その中でもカラシニコフ（AK-47）は，内戦やクーデターが発生する度に使用されている最も世界で有名な小型武器である．多くの人びとがAK-47の銃弾で命を失ったり，負傷しているため，しばしば「小さな大量破壊兵器」ともよばれている．

　AK-47は旧ソ連軍の設計技師ミハイル・カラシニコフによって1947年に開発された．重さは約4.7キロ，可動部品は9つで，非常にシンプルに設計されており，故障が少なく，手入れも簡単で，殺傷能力も高い．そのため，10歳未満の子どもでも，約2-3時間の訓練でAK-47の解体，組み立て，発射が出来るようになるといわれている．

　冷戦時代，AK-47は約180カ国に輸出され，ソ連とライセンス契約を結んだ東側諸国でもAK-47が製造・販売された．さらに1990年代以降，AK-47や他の小型武器の合法，非合法的な製造は増え，グローバルな武器流通ネットワークのもとで小型武器は大量に拡散している．国連商品貿易統計ベース（UN Comtrade）で把握されているだけでも，2001年から2011年の10年間で小型武器関連の貿易総額は95％増加した．世界各地で安価なAK-47やAK-47の模造品が氾濫し，従来に比べてより容易にAK-47が入手できることになったため，銃による犯罪や強盗が増加し，治安が悪化した地域がある．北東部ウガンダのカラモジャ地域はその一例で，AK-47の拡散は，犯罪や強盗を増加させ，さらに銃の需要を高めることとなり，治安の悪化，地域住民の対立を激化させている．

　カラシニコフがAK-47を製造したきっかけは，祖国の防衛のためであった．しかし，現在AK-47は祖国の防衛に使用されるよりも，自国の民間人の生命を脅かし，犯罪を促進し，紛争状態における暴力を助長するために使用されていることが多い．このような状況に対して，AK-47を含む小型武器の拡散問題に対する取り組みが1990年代以降活性化してきた．小型武器問題に積極的な国やNGOを中心に，非合法な製造と移転，過剰な蓄積，武器取引の透明性の確保などの取り組みが，国連，地域，国家レベルで進められてきた．2013年4月に国連総会で武器貿易条約（ATT）が採択され，翌年12月に発効した．日本もATTを2013年6月に署名し，翌年5月に批准した．しかしながら，現在も多くの人びとがAK-47やその他の小型武器の犠牲になっている．そのため，小型武器の取引をさらに規制し，監視しつつ，違法な取引の処罰を強化するとともに，小型武器の需要要因となる根源的な問題にも対処することが必要である．

（杉木明子）

第7章　戦争後の子ども
──終わらない戦争・見えない脅威──

　　　「走って逃げたの．道の真ん中にロケットが落ちて……見たらお父さんが血を流していたの．お父さん，それなのに私たちを助けようとして……．そしたら，また後ろから弾があたって前に突き抜けた．お母さんが助けようとしたけれど……．その時，お父さんが言ったの『私はもう死んでしまうだろうから，もういいから，私を置いて逃げなさい』って．それで山に逃げたの[1]」．

　　　クリスマスをお祝いしたくありません．父が戦闘の只中にあるかもしれないのに，私たちはどうして楽しくしていられるでしょう．私が笑ったり，歌ったりしているその瞬間に，お父さんは，撃たれているかもしれないし，爆撃されているかもしれない．傷つき，怯えているかもしれない[2]．

はじめに

　殺戮，破壊がおこなわれた戦争が終わると，人びとはほっとして「平和になった」と言う．しかし，見えない「戦場」は簡単には人びとから去っていかない．1989年に国連において全会一致で採択された「子どもの権利条約」では，子どもは特別な保護と援助を受ける権利を有し，武力紛争において子どもを保護する義務を締約国に課している．現実には，子どもたちは，戦争で心身の健康が脅かされ，成長はおろか生存さえも危ぶまれるという深刻な影響を受ける［市川 59-81］．近年の戦争では，武力行使する当事者は多様化し，戦闘員と民間人の区別はされないばかりか，学校や病院への攻撃が増えている．子どもたちは，殺傷，四肢切断，性的暴力の対象とされ，自爆攻撃を強いられる子どもも増加している．残虐な殺害，組織的強姦，農作物の破壊，井戸の汚染などの暴力行為が，子どもたちの住んでいるその場所でおこなわれる．国連の推計によれば，

2018年には世界の子どものほぼ5人に1人にあたる4億2000万人の子どもが紛争地に住んでいる．さらに多くの子どもが，栄養失調や病気の脅威にさらされている．世界の難民・国内避難民（2017年時点で6850万人）の半分以上が子どもである．そのうち保護者を伴わない子どもは，17万3800人に及ぶ．

　戦争は建物や道路，水道やガスなどの生活・社会活動に必要な社会基盤を壊してしまう．それは子どもたちが成長するのに必要な物理的・社会的条件，人間関係をも脅かす．清潔な水，下水道などの衛生設備，病院が機能していなければ子どもたちの命にかかわる．特に幼い子どもは細菌や病気に対する抵抗力が弱い．長引く戦争は，食料や医薬品の不足をまねく．さらには医者や技術者の流失にもつながり，社会機能をより一層低下させる．親が十分な収入を得ることが困難になれば，それは直ちに彼らの子どもたちが厳しい状況に置かれることを意味する．学校が破壊されていると，子どもたちは社会で生きていくために必要な能力や知識を身につけることは困難である．それは，将来にわたる子どもの可能性を限定してしまう．

　戦争で親や保護者が死傷してしまった場合，その子どもを取り巻く環境は大きく変わる．親の不在や死別は，子どもにとっては成長のためのモデルを失うことでもある．大人のいない子どもだけの世帯は，最も脆弱だ．知識や能力不足のために自活していくことが困難となり，食べるために売春せざるを得なくなったり，軍や武装組織，犯罪組織に加わったりすることにもなる．

　子どもは精神的にも発達途上にあることから，暴力，殺人などの残虐行為や悲惨な情景を目撃したり，身の危険を体験したりすることは，大きな負荷となる．家族や慣れ親しんだ環境，大好きなおもちゃなどを失った子どもには，不安，睡眠障害，悪夢，食欲減退，遊びに無関心，発達障害，成長の遅れなどの症状が現れる．行動が暴力的になったり，うつ状態になったりすることもある．さらには，発語障害など重大な変化となって現れることもある．1992年から95年のボスニア戦争では，64％の子どもに精神身体的影響があったという．ボスニアのある児童施設では1992年から94年の間に1万4995人の子どもを治療した．彼らには，言語・行動異常，ノイローゼ，無気力，不安，学習困難，感情障害といった症状が見られた［Keškić 2004: 113］．

　暴力が日常となっている社会で成長した子どもは，乱暴で反社会的な行動をとる傾向があることも指摘されている．幼い時の経験であっても，その影響は成長してから現れる．クロアチアの就学前児童を戦争中の激しい残虐行為がお

こなわれた前後で比較しても，攻撃性に変化は見られなかった．ところが，10年後，就学前に激しい戦争トラウマにさらされた子どもは，そのようなトラウマにさらされなかった子どもに比べて高い攻撃的な態度を示した．

とりわけ両親や家族に対する侮辱や暴力を目撃することは，子どもの心に深い傷を負わせる．子どもにとって，家族は安全と保護を象徴しているからである．信頼していた人の無力さを目撃した子どもは，恥，幻滅，無力さといった感情を引き起こす．家族への拘束や殺害などの激しい暴力を目撃した子どもは，自身が暴力の対象となった子どもよりも，より高い睡眠障害を示したという研究もある．

子どもは戦争を始めない．しかし，子どもは成長期にあり，大人の保護を必要とするという特性から戦争によって大きな影響を被る．戦争の直接の被害者となるだけでなく，戦争時の傷が戦後も残り続ける（心身の後遺症）．戦争が終わってからも新たな脅威にさらされる（残留兵器による被害）．しかも，戦争を全く経験しなかった子どもたちにも世代を超えて傷が伝えられる（トラウマを負った家族による虐待，傷ついた遺伝子による疾病・障害）．

この章では，戦後も続く戦争の見えない脅威について，戦場であった場所に住む子どもと，親が戦争に派遣された子どもに焦点を当てる．遠くはなれた両者は戦場での暴力による共通の被害に苛まれる．

1　残留兵器による被害

戦場であった場所に暮らす子どもたちにとって最も直接的な脅威となっているのが，地雷・不発弾，化学・放射能兵器など残留兵器による汚染である．戦後何十年もその脅威は残り，人びとを苦しめ続ける．

(1) 地雷・不発弾

地雷・不発弾は，日常生活に潜んでいる「見えない」脅威だ．地雷・不発弾は確かに存在しているのだが，場所が特定できないために，住民はある日突然「戦場」に引き戻される．

地雷・不発弾の被害者の実に4人に3人は，戦争が終わってからその被害に遭っている．対人地雷はひとつ300円程度から製造可能な安価な武器であるため，広く使用されてきた．これまでに世界各地に敷設された地雷の数は1億個

に達すると推定される．クラスター爆弾は，目標地点の上空で多数の子爆弾を散布し，広範囲にわたり被害をもたらす兵器だ．1発の爆弾に搭載される子爆弾が2000発に及ぶものもある．そのうち少なくとも10％程度が不発弾として残留する．1991年の湾岸戦争では，5000万発のクラスター爆弾がイラクで使用された．不発率が40％にもなる種類もあり，およそ400万個の対人地雷が敷設されているのと同様の状態になった［Aktionsbuendnis lanmine. de 2005: 10］．これまでに世界中で約3億6000万個の子爆弾が使用され，不発弾3000万個が23カ国に残っていると推定される（図7-1）．

　子爆弾の直径は5-10センチ程度のものが多い．ボールや缶の形のものや，鮮やかな色彩のものもある．いずれも子どもの好奇心をかき立てる．このため，子どもたちに被害が少なくない．不発弾が残留する地域に住む子どもたちにとって，家畜の放牧，水汲み，通学，ボール遊びなどの日常の活動が命がけのものとなる．

　地雷・不発弾の被害の多くは，農作業や水汲みなど生活をするために必要な活動をしている時に発生している．親や保護者が死傷したり障害を負ったりすると，家庭が困窮して子どもも影響を受ける．2017年には，地雷・不発弾による被害者は7239名（内，民間人は87％）で，このうち子どもはすくなくとも2452人（84％が男子）で，773人が死亡した．敷設された地雷の除去，地雷回避教育などの国際的な取り組みが効果をあげ，被害者数は減少していた（2013年3308人）が，2015年以降，増加している［International Campaign to Ban Landmines 2018: 49-52］．

　最も多く被害に遭っている年代は5-14歳の子どもたちである．男の子は，牧畜や燃料・ゴミ集めなど外で活動することが多いため，子どもの被害者のうち80％以上を占める．子どもの被害で特徴的なのは，彼らが遊んでいるときに爆発させてしまうというものだ．子どもは経験に乏しく危険かどうかの状況判断力は未熟である一方で，強い好奇心をもち合わせている．おもちゃと間違えて，触って爆発させてしまう場合もある．大人は危険を知らせる標識を読むことができるが，背の低い子どもは標識を発見しにくいし，字が読めないかもしれない．貧しい子どもたちはゴミ拾いを仕事にしていることも多く，危険物に触れやすい．命が助かっても，四肢切断，火傷，刺し傷，鼓膜破裂，失明などさまざまな傷を負う．重傷を負った子どもたちのほとんどは，その後，学校に戻ることはない．障害に応じた教育や義肢などの医療具は，紛争が続いた社会

では供給は特に少なく，費用もかさむ．学校教育を受けられないことは，子どもたちが社会で自立することをさらに困難なものとする．

　アフガニスタン北部ヘラートに住む少年ソライ・グーラム・ハビブは，10歳の時にクラスター爆弾で瀕死の重傷を負った．彼はいとこたちとピクニックに出かけた公園で，黄色の缶を見つけた．それを拾い上げ，開けようとした時爆発した．缶の色は米国が飛行機から投下した緊急食料包みと同じ黄色だったが，彼が手にしたのは，米軍がタリバン掃討作戦で使用したクラスター爆弾の子爆弾だった．ハビブには「危険な兵器なのに，とても面白そうに見えた」．彼は，両足を失い重い障害が残った．

　子どもは身体が小さく，地面に近いところにいるため爆発すると大人より重大な傷となる．目覚しい回復力をもちあわせているのも子どもであるが，成長期特有の困難さも伴う．切断された四肢が成長して縫合部分が痛み，手術を繰り返さなければならないこともある．義手・義足を使えば生活の質が改善されるが，子どもの場合成長が早く，頻繁に義肢を作り直す必要がある．大人であれば再調整はおよそ5年毎でよいが，小さな子どもの場合には半年-1年毎に新しい義肢が必要だ．再調整は，苦痛を伴うものであるだけでなく，経済的な負担ともなる．杖や車いすも成長に合わせて変えなければならない．

　放置された地雷・不発弾は時間の経過とともに植物の茂みなどによってますます「見えなく」なる．また経年劣化が進むと小さな衝撃でも爆発してしまう．1960-70年代のインドシナ戦争時に投下された爆弾が，30年以上もの間，ラオス，カンボジア，ベトナムなどの広範な地域でそこに住む人びとの脅威となりつづけている．2008年1月にラオスで子どもが食用のカニを探していたとき，不発弾を爆破させてしまう事故があたった．4人が死亡，5人が重傷を負った．ラオスでは，戦争が終結した1973年以降に少なくとも1万1000人が不発弾によって死傷している．

　戦火から逃れていた住民が戦争終結後，元の居住地に帰還して不発弾の被害に遭う危険もある．コソボ自治州のクラチェコブ村では帰還したばかりの子どもが負傷した．10歳のアルティンは膝から下の両足を失った．「牛の世話をしながら遊んでいたら，ものすごい音がして，後のことは覚えていない」．一緒に遊んでいた従兄弟で13歳のアデムは右目と両足を失った．「庭に何かおちていたから，別の場所に移動しようとしたんだ．そしたら爆発した」．「夜になると足の指が痛む，痒いときもある．夢の中でも痛くなって，目を覚まして触っ

132　第Ⅱ部　戦　争

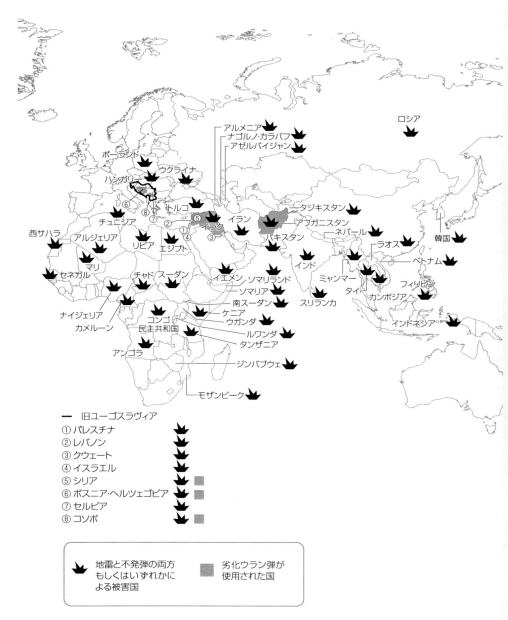

図7-1　地雷・不発弾被害国および

第7章　戦争後の子ども　　133

（出所）地雷・不発弾については，2017年に被害が記録された国．International Campaign to Ban Landmines, *Landmine Monitor 2018*, p.54 (http://www.the-monitor.org/media/2918780/Landmine-Mouitor-2018-final.pdf) を参照．紛争地では被害を調査することができない場合も多いため，実際の被害は，ここに記された国にとどまらない．
　　劣化ウラン弾については，1991年から2003年および2015年に使用された国．International Coalition to Ban Uranium Weaponsのホームページ，NO DUヒロシマ・プロジェクト／ICBUW編『ウラン兵器なき世界をめざして』（合同出版，2008年）を参照．

劣化ウラン弾が使用された国

てみるけど何もないんだ．足がないんだ」[山本 2006: 193].

　被害は身体的な傷に留まらない．障害者に対する差別のある社会では，被害にあった子どもは社会的に弱い立場に追いやられてしまう．南レバノンの12歳の少女ザーラ・フセイン・ソウファンは，クラスター爆弾で手の親指だけでなく，子ども同士の友人関係も失った．「私はもう遊ばないし，外にも出かけない．以前は友だちと仲が良かったけれど，今は遊べない．友だちは指のことで私をからかう」．彼女の望みは，親指が元通りになることだ[3]．アフガニスタンのハビブも同様の経験をした．「友だちと遊ぼうと外に出かけたけれど，彼らは私と遊ぼうとはしなかった．車椅子に乗っているぼくは何もできないと言われた」．「誰もぼくと遊ぼうとしなかったことが特に辛かった．クラスター爆弾は私たちを社会から疎外した」．重い障害を負うと，しばしば働くことも結婚し子どもをもつことも困難になる．

　対人地雷は無差別に民間人を殺傷し，戦後も長期にわたり脅威として残り，戦後の復興を妨げる．非人道的兵器として対人地雷は，その使用，生産，取得，貯蔵，保有および移譲が対人地雷禁止条約（1999年に発効2014年現在，批准162カ国）によって禁止されるに至った．日本は1997年に批准し，2003年には訓練用の地雷を除くすべての対人地雷100万個の廃棄を終了した．

　一方，クラスター爆弾も無差別に一般の人びとの脅威であるとして，地雷と同様に使用，製造，保有，移譲などをほぼ全面的に禁止し，被害者支援も盛り込まれたクラスター爆弾禁止条約案が，2008年5月ダブリンで開催された国際会議で採択された．同年のオスロでの署名会議を経て30カ国が批准し，2010年8月に条約は発効した．日本は2009年に批准し，2015年2月に自衛隊が保有していた約1万4000のクラスター爆弾全ての廃棄を終えた．

(2) 化学・放射能兵器

　地雷・不発弾の脅威は，爆発して被害を引き起こす．これに対して，もっと「見えないかたち」で生活の場に潜んでいるのが化学・放射能兵器による土壌・水・空気の汚染だ．これらの物質による被害はその因果関係も明確には「見えない」．爆発もしないし，音もにおいもしない．聞くことも，見ることも触れることもできない．脅威にさらされていても，そのことを認識するのは困難だ．あたかも存在しないかのようだが，これらも戦争が残した「日常生活に潜む脅威」であることに相違ない．

第7章　戦争後の子ども

　ベトナム戦争時の1961年から71年にわたって米軍は，見通しのきかないジャングルを平野にするため，8000万リットルという大量の枯葉剤を使用した．枯葉剤には猛毒のダイオキシンが含まれており，南ベトナムの広い地域が汚染された．枯葉剤が散布された地域では多くの人が皮膚病やガンを発病するようになった．ダイオキシンはそれを体内に取り込んでしまった人の遺伝子も傷つける．

　生まれる前に毒にさらされた胎児は，生きて生まれてくることもできない．ホーチミン市のトゥーズー病院には，ホルマリン液に浸けられた無脳症児，結合性双生児，四肢欠損児などの胎児が何体も保存されている．生まれながらに心身に障害・病気を負っている子どもも少なくない．1981年に生まれた結合性双生児のベトとドクは，日本でも治療を受けよく知られるようになった．同病院での奇形胎児の出生率は2002年でも１％を超える．これは欧米と比較すると約10倍の高い発生率である［北村 2005: 315］．ベトナムでは現在までに，枯れ葉剤の被害によって何らかの健康被害を被っている人は200-400万人にも及ぶとされる．[4]

　同じように先天的な障害をもって生まれる子どもは，枯れ葉剤を散布した地域に派遣されていた米軍兵士の子どもにもみられる．ベトナム帰還兵を父親とする胎児は，通常の15倍の確率で流産や死産，奇形児として生まれているという．

　ダイオキシンの毒は，敵味方の区別なく人びとの健康を蝕む．米国でその有毒性が認識されるようになるまでに，20年以上の年月がかかった．一人ひとりの病気や障害と枯葉剤との因果関係は「科学的には証明し得ない」からだ．現在，同様に因果関係が証明されていないために「安全」であるとされているのが，劣化ウラン弾だ．

　劣化ウラン弾は，原子炉や核兵器製造のために天然ウランを濃縮した後に残る核廃棄物（＝劣化ウラン）を原料としている．劣化ウランは，天然ウランの60％の放射線を発する放射性物質で，半減期が45億年の放射性の毒性をもつだけでなく，重金属としての化学的毒性も強い．比重が鉛の1.7倍，鉄の2.5倍と大きいため，劣化ウランを用いた砲弾は貫通力が極めて高く，射程距離も長い．命中精度も高まった．戦車の分厚い装甲を貫通することのできる画期的な兵器として登場した．廃棄物を原料としているため安価に製造できる．

　劣化ウランは，鋼鉄に衝突して燃焼した際に超微粒子となって大気中に拡散

する．さらに土壌・水に入り込む．劣化ウラン弾による攻撃を受けた戦車や建物は，戦争が終わっても放射線を放出し続ける．劣化ウラン弾のこのような性質から，「空間的にも時間的にも限定できない，無差別的被害を及ぼす非人道的兵器」[NO DUヒロシマ・プロジェクト／ICBUW編 2008: 7; 篠田 2002] とも称される．国連人権小委員会は，1996年に劣化ウラン兵器を他の無差別兵器とともに，国際人道法上使用することが違法な無差別兵器として使用を禁止すべきだとの決議を採択している．欧州議会も2003年に劣化ウランの使用を凍結するよう求めているが，現在は規制されていない．

劣化ウラン弾が実戦に登場したのは1991年の湾岸戦争が初めてで，米英軍によって300トン以上が使用された．その後，旧ユーゴのボスニア攻撃（1995年）で2.75トン，コソボ攻撃（1999年）で8.5トン，アフガニスタン攻撃（2001年）で500-1000トン，イラク戦争（2003年）では，1000-2000トンが使用された．2015年11月には，米軍がシリアで1500kgの劣化ウラン弾を使用した．

旧ユーゴのサラエボ近郊にあるハジッチ村にあった車両修理工場を攻撃した際，NATO軍は劣化ウラン弾を使用した．内戦終結後の1995年にこの村のセルビア人はユーゴ国境に近い町ブラトナツに移住させられた．ハジッチ村出身の4500-5000名を対象とした調査によると，1996-2000年の間の死亡率はブラトナツの他の住民と比較すると4倍高く，死亡原因としてガンの割合が高かった[Report of the Secretary-General 2008: 7; 劣化ウラン研究会 2003: 65]．2008年に国連総会に提出された報告書によると，ボスニアはボスニア紛争中に米軍が劣化ウラン弾を使用した地域の住民を対象に，他地域の住民との比較調査をおこなった結果，死亡率が4倍高かったとしている．サラエボでは子どもの白血病罹患率が5倍になった．

放射能の与える身体へのダメージは，年齢が低いほど大きい．子どもは成人に比べてより頻繁に細胞分裂を繰り返す．放射線によって損傷を受けた遺伝子がそれだけ早く増殖するからである．1990-91年の湾岸戦争後，イラクでは白血病など小児癌の顕著な増加が確認されている．流産や死産，奇形胎児も増加しており，イラク南部のバスラ母子病院では，出産50例当たり1例に何らかの先天的奇形が生じている．

劣化ウラン弾が使用された湾岸戦争や旧ユーゴ戦争に派遣された英国軍，米軍，イタリア軍兵士たちにも，健康障害が多く見られる．彼らが帰還後にもうけた子どもたちに，手足の未発達などの先天的障害のある場合が少なくない [佐

藤 2006]．米国ミシシッピー州の調査によると，251名の帰還兵が帰還後もうけた子どもの67％に重度の疾患，先天性の障害がみられた［劣化ウラン研究会 2003: 28］．

米国も日本政府も，劣化ウラン弾がまきちらす放射能を帯びた微細なチリと疾患や障害との因果関係はないという見解を示している．

2　家庭にもち込まれる「戦場」

戦場だった場所に住む子どもたちの生活が，戦後も潜在する地雷・不発弾によって直接害を被るのに対して，戦場とは遠くはなれた「平和」な町に住む子どもたちの生活はもっと「見えない」かたちで壊される．

「子どもの権利条約」にも謳われているように，家族と引き離されないことは，子どもにとってはきわめて重要である．それにもかかわらず，3万人以上のシングル・マザーが「対テロ戦争」に派遣された．両親が軍人で共に派遣されてしまった子どもたちもあった．自分を守り育ててくれる親がいなくなることの不安は大きい．まして戦場は，命の危険のあるところだ．子どもたちは親が死んでしまうのではないかと心配になる．学齢に達しないような幼い子どもは，親が家からいなくなることについて，自分のせいだと感じてしまう．

配偶者（主に夫）が戦闘地域に派遣されていることによるストレスは大きく，配偶者が家にいる時と比較して，残された妻による子どもの虐待は3倍に増加する．最もよく見られる虐待は育児放棄（ネグレクト）だ．夫の派遣期間中，妻によるネグレクトの割合は4倍，身体的虐待の割合は2倍に増加した．

親が「無事に」帰還しても，安心できない．兵士が戦場で受けた心の傷は，家族にも戦場の疑似体験をさせることになる．3-4歳の子どもが，飛行機やヘリコプターが飛んでいると，親のするようにベッドの下に隠れたり，戦争の悪夢にうなされたり，死傷することを恐れる（二次的トラウマ化）．捕虜や非戦闘員，特に子どもに対する暴力の行使はその暴力の加害者である兵士も傷つける．激しい自己嫌悪に陥り，信頼や肯定的な関係をもつ能力に障害が生じる．心的外傷後ストレス障害PTSDの症状がある帰還兵は，離婚，夫婦間の対立，家庭内暴力など複数の問題を抱えがちであることが指摘されている［Figley ed. 1978］．子どもは，親が幸福でないのは自分が悪いからだと，自分を責めたり，親からの低い評価を内面化させたりしてしまう．

PTSDの症状のある人は，家族や親しい人を信用できず，イライラして，コミュニケーションを取ることが困難になる．強い不安を感じ，鬱になりがちだ．薬物使用やアルコール依存を伴うことが多く，生活をさらに困難なものとする．子どもは肉体的・精神的に虐待される場合も少なくない．子どもが直接暴力の対象とならなくても，親への暴力——多くの場合，母親に対する暴力——を目撃することは，子どもに直接暴力を振るう以上の精神的なダメージを与えうる．親がベトナム戦争でおこなった虐待と，15年から20年後の子どもの行動障害には明確な直接的な関連が認められるとする研究もある．ベトナム帰還兵の子どもを対象とした調査によると，PTSDのある父親をもつ子どもは，攻撃的，活動過多，非行といった行動に現れるような自己統制の不十分さを示す傾向が強い．彼らは，友人関係を構築したり，維持したりすることが難しい［Ruscio, Weathers, King and King 2002: 355］．

　現在の「対テロ戦争」においては，敵は誰か，どこが「戦場」なのかは明確ではない．イラクやアフガニスタンでは，多国籍軍兵士が市街地のパトロール中に攻撃されることは日常茶飯事である．「武装勢力」の捜索では民間人の家々に押し入ることを強いられる．米軍では，民間人への攻撃を禁じた国際人道法を遵守するよう兵士に繰り返し教育するのみならず，交戦規定の携帯を義務付けている．つまり，常に誰が「武装勢力」なのか，誰を攻撃してはいけないのかを，それぞれの兵士が自分で判断することが求められている．兵士は，自らが命を失うかも知れない状況の中で精神的により強い圧力の下に置かれている．誤って非戦闘員や子どもを殺傷した場合には，自分に責任があると感じる．イラク，アフガニスタンに派遣された米兵およそ200万人のうちPTSDの症状に苦しむ人が30万人に達している[5]．

　親に必ずしもPTSDの症状がなくとも，無感情状態にある場合には，特に対人関係に問題があると考えられる．無関心，無感情といった症状は，子どもとかかわる意力も，交わりを楽しむ能力も低下させ，子どもとの関係性の質が下がる．アフガニスタン，イランに派遣されていた米兵のおよそ30％に相当する1万人は女性で，3人に1人は子どもをもつ母親である．彼女たちのなかには，派遣期間中，心に傷を負い，帰還後は自分の子どもを愛せなくなった人たちもある［高倉 2010］．

おわりに

　戦争が終わっても子どもたちは，さまざまな見えない脅威にさらされ続ける．戦場であった場所に住む子どもたちと，親が兵士として戦争に派遣された子どもたちは，大きく異なる環境にあり，「戦場」の経験の仕方も異なるが，その苦しみには共通するところがある．

　どちらの子どもも，戦争で親や保護者を失うことで，精神的・経済的なダメージを負う．地雷・不発弾，化学・放射能兵器などの残留兵器に直接脅かされる子どもたちは，「戦場」が潜んでいるところで生きていかねばならない．親が兵士であった子どもたちは親によって「戦場」が持ち込まれた家庭で暮らさなければならない．戦場で恐ろしい光景を目撃した子どもたちは，成長しても自分の感情を上手く制御することができず苦しむ．親にPSTDの症状がある子どもたちにも，同じような症状が現れている．化学・放射性兵器による毒性は敵味方の区別なく人びとの体内に取り込まれる．傷ついた遺伝子は体内にとどまり，次の世代に受け渡される．成長して大人になった時，さらに自分の子どもにその傷を受け渡すことにもなる．

　子どもは成長過程にあり，身体的に脆弱で，感受性が高く精神的にも外部からの影響を受けやすいことから，戦後も大きな負担を強いられる．その一方で，子どもは，治癒力，環境への適応力は潜在的に大きな可能性も秘めている．カウンセリングやグループ・セラピーなどの心の傷に対する支援の効果は，大人よりも目覚しいという指摘もある．

　アフガニスタンで10歳の時にクラスター爆弾で瀕死の重傷を負ったハビブは，運び込まれた病院の医師が父親に安楽死を勧めるほどだったが，幾度もの手術を経て4カ月後に退院することができた．彼は17歳になった時，ダブリンで開催されたクラスター爆弾禁止検討会議で，当事者として世界に向けて発言した．

　ベトナムで結合双生児として生まれたドクは，8歳の時に分離手術を受けた．兄のベトは19年間寝たきりとなり27歳で亡くなったが，ドクは，知識・技術を身につけ，現在では障害をもった子どもたちの機能回復を目指す施設「平和村」の職員として働いている．2009年には，双子の父親となった．東日本大震災後には，被災地も訪問している［野島編 2014］．

注

1）プリシュティナに住む8歳のミハーネが戦後参加したグループ・セラピーで語った言葉［山本 2006: 186］．
2）父親が米軍兵士としてアフガニスタンに派兵された17歳のエリカの言葉［Ellis 2008: 59］．
3）Cluster Bomb Victims: Real-life stories, Press Release: Cluster Munitions Coalition, 22 February 2008, Scoop Independent News（http://www.scoop.co.nz/stories/PO0802/S00280.htm，2008年10月2日閲覧）．
4）米国コロンビア大学の科学者チームがおこなった研究報告書による［北村 2005: 3172］．
5）イラクで米軍兵士が負った心の傷については，Finkel［2013］も参照．

参考文献

市川ひろみ［2014］「冷戦後の戦争と子どもの犠牲」『京女法学』（京都女子大学），6．
嘉指信雄・振津かつみ・佐藤真紀・小出裕章・豊田直巳［2013］『劣化ウラン弾——軍事利用される放射性廃棄物——』岩波書店．
北村元［2005］『アメリカの化学戦争犯罪』梨の木舎．
篠田英明［2002］「武力紛争における劣化ウラン兵器の使用」『IPSHU研究報告』（広島大学平和科学研究センター），29．
高倉基也［2010］『母親は兵士になった——アメリカ社会の闇——』日本放送出版協会．
NO DUヒロシマ・プロジェクト／ICBUW編［2008］『ウラン兵器なき世界をめざして——ICBUWの挑戦——』合同出版．
野島和男編［2014］『ドクちゃんは父になった——ベトちゃんドクちゃん分離手術を支えた人たち——』高文研．
山本美香［2006］『ぼくの村は戦場だった．』マガジンハウス．
劣化ウラン研究会［2003］『放射能兵器劣化ウラン』技術と人間．
Aktionsbuendnis lanmine.de［2005］*Im Brennpunkt Streubomben und Strerumunition Die Toedliche Gefahr*（http://www.landmine.de/fileadmin/user_upload/pdf/Publi/brennpunkt.pdf, 2015年7月30日閲覧）．
Ellis, D.［2008］*Off to War: Voices of Soldiers' Children*, Toront; Berkeley: Groundwood Books.
Figley, C. R. ed.［1978］*Stress Disorders among Vietnam Veterans : Theory, Research, and Treatment*, New York : Brunner/Mazel（辰沼利彦監訳『ベトナム戦争神経症——復員米兵のストレスの研究——』岩崎学術出版，1984年）．
Finkel, D.［2013］*Thank You for Your Service*, New York : Sarah Crichton Books（古屋美登里訳『帰還兵はなぜ自殺するのか』亜紀書房，2015年）．
International Campaign to Ban Landmines［2014］*Landmine Monitor 2014*, International Campaign to Ban Landmines – Cluster Munition Coalition.
Keškić, M.［2004］"Kriegstraumatisierte Kinder in Bosnien und Kroatien," in C. Büttner,

R. Mehl, P. Schlaffer and M. Nauck hrg., *Kinder aus Kriegs- und Krisengebieten, Frankfurt*; New York: Campus Verlag.

Machel, G. [2002] *The Impact of War on Children*, London: Husrt & Company.

Report of the Secretary-General [2008] "Effects of the use of armaments and ammunitions containing depleted uranium," UN A/63/170, 24 July.

Ruscio, A. M., Weathers, F. W., King, L. A. and D. W. King [2002] "Male War-Zone Veterans' Perceived Relationships With Their Children: The Importance of Emotional Numbing," *Journal of Traumatic Stress*, 15(5).

読んでほしい本・観てほしい映画

① 北村元『アメリカの化学戦争犯罪』梨の木舎，2005年．
　10年にわたってベトナムでの取材を続け，50名以上の当事者の声を記録．

② デイヴィッド・フィンケル『帰還兵はなぜ自殺するのか』（古屋美登里訳），亜紀書房，2015年．
　イラク帰還兵と家族を取材し，彼らの苦痛に満ちた生活を記録している．

③ アレン・ネルソン『ネルソンさん，あなたは人を殺しましたか？』講談社，2003年．
　ベトナム帰還兵であり，PTSDに苦しんだ筆者が子どもたちに語りかける．

④ 映画「アルナの子どもたち」ジュリアノ・メール・ハミス監督，2004年，イスラエル．
　パレスチナのジェニン難民キャンプでの子どもたちのドキュメンタリー．劇団で明るく活動していた子どもが数年後には自爆攻撃をおこなう姿を捉えている．

⑤ 映画「子供の情景」ハナ・マフマルバフ監督，2007年，イラン／フランス．
　アフガニスタンのバーミヤンで，学校に行きたい女の子が，道すがら戦争ごっこをする男の子たちに取り囲まれる．戦争の中で育つ子どもたちの姿を描いている．

（市川ひろみ）

Column 5

5月広場の母親の会──アルゼンチンのある市民社会の軌跡──

　20世紀末葉に世界的規模で民主化が起こった時，一部の国では「政府からも市場からも自立的な非営利組織」としての市民社会が，民主化に大きな役割を演じた．アルゼンチンで1976-83年に及んだ軍部による厳しい人権抑圧に抗し，行方不明の我が子（その約8割は16歳から33歳までの男女）を探すために母親たちが組織した「5月広場の母親の会」（以下「会」）は典型例だった．母親たちは毎木曜日に首都の大統領官邸前にある5月広場の中を，白いスカーフをかぶって静かに行進し，当初は行方不明者の即時釈放を求め，次第に軍政の終焉と人権尊重など要求をエスカレートしていった．1977年4月の発足当初は14名に過ぎなかった参加者は年毎に増加し，81年には数千人を数え，「会」の急成長は民政移管を促す一原動力となった．1983年12月に民政移管が成就したとき，「会」は民主化のシンボルとして高く評価されたのだった．

　ところが，民政移管後，「会」の言動は世論の批判を浴びることになった．民政移管後の文民政権が政治の安定化のために軍部に妥協的な政策をとると，「会」は最優先課題として弾圧にかかわった軍人に対して厳罰を科すように求め，その主張は軍の蜂起を誘発し，民政を瓦解させかねないとして世間の顰蹙を買った．また，圧政の真相究明を目的として設置された**「失踪者に関する国家委員会」**が1984年に刊行した報告書（『決して再び』）に関しても，国民の多くがその内容を是認したのに対して，「会」はそれが「2つの悪魔説」を採り，圧政の責任を軍部だけでなく，軍に弾圧政策をとらせたゲリラにも責任があったとした点などに異を唱えた．

　民政移管後に生じたこうした「会」と世間一般との溝は，1995年2月に起こったある事件を機に大幅に縮まった．同月，海軍大佐シリンゴが，死の飛行，すなわち，飛行機の中から拉致された者を突き落とす作戦が実際におこなわれたことを告白した．この告発をきっかけとして，「2つの悪魔説」は後退し，圧政の責任はやはり軍部にあったという世論が優勢になったのである．

　こうした世論の変化を察知したペロニスタ党のキルチネル大統領（2003-07）は人権政策を大きく掲げ，「会」の主張に沿った政策を矢継ぎ早に実行していった．軍部に対するそれまでの政策を改め，人権侵害に関与した軍人すべてを裁けるようにした．『決して再び』の2006年版に「2つの悪魔説」を否定した序文を追加させ，「会」への政府援助を急増させた．これらの政策を歓迎した「会」は政府に全面的な協力を約し，その人権政策を支える重要な役割を担った．ここに政権内に完全に取り込まれ，政府に対する自立性を喪失した「会」は，市民社会というよりはペロニスタ党の一部と化した感があった．政権との緊密な関係はキルチネル夫人のクリスティーナ大統領（2007-15）にも引き継がれたが，政権との癒着は腐敗の温床ともなり，2011年5月には，「会」による公金横領が発覚し，その評価は急落した．加えて，2015年にペロニスタ党に代わって保守派のマクリ政権が誕生したことも「会」にとっては逆風となった．それでも「会」は，政治的には反マクリの立場を鮮明にしている一方，貧困児童に昼食を提供するなど，慈善事業に力を入れている．それが，一度失墜した信用の回復にどれだけ資するかは未知数である．

（松下　洋）

1　紛争の終結とボスニアの教育システム

　1992年4月にはじまり，43カ月にも及んだボスニア戦争は，ムスリム人（民族の地位を与えられたイスラーム教徒．以下，現在の呼称にならいボスニャク人と記す），セルビア人，クロアチア人の3つの主たる民族が互いに民族の「浄化」を繰り広げ，10万人以上の犠牲者と180万ともいわれる難民，国内避難民を生みだした．ボスニアの首都サラエボは，民族が共存し，4つの宗教（イスラーム教，正教，カトリック，ユダヤ教）の寺院が隣接していたが，3年半にわたるセルビア軍の包囲のなかで学校や病院，市場も攻撃の対象となり，1600人余りの子どもたちが犠牲者となったという．

　社会主義政権のもと民族の「友好と統一」が国是として掲げられた旧ユーゴスラヴィアにおいて，多民族からなるボスニア共和国では民族間の友好と結束に学校教育が大きな役割をはたしてきた．ボスニアでは多民族共存が実現され，多文化主義の模範といわれるほどであった．しかし，体制転換後に跋扈した急進的な民族主義の立場からすれば，学校は社会主義体制を支えるなかで，個々の民族の歴史，文化を軽視した教育をおこなってきたと映った．砲撃によって校舎や図書室，教材や教育器具が破壊され，焼失していった．教育の荒廃を前に，EU議会は，1993年に決議を採択し，「民族浄化と野蛮な暴力で特徴づけられる旧ユーゴスラヴィアの紛争のなかで，国際社会が定めた子どもたちの権利が踏みにじられており，最小限の教育と教材や遊具を供与することが子どもたちの発達にとって不可欠である」［Council of Europe 1993］と訴え，積極的な支援を表明した．

　ボスニア戦争は，大国主導の紛争処理のもと1995年11月のデイトン合意によって停戦へと導かれ，ボスニアは，2つのエンティティ（ボスニア・ヘルツェゴヴィナ連邦とスルプスカ共和国の2つ）によって構成されることになった．前者においては，それぞれボスニャク人とクロアチア人が優勢を占める合計10のカントン（自治体）からなる分権的な連邦体制がしかれ，後者においては，セルビア人が多数を占める集権的な行政システムが採用された．それは，民族浄化の結果生じた民族分布を最大限考慮したボスニアの再編であったが，民族間の友好関係の構築を保証するものとはならずに，かえって民族の住み分けを助長し，民族の分断と隔離を固定することになった．

戦後復興をめざしたボスニアであるが，政府は軍事的には多国籍軍の安定化部隊（SFOR），民生部門は高級代表部（OHR）といった国際的監視下にはいり，ボスニア自身の権限は著しく抑えられた．教育システムについては，ボスニア・ヘルツェゴヴィナ連邦（以下，連邦と記す）ではそれぞれのカントンの教育省が責任をもち，スルプスカ共和国（以下，共和国と記す）では共和国全体に対して一元的な教育システムが採用され，全体をまとめるボスニア教育省が一元的な教育行政をおこなうことはできない状況であった．また，国際社会による復興支援のなかでも，治安の安定と経済復興がなによりも重視され，教育分野はとかく後回しになりがちであった．

　連邦においては，カントンの人口構成にしたがい，ボスニャク人またはクロアチア人主体の教育システムがとられた．また大きな都市（サラエヴォ，トゥズラ，ゼニツァなど）では民族が混住している場合が多く，地域によっては同じ校舎で2つの教育システムが併行しておこなわれる「分割学級」あるいは「ひとつ屋根ふたつの学校」と呼ばれる状況がうまれた．そこでは，民族の違いにかかわらず子どもたちが同じ教室で机をならべ，ひとつの教科書で学ぶという紛争前の状況はもはやなく，ボスニア全体としては三民族の分布にそって，3つの教育システムが分断的に実践されることになったのである．2つのエンティティへの分断と相互の対立，民族の住み分けがすすむなかで，これ以外の選択肢はきわめて困難な状況であったろう．しかし教育システムの分断のもとで，紛争後における民族の和解の展望はかえって遠のいていった．

2　教育の政治化と教科書問題

　学校教育のもつ大きな使命のひとつは，子どもたち一人ひとりの人格の形成と「社会化」にあり，そのために必要とされる知識や技能，価値観や道徳を伝達することにあろう．しかし，民族間の分断と対立を前面に掲げる教育が実践されるとき，そこでは個人の自立，社会化よりも自民族のアイデンティティが最優先され，異なる民族に対しては異質なものとして排除するといった点が強調されがちである．また，「民族科目」といわれる国語，歴史，地理，美術，音楽といった科目が，各民族のアイデンティティの主張のために使われ，逆に他民族への憎しみや不寛容を促進することもしばしばおこった．紛争後のボスニア社会では，教育の政治化が著しく進行していったのである．

こうした状況を危惧した全欧州安全保障協力機構（OSCE）は，2002年「ボスニアへの教育改革戦略」のなかで次のように警告していた．「教室から政治を取り除かなければならない．わが国の教育システムは子どもたちが一緒に学校に通い，ボスニアの特徴である文化の多様性を尊重し，育てることを学ばなければならない」[OSCE in BiH 2002]．紛争後の社会が，民族の共存と協調を実現していくためには，次世代をになう子どもたちが，対立と憎悪の記憶を克服し，和解と許しの文化を体得していく以外にない．しかし，ボスニアの教育システムの実情は，必ずしもそのようには機能せず，逆に教育の場が著しく政治化されて，民族浄化が教育の場において依然として継続している観がある [Pašalić-Kreso 1999: 6]．

　3つの教育システムへの分断は，具体的にはカリキュラムや教科書など教材の指定にあらわれた．すなわち，連邦を構成するカントンのうちクロアチア人多数地域では，クロアチア本国の教科書が使用され，ボスニャク人多数地域では新たな教科書の作成がはじめられた．また，共和国のセルビア人多数地域ではセルビア本国の教科書が当初から使われてきた．

　こうして，ボスニアの子どもたちの半数は，国語，歴史，地理，自然と社会，といった科目をクロアチアやセルビアからの教科書で学ぶことになったのである．歴史や地理といった教科については，ボスニアのクロアチア人の歴史とクロアチア本国の歴史は大きく異なるし，地理についても同様であるが，クロアチアの教科書がそのまま使用された．また，ボスニアのセルビア人の場合もセルビア本国との関係において同じことがみられた．

　ボスニアは15世紀以後19世紀後半までトルコの支配下に入ったが，そこでは正教，カトリック教，イスラーム教，ユダヤ教の4つの宗教が，ミレット制とよばれる地域の行政制度のもとで共存し，近代の民族主義の時代に突入したあとも各宗教を信仰する民族は共存，混住を維持してきたのであった．ボスニアの多民族性，多文化性の維持は，ボスニアが歴史的に培ってきたものであったのだが，90年代の体制転換と民族主義政党の勝利，そして内戦の勃発のなかで不寛容と対決の政治がボスニア全土に誘導されたのである．

　ボスニアに限らず，社会主義から体制転換した国家では，教科書の全面的改訂が焦眉の課題になったが，ボスニアでは内戦を経たため，主要三民族のアイデンティティが排他的に強調されることになった．それに加えて，クロアチアやセルビアの本国の教科書が輸入されることで，ボスニアの子どもたちの知識，

認識はおおきく歪められた．内戦で失われた多文化主義，多民族共存のボスニア再生の道は閉ざされ，市民社会や平和の大切さを教える教科書もないのが現実である．

しかし，他方で平和教育の実践もはじまってきたことにも言及しておこう[Clark 2010: 353]．2000年以降になるとルクセンブルグの支援などもあって，ボスニアでは民族の違いを越えて平和の普遍的な価値を学ぶことの大切さが痛感されるようになった．ボスニャク人，セルビア人，クロアチア人が多数をしめる地域のそれぞれ2つの学校では生徒と教師，保護者がともに平和について学ぶプログラムが試験的にはじまった．さらにその成果をうけて2008年にはボスニア教育省が，ボスニア全土から100の学校を抽出して平和教育の普及に努め，5000人の教師，6万人の生徒が参加するまでになったのである．

そこでは，暴力の拡大と終息のメカニズムや戦争の暴力に傷ついた生徒の精神的な回復の方法などについて学ぶのだが，最初は心を閉ざし，相互に不信感をいだいていた生徒たちは，接触と交流の場を経験することで次第に民族をこえた一体感を獲得し，また将来にむけた友好の可能性をも自覚していくという．分断教育を乗り越え，寛容性を育成しようとするこうした取り組みが，未来をになうボスニアの子どもたちのあいだにいっそう広がり，学校教育の現場に定着していくことが強くもとめられているのである．

3 歴史・地理教科書をめぐる諸問題

次に教科書の具体的記述を紹介し，教科書をめぐる政府および国際機関の対応について検討してみよう[Torsti 2007: 81-90]．クロアチアの歴史教科書において，敵視される他者はセルビア人であった．セルビアが大セルビア主義を掲げて，ユーゴスラヴィアにおいて覇権的な役割を果たし，クロアチア人が抑圧され犠牲となってきたことが強調されている．また，第二次世界大戦中の反クロアチアを掲げたセルビア人の抵抗組織「チェトニック」の呼称が，セルビア人に対する敵視，蔑視の呼び名として再登場し，1990年からの内戦に関しては，セルビアが公然と大セルビアを掲げ，ボスニアやクロアチアの領土を要求したこと，民族浄化とジェノサイドを実行したことが記述されている．

次に，セルビアの歴史教科書では，クロアチアに対して，ナチスの傀儡政権「クロアチア独立国」を支えた「ウスタシャ」とカトリック教会が批判の標的

となった．クロアチア人は「裏切りもの」であり，「死のキャンプ」ヤセノヴァッツ収容所は，永遠にセルビア人の記憶に残るものとされる．今回の内戦でも，セルビア正教会およびセルビア人に対する攻撃は，カトリック教会とその狂信的支援者であるクロアチア人の仕業であると述べられている．

それに対して，ボスニャク人が採用する歴史教科書は，前記の2つほどには，民族主義的なものではなく，また，ボスニアのセルビア人とセルビア本国を区別しているのは，ボスニア国家の一体性，統合への配慮からであろう．第二次世界大戦時の内戦については，民族間の対立よりも，パルチザン闘争や反ファッショ解放運動に重心を置いた記述になっており，今次の紛争に関しては，ボスニアのセルビア人のうちカラジッチのセルビア社会党の急進派がテロ行為に走ったとの言及にとどめている．

ボスニアで使用されている教科書は，いずれも他者に戦争を引きおこしたことの罪があり，彼らを侵略者，戦争犯罪人であると非難しており，民族間の和解をさぐろうとする記述はどこにもみられない．共和国のセルビア人地域や連邦のクロアチア人優勢地域では，ボスニアへの関与よりは，本国のセルビアやクロアチアとの統一国家形成の問題が優先されているようである．

地理の教科書についても同じように他者への攻撃がみられる［Alic 2008］．セルビア人地域では，スルプスカ共和国は独立国家であり，正教の優越的地位が唱えられる．ボスニャク人はイスラーム教に改宗したセルビア人であり，クロアチア人はカトリック教のセルビア人であるとし，ベオグラードがすべてのセルビア人の首都であると明記されている．他方，ボスニアのクロアチア人地域の教科書は，ザグレブはすべてのクロアチア人の首都であり，ボスニャク人の教科書は，ボスニアがつねに東と西（セルビアとクロアチア）からの攻撃にさらされてきたと教えている．

ボスニアで3つの分断的な教育が続くなか，停戦後の1997年から2000年にかけて難民，国内避難民の帰還が増加してきた．しかし，帰還者の子どもの教育には大きな問題が待ち受けていた．帰還先の多数民族が自民族と同一の場合はその教育をうけることになり，さしたる問題は生じないが，帰還先で自らが少数民族となるとき，多数民族の学校に通うことは自分たちが「敵視」される教科書で学ぶことを意味する．そこでの選択は，多数民族の教育へ同化するか，または，完全に拒否するかのいずれでしかなくなってしまう．親はそうした教育に子どもをあずけることを欲しておらず，このようなケースがその後の難民，

国内避難民の帰還を遅らせてもきた［Pašalić-Kreso 2008: 368］.

　こうしたなかで，2002年になるとボスニア教育省は，難民，国内避難民の帰還を奨励する試みとして，親が子どもの教育内容について選択する権利が大幅にみとめられる合意文書の通達をし，いわゆる越境入学がみられるようになった．子どもはバスによって遠くではあるが，自民族中心の教育がおこなわれる地域に通わせることが可能となった．しかし，こうした措置も結局は民族の分断と隔離状況を助長することに変わりはなかった［Clark 2010: 347］.

　以上述べてきたように民族間の対立が記述される教科書が使用されているボスニアでは，国際機関やボスニア政府が，こうした状況を乗り越えるべくさまざまな方策を打ち出している．先に引用したOSCEの「ボスニアへの教育改革戦略」は，「すべての子どもたちが統合された多文化的学校のなかで，政治や宗教，文化さらに他の偏見や差別のない，子どもの人権を尊重した質の高い教育を受けることを保証」［OSCE in BiH 2002］すべきであると指摘した．また，ボスニア政府は2003年の「初等・中等教育の枠組に関する法律」にしたがい，2005年4月に歴史教科書，地理教科書の記述について，次のようなガイドラインを公表している［Commission for the Develop of Guidelines for Conceptualizing new History Textbook in Bosnia and Herzegovina 2005］.

　すなわち，① 3つの民族と少数民族について，その歴史，地理の基本的な知識を与えられなければならないこと，また，② ボスニア国家全体が主要な準拠枠であり，3つの構成民族と少数民族に関して公平な記述がなされるべきであること，さらに ③ 隣国についての記述も公平に表現されるべきで，生徒が寛容さを学べるよう，多面的な視野から記述すること，が歴史，地理共通に指摘された．地理については，これに加えてボスニアをとりまくより広範な地域にわたって，相互の理解と和解，そして平和の創出に寄与すべき観点の必要性も唱えられている．

4　「分割学級」にみる「私たちとかれら」

　次にボスニアに特徴的な「分割学級」の実態についても触れておきたい．エンティティのひとつである連邦の場合，大きな都市の混住地域では，異なる民族の子どもたちが，同じ学校に通いながら，別々のカリキュラム，別々の教室，別々の教員から学習する事態がうまれている［*Los Angeles Times* 2006］．しかし，

こうした措置も連邦内の3つのカントンにかぎられたことであり，民族浄化が徹底的におこなわれ混住地域がほとんどなくなったスルプスカ共和国では「分割学級」はみられない．「分割学級」は民族独自の教育を保障するシステムではあるが，民族間の分離，隔離を助長するもので，民族間の和解と友好への展望はここからは決して開かれない．

　「分割学級」の実態はさまざまである．たとえば，子どもたちは学校までは同じ通学路を使うのであるが，学校に着くと違った入口から教室に向かう．休み時間に校庭では一緒にサッカーなどして遊んでいても，始業のベルが鳴ると異なった教室で授業をうける．教室に入るや子どもたちは，もはや普通名詞の「子ども」ではなく，「ボスニャク人の子ども」，「クロアチア人の子ども」といった分別がなされ，子どもたちも否応なく違いを意識していく．そこでは「私たちと彼ら」の意識が意識的，無意識的に助長され，長期にわたって子どもたちに影響をあたえることになる．

　また，同じ教室で学んでいる場合でも，歴史や地理，国語といった民族色の濃い授業では別の教室に移動するようなこともある．さらに，休み時間の取り方を変えて児童，生徒が接触しないようにしたり，午前と午後にわけて民族別に通ったりする例もみられる．こうした分断的な教育システムは，教員の科目担当のあり方にもみられ，以下のような暗黙の了解があるという．つまり，クロアチア人の先生はスルプスカ共和国では，歴史と地理を教えることはできず，またセルビア人の先生はボスニア・ヘルツェゴヴィナ連邦では歴史，地理を教えることはできないというのである．「ひとつの屋根」の下にいるからといって民族の融和が進んでいるわけでは決してないし，学校にはあちこちに「見えない壁」が存在し，民族融和の素地を育成することを妨げているのである．

　紛争後の「分断教育」で象徴的なことは，紛争前には「私たち」として教えられた人たちが，紛争をへて「かれら」として教えられることである［Pašalić-Kreso 2008: 368］．紛争まで「われわれユーゴスラヴィア人は」，「われわれボスニア人は」と教えられた国民は，今日では分断され，ボスニア内では，「私たち」と「かれら」の分断と対立が日常化したのである．

　こうした民族分断の教育がおこなわれるなかで，子ども一人ひとりの自立，社会化，さらにボスニア全体を視野に収めた教育はどうしても後景に退かざるをえない．国民意識の形成に歴史や国語，地理といった科目の果たす役割は大きいのだが，それが分断化されて教育されるとき，ボスニアの未来を背負う子

どもたちに，ボスニアの国民意識を植え付けることは容易ではない．

　分断は民族間の直接的な衝突を当座は回避できても，将来的に友好的な関係へと道を開くものではない．クラークは，民族相互の接触の機会を増やしていくことによってのみ，子どもたちは人間性を回復し信頼感を生んでいくものだと述べ，接触をつうじて相手のなかに人間として普遍性，心の通い合いを発見することが和解を導くのであり，分割学級の試みに対しては和解への道を閉ざすものとして，否定的である［Clark 2010: 350-52］．

　子どもたちには，他の民族が歴史の記憶や政治的宣伝に依拠するチェトニック，ウスタシャ，イスラーム原理主義者というような嫌悪すべき存在ではないことを実体験していくことが何よりも求められているのである．ボスニアの多民族，多宗教，多文化の歴史を学んだことのない彼らは，現行のカリキュラムのなかで，少数者の権利，人権，紛争の予防と解決，市民教育について学ぶ機会が閉ざされ，紛争後の分断的な教育のなかでに容易に操作されてしまうことにもなりかねない．ボスニアの歴史は文化の多様性を育んできたが，歴史は文化ではない．ボスニア全体の歴史が，多様に，何通りにも書かれてよいものではない．

　ボスニアについてはしばしばその民族，宗教，言語の多様性が強調されるのであるが，多文化主義の要点はその数の複数性そのものにあるのではない．重要なのは，複数の主体が相互の文化的価値を認め，自らの文化の相対性を自覚するとともに，相手側の文化の有用性を学ぶことを通してボスニアのさらなる豊かさ，一体性を醸成していくことである．この豊かさこそが紛争の平和的解決と社会の繁栄をもたらしていくのであり，それを担うのは，いうまでもなく現在の子どもたちであることが忘れられてはならない．

　前述のように，教科書の採用について，一定の基準が提示され改革が目指されているのだが，依然として各民族がそれぞれの歴史，地理教科書を採用している状況は変わらない．内戦のあとにボスニア一国レベルでの共通教科書の採用し，ボスニア統一の歴史や地理，国語，音楽などの共通の教科書づくりは困難であったに違いない．とりわけ，歴史教科書は自民族の栄光と他の民族を非難する内容のものとなりがちであった．新たな教科書，教育システムのもとで，子どもたちが内戦時に作り上げた他民族に対する記憶を克服し，多文化，多民族のボスニアを復活することは現時点では程遠い状況である．

　こうした中で求められているのは，ボスニアの共存と協調を作り出し，経験

してきた大人たちの世代が，子どもたちの内戦の記憶をボスニアの民族共存の歴史のなかに正しく位置づけ，子どもたちが絶対視しがちな「戦争の記憶」を共存と和解の道筋へと導いてあげることではないだろうか．そのためには大人たち自身が，なぜ多文化社会を打ち壊し，凄惨な民族浄化を今回引き起こしてしまったのか，真正面から歴史に向かい合うことが何よりも大切であると言えよう．

おわりに
──「対決の記憶」から「共存の歴史」へ──

　ボスニアにおいて，子どもたちの「戦争の記憶」は，分断的な教育システムのなかでは，決して癒されることはなく，かえって対決意識を固定化するものであり，今日においても，共存と和解を目指す教科書，教育システムが提示されているわけではない．ボスニアの教育システムが抱える焦眉の課題は，困難のなかにあって民族の共存を導いてきたボスニアの歴史を確認し，内戦時の子どもたちの経験と記憶を相対化し，「対決の記憶」，「憎悪の記憶」を「共存の歴史」のなかに正しく位置づけていくことである．

　ボスニアの大人たちが，第二次世界大戦時の内戦から立ち上がって，ボスニアの民族共存を実現してきたこと，異なる民族間での通婚率，ユーゴスラヴィア人の比率が他の共和国のどこよりも高かったこと，ボスニアのイスラーム教徒がセルビアとクロアチアの民族的分解の脅威のなかで，自らの地位の向上を求め，「民族」の地位を獲得したこと，こうしたボスニアの歴史的営為を子どもたちに教育していかなければならず，また子どもたちは自覚的にこうしたことを学ばなくてはならない．デイトン停戦時に出生した子どもたちは，いまや成人年齢に達しているのである．

　ボスニアでは主要な3つの民族が一体感を形成し「われわれ」意識を強く育み，都市部を中心に「ユーゴスラヴィア人」に帰属を表明するものが他の共和国に比べてとりわけ多かった．1991年の人口統計によれば，ボスニア全体でユーゴスラヴィア人への帰属が5.5％であったのに対し，コスモポリタンの都市と称されたサラエボでは，全人口の10.7％が「ユーゴスラヴィア人」への帰属を表明し，中心部ではさらに高く16.4％となっていた．他の都市でも，トゥズラ16.7％，ゼニツァ10.7％，セルビア人地区のバンニャ・ルカでも12％を数えていたのである．

また，もうひとつの共存の象徴は，ボスニアのイスラーム教徒の地位である．第二次世界大戦後，その地位は人口調査のたびに動揺したが，セルビアとクロアチアの対立の中でイスラーム教徒はひとつの民族として両者の間にたち，バランサーとして民族の共存に貢献してきたといえる．彼らは，「未決定のイスラーム教徒」(1948年)，「未決定のユーゴスラヴィア人」(53年)，「少数民族としてのイスラーム教徒」(61年)そして63年の憲法改正を経て，セルビア人，クロアチア人と並ぶ同等の位置としての「民族としてのイスラーム教徒」(71年)の地位を得たのである．

　ボスニアのイスラーム教徒の歴史は，セルビアからはイスラームの改宗したセルビア人，クロアチアからはイスラームに改宗したクロアチア人として，民族の帰属競争に巻き込まれ，分割の脅威に苛まれてきた．そのようななかで獲得した「民族」としてムスリム人（ボスニャク人）は，共存を最優先させ50％近くを占める相対的多数民族としてボスニア社会を守ろうとしてきた人たちである．

　こうした歴史を現在の子どもたちは知らない．子どもたちは学校の歴史教科書に疑問を呈することもなく，受け入れざるをえなかったのである．ボスニア紛争がはじまったのは1992年4月，すでに四半世紀近くの年月がたとうとしている．内戦，NATOによる空爆，デイトン合意，安定化部隊（SFOR）の駐留と国際機関の援助復興活動のなかで，ボスニアの子どもは，社会主義体制を知らず，また，民族共存を唯一の選択肢としてきた社会も経験したことがない．

　第二次世界大戦で苛酷な内戦を経験したボスニアは，そのなかから共存社会を実現したという世界に誇るべき歴史的経験をもったのである．それは社会主義体制という上からの指導があっただけではなく，人びとが歴史から学びボスニアの唯一の選択肢として民族共存を確信してきたからであったろう．つねに狭隘な民族主義を跳ね返してきた民族の歴史をこそ，現在のボスニアの子どもは記憶にとどめるべきである．対立と憎悪，分断の記憶は忘れることはできなくても，歴史に正しく位置づけられる時，3つの民族は許しあえるようになるのではないだろうか．ボスニアの子どもたちが歴史の前に秘めている大きな力への期待である．

参考文献

Alic, A. [2008] "Bosnia and Herzegovina: Teaching Intolerance," Transitional Online,

June 3 (http://www.opensocietyfoundations.org/voices/bosnia-and-herzegovina-teaching-intolerance, 2015年7月30日閲覧).
Clark, J. [2010] "Education in Bosnia-Hercegovina: The Case for Root-and-Branch Reform," *Journal of Human Rights*, 9(3).
Commission for the Development of Guidelines for Conceptualizing new History Textbooks in Bosnia and Herzegovina (CDGCHTBH) [2005] "Guidelines for Writing and Evaluation of History Textbooks for Primary and Secondary Schools in Bosnia and Herzegovina," CDGCHTBH.
Council of Europe [1993] "Parliament Assembly, Resolution 1011 (1993) on the situation of women and children in the former Yugoslavia," (http://assembly.coe.int/nw/xml/XRef/Xref-XML2HTML-EN.asp?fileid=16422&lang=en, 2015年7月31日閲覧).
Los Angeles Times [2006] "Children Taught Ethnic Division in Bosnia Herzegovina," *Los Angeles Times*, July 2.
OSCE in BiH [2002] *A Message to the People of Bosnia Herzegovina Education Reform*, (http://wbc-inco.net/object/document/7898/attach/0476_education_reform_26-eng.pdf, 2015年7月31日閲覧).
Pašalić-Kreso, A. [1999] "Education in Bosnia and Herzegovina," *Current Issue in Comparative Education*, 2(1).
―――― [2008] "The War and Post-War Impact on the Educational System of Bosnia and Herzegovina," *International Review of Education*, 54(3-4).
Torsti, P. [2007] "How to deal with a difficult past? History textbooks supporting enemy images in post-war Bosnia and Herzegovina," *Journal of Curriculum Studies*, 39(1).
UNICEF [2005] *The State of The World's Children 2005; Childhood under Threat*, New York: UNICEF（平野裕二訳『世界子供白書2005――危機に晒される子供たち――』日本ユニセフ協会，2005年）(http://www.unicef.or.jp/library/hakusyo_2005.html, 2015年7月30日閲覧).

―― 読んでほしい本・観てほしい映画 ――

① ロバート・J・ドーニャ/ジョン・V・A・ファイン『ボスニア・ヘルツェゴヴィナ史』（佐原徹哉・山崎信一・柳田美映子訳），恒文社，1995年．
　ボスニアの中世期以降の歴史をたどり，ボスニア紛争の意味を解明している．
② ライモンド・レヒニツァー『サラエボ日記』（林瑞枝訳）平凡社，1994年．
　サラエボ大学で教鞭をとっていた筆者のボスニア紛争時の日記，そして証言．
③ ファン・ゴイティソーロ『サラエヴォ・ノート』（山道佳子訳），みすず書房，1994年．
　スペインの作家が，紛争のなかでサラエボの街の記憶殺しの実相を描く．
④ ドゥブラヴカ・ウグレシッチ『バルカン・ブルース』（岩崎稔訳），未来社，1997年．
　ユーゴスラヴィアの崩壊にみる忘却と記憶の民族主義に注視した作品．

⑤ **映画「サラエボの花」** ヤスミラ・ジュバニッチ監督,2006年,ボスニア・ヘルツェゴビナ／オーストリア／ドイツ／クロアチア.

　ボスニア紛争から十余年,かつての戦火の街サラエボ,秘密をかかえる母と真実に向き合う娘の再生と希望の物語.

（定形　衛）

Column 6

国内避難民

　国内避難民とは，紛争や戦争，内戦や内乱，政治的な迫害，自然災害や環境破壊などの理由で，住み家を追われ移り住むことを余儀なくされつつも，出身国に留まっている人びとを指す．国境を越えて他国に移動せざるを得ない状況下にある人びとが「難民」とされ，国連高等弁務官事務所の管轄下で保護の対象となるのに対し，国内避難民は，出身国に留まるがゆえに，法的にその国家の主権下に置かれる点が決定的に異なる．国内避難民の用語が使用され始めた当初は従来武力紛争や戦争の結果として出現する避難民を指すのが一般的であった．近年，極端気象や気候変動による自然災害や旱魃などの環境変化の影響を受けて移動を余儀なくされた避難民が増え，そうした避難民の数は2018年には1720万人に上った．他方，サブサハラ・アフリカ及び中東での紛争の激化により，2018年の1年間で2800万人の新たな国内避難民が出現したと言う（IDMC, Global Report on Internal Displacement, 2019).

　国内避難民は本来，その出身国の政府が自国民として保護すべきである．しかし実際には，武力紛争がおこっている状況下においては，その国家が脆弱国家となっており，基本的な生活のニーズさえ国内避難民に提供できないことが通常である．また，自然災害や気候変動による環境破壊が進行した国家や地域で国内避難民が発生する国家では，概して政府の統治能力に限界がある．そのため，国連高等弁務官事務所は，本来の業務である難民の保護や支援の枠組みを超え，国内避難民への支援もおこなうようになった．しかしながら，避難民の存在する国家の主権の問題があるため，その政府がいかに政治的，経済的に破綻していようと，国連弁務官事務所はその政府と連携せざるを得ず，効果的な保護をするのはむずかしい．

　ちなみにシリアの内戦はいまだに深刻であり，2018年12月の時点で611万人の国内避難民が存在し（UNOCHA, "Syria" May 2019），そのうち約250万人が子どもであると言う（UNHCR, "Syria," 2019).　また，2018年の1年間に新たに国内避難民となったシリア人は164万人に上り，生命の危険と健康上危機的な状況に置かれている避難民の数は増え続けている（同上，UNOCHA).　近隣の難民受け入れ国への国際支援に比べ，国内避難民の保護はより困難が伴う．それは，国連を中心とした人道支援が基本的に当該政府との連携で実施されるため，支援対象が政府軍支配地域に偏る傾向があるからである．また実際にはこうした支援が多くの非政府組織の手に委ねられている一方，戦火が収まらない状況下ではいかなる支援者も現地で活動することが極めて困難であるからである．さらに国連を経由しない人道支援額が年々増えるなか，人道と称される支援が紛争をさらに助長する側面があることも看過できない．シリアの国外に避難した難民をいかに保護するかは国際的な人道支援の課題であるが，国境を越えられずに国内に留まったまま戦火のなかで生活せざるをえない国内避難民の保護は，難民の保護・支援以上にむずかしい面がある．それはこうした支援が実際には多くの非政府組織の手に委ねられている一方，戦火が収まらない状況下ではいかなる支援者も現地で活動することが極めて困難であるためである．

（中西久枝）

第9章 経済制裁と子どもの生きる権利
―― 知られざる非人道兵器 ――

はじめに

　経済制裁は一般的には，戦争や武力行使の場合と比べて，制裁を受ける側の民衆が被る被害や苦痛は少ないと考えられている．しかし，そうした印象論は必ずしも経済制裁の現実を伝えているとはいえない．制裁の規模（包括的か部分的か），類型（武器の禁輸か貿易や金融の取引禁止かなど），実施過程や期間などによって，経済制裁が被制裁国の経済や国民生活に与える影響は異なり，それゆえ，場合によっては，経済制裁が戦争や武力行使に劣らず大きな苦痛と被害を人びとに与えることが生じる．経済制裁の研究を精力的におこなってきた筆者たちによると，その影響はいくつかの事例においては，「戦争の場合以上とは言わないまでも，しばしば，戦争そのものと同様の被害をもたらすように思える」[Weiss, Cortright, Lopez and Minear eds. 1997: 16] と述べている．

　被制裁国の市民の被害や苦痛にそれまで光が当たらなかった大きな原因のひとつは，研究者の関心が，主として制裁の効果に向けられていたことによる．冷戦終結前の研究のほとんどは，経済制裁の目的に照らしてどの程度の成果が得られたのか，制裁の効果を高めるためにはどこを改善すべきか，といった点に関心を集中させてきた．

　そうした傾向に反省を促す契機になったのは，対イラク経済制裁であろう．フセイン政権下のイラクがクウェートに軍事侵攻したことで開始された経済制裁は，歴史上稀にみる包括的で厳しい内容であった．このため，経済制裁が導入されるとまもなく，イラク国内で人道危機が発生した．なかでもイラク社会における最大の犠牲者は，弱い立場に置かれていた女性，老人，子どもたちであった．進行中のイラク経済制裁を検証したイラク民主党のアル・サマライは，

「経済制裁は誤った標的，すなわち貧困者，無力な者，子どもたちに向けられた」と結論づけ，「現在のような政策が継続されれば，ハイジャッカーを殺すために乗客全員を機体もろとも爆破するようなものである」〔Al-Samarrai 1995: 138〕と批判している．

経済制裁は，その実施過程で必然的に被制裁国の市民に被害と苦痛を強いることになる．それゆえ，われわれは，制裁の効果と人道への配慮を比較考量するとともに，制裁の実効性を優先するあまり，無辜の市民や子どもの生きる権利を侵害することがないよう配慮しなければならない．

そこで，本章ではまず第1節で，経済制裁が惹起する人道的，倫理的な諸問題を検討することによって，制裁が政策手段としての正当性を持ち得るためにはどのような要件を満たす必要があるかを考えてみる．第2節で，包括的制裁と比べて市民に与える苦痛や被害が比較的少ないといわれる「スマート・サンクション」（指導者やエリート官僚などに制裁対象を限定する方法）の事例を検討することを通して，そこにどのような問題や課題があるのか，制裁の倫理的問題を十分クリアしているのかどうかを検証する．そのうえで，第3節では，子どもの生きる権利にとって最低限必要な「保護膜」としての法的枠組みについて考え，経済制裁のアポリアを克服する方途が見つかっていない現状では，知られざる非人道兵器としての経済制裁の発動には，慎重でなければならないとの結論を導く．

1　経済制裁をめぐる倫理的諸問題

(1) 制裁の目的

経済制裁の評価は，制裁の目的に照らしておこなわれることになるが，制裁目的が公にされたものとしては，以下の5つに整理することができる．

第一に，被制裁国の国内政策の変更や政権交代を促したり，強制したりする場合．フセイン政権下のイラク，北朝鮮，イランが，大量破壊兵器を保有していることを理由に制裁が発動されたのは，その例である．第二に，被制裁国の不法な行動や侵略的行為を阻止したり，停止させようとしたりする場合．フセイン政権下のイラクがクウェートに軍事侵攻したのに対抗して開始された制裁がこれに当たる．第三に，被制裁国の不法な行動，道義に反する行為に加担しないという意志の表明が主たる目的で，必ずしも被制裁国の行動や政策の変更

を意図しないケース．中国における政治犯に対する強制労働への対応として，米国が中国に最恵国待遇を付与しないという措置をとった事例は，これに該当する．第四に，被制裁国を罰する目的．ユーゴスラビアにおける「民族浄化」に対する国際社会の非難が高まる中，セルビアに対する制裁措置が発動されたが，これなどは，「民族浄化」を止めさせることを目的としたというよりは，ミロシェビッチ政権による非人道的行為を罰するという意味合いが濃厚である．第五に，被制裁国の政策に対する不承認の表明［Christiansen and Powers 1995: 98-100］．

前述した制裁目的に関連して付言すべきは，制裁を求める国内世論を満足させるために，しばしば制裁が発動されることである．第三番目から第五番目のような事例では，被制裁国の政策や行動を変えることを第一義的な目的とするわけではないことに留意する必要がある．1989年6月4日に天安門事件が発生したさい，ブッシュ（シニア）政権は中国政府の対応を非難し，経済制裁を発動したが，その目的は，民主化を求める学生や市民を弾圧した中国政府の行動の再発防止ではなく，米国内世論の批判に応じる形で，世論の要求を満足させるためであった．

また，経済制裁の目的達成度に関するハフバウアーらの研究によると，204の事例中成功率は34％だとされている．しかも，政治犯の釈放といった，控えめの限定された目的の場合は，達成率は5割だが，被制裁国の強い抵抗が予想されるような場合は，達成度は低下する．民主化や体制転換（30％），軍事力の弱体化（31％），軍事行動の阻止（21％）となっている［Hufbauer, Schott, Elliott, and Oegg 2007: 158-159］．ハイチ，イラク，セルビア＝モンテネグロに対する国連の制裁を検討した国際赤十字連盟の報告書（1995年）は，その効果は，「非常に高い人道的代価の割に政治的配当は微々たるものであった」としたうえで，経済制裁は一定の制約の下で実施されなければならないと結論づけた．成功率が低いうえに，経済制裁の人道的代価が大きいことを踏まえるならば，制裁の発動には厳しい制約が設けられる必要がある．

(2) 制裁の倫理的側面と制裁発動の要件

そこで次に，合衆国カトリック会議のメンバーであるクリスチャンセンとパワーズが，包括的経済制裁を発動するにあたってクリアすべきだと主張する6つの要件を参考にしながら，経済制裁の倫理的諸問題を検討しておきたい．

彼らが列挙する経済制裁発動の要件は，以下の6つである．① 「重大な悪事」，「重大な不正」への対応，② 戦争を回避し，問題を平和的に解決するための外交的努力の一環として実施される，③ 被制裁国の国民に対する「取り返しのつかない，重大な被害」の回避，④ 制裁が実施される前に，他の外交的手段が尽くされている，⑤ 制裁の被害が制裁によって達成される利益に見合っている，⑥ 制裁の正当性を確保するために，制裁の主体は多国間主義にもとづくべきである．彼らは制裁の発動には，以上6つの要件を満たすべきだと主張する［Christiansen and Powers 1995: 98］．

これら6つの要件に照らして過去の経済制裁の事例を検討すれば，経済制裁がこれらの要件を満たすことが非常に困難であることが明らかとなる．

第一の要件については，具体的にどのような違法行為が，「重大な悪事」，「重大な不正」に該当するかについて明確な認定ができるかどうかという問題がある．たとえば，フセイン政権は1990年夏クウェートに軍事進攻をおこなった．これは明らかな侵略行為であり，「重大な悪事」に該当することに異論はないだろう．だが，1991年9月にハイチで軍事クーデターが発生し，選挙で選ばれたジャン＝ベルトラン・アリスティード大統領が国外追放された事例はどうだろうか．軍事クーデターによる政権掌握は民主的手続きによらないため，正統性を欠く政権であることは間違いないにしても，この事実をもって，内政干渉を伴う経済制裁をハイチに課すことが正当化されるか否かは議論の余地があるだろう．

第二の要件で重要なのは，経済制裁はあくまで戦争回避の手段として位置づけられ，実施されるべきものだということだ．だが，実際には，軍事力の行使につながる場合が多い．

国連憲章第7章は，「平和に対する脅威，平和の破壊及び侵略行為」があったと認定した場合には，安全保障理事会が，国際の平和及び安全を維持・回復するために必要な措置をとることができると定めている．そのさいの必要な措置には，軍事的強制措置と非軍事的強制措置の2種類がある．前者の軍事的措置（同42条）は武力行使を意味し，後者の非軍事的措置（同41条）には経済制裁が含まれる．問題なのは，42条は，経済制裁のような非軍事的措置が不十分だと判明した場合には，封鎖も含む，軍事力の行使を認めている点だ．このため，経済制裁が不十分だと判断されれば，次の段階として軍事的措置が取られることになりがちである．一方で，国連憲章は第6章第33条で紛争の平和的解決（交

渉，仲介，調停，司法的解決など）を求めているにも拘わらず，残念ながら，この規定が十分遵守されているとはいえない．

このことは，いったん経済制裁が発動されると，戦争回避の手段として維持することが困難であることを示している．それゆえ，経済制裁の難点は，効果が上がっていないと判断されれば，逆にそのことを論拠に，より強い制裁が必要だと主張されるようになり，その結果，武力行使に訴えることになることだ．2003年にブッシュ（ジュニア）政権がイラク戦争を開始したさいには，まさにそのような論理を展開した．十分長期間にわたって経済制裁を試みたが，国連決議が求める大量破壊兵器の廃棄にフセイン政権が応じようとしないとして，武力行使を正当化した．この場合，経済制裁は戦争回避の手段として位置づけられているというよりは，むしろ武力行使の一里塚とみなされている．

ハイチの場合も同様の経過を辿った．1993年6月，国連安保理は国連憲章第7章を発動し841決議を採択，武器と石油の禁輸にくわえ，他国にあるハイチ政府の資産を凍結する措置をとった．その結果，軍事政権はアリスティード大統領との間に民主主義の回復と大統領の復帰に関する手続きを盛り込んだ協定を締結した．だが，協定は実行に移されないばかりか，軍事政権による市民の殺戮，逮捕・拘留，誘拐，レイプは止まず，事態は悪化の一途をたどった．このため，1994年5月に安保理決議917が採択され，貿易の全面的禁止と飛行禁止措置が追加され制裁が強化されたにも拘わらず，事態はさらに悪化した．結局，同年9月末には，米軍主体の部隊1万6000名がハイチに派兵され，アリスティードを大統領に復帰させると同時に，軍事政権の指導者たちを国外に追放した．経済制裁では，締結された協定の履行はなされず，兵力を投入して初めて，制裁の目的が達成されたのである．

このような状況において，経済制裁は武力行使の代替措置として位置づけられているというより，むしろ戦争への一里塚として位置づけられがちだということに留意する必要がある．

(3)「取り返しのつかない，重大な被害」

包括的経済制裁が実施された場合，第三の要件を満たすのはさらに難しくなる場合が多い．被制裁国の市民や社会に対する「取り返しのつかない，重大な被害」は，制裁が長期化すればするほど，大きくなる．イラクに対する経済制裁は1990年から2003年まで継続されたが，91年1月に開始された湾岸戦争にお

いて激しい空爆を受け日常生活に不可欠なインフラ施設（飲料水，下水道，電気，道路，橋など）が破壊されたこともあり，まさに「取り返しのつかない，重大な被害」が生じた．1991年3月にイラクを訪問した国連調査団報告は，次のようにイラクの状況を伝えている．「多国籍軍の空爆は，この戦争前には高度に都市化された社会であったこの国の経済インフラに破局的といってよいほどの被害をもたらした．いまでは，近代的な暮らしを支える手段の大半は破壊されるか，いまにも壊れそうな状況である」[United Nations Security Council 1991: 5; 13]．その結果，この報告は，イラクは人道危機に陥っているとして，緊急人道支援の必要性を訴えた．

　制裁は13年間も継続された結果，イラク国民は悲惨な状況に置かれた．個人1人当たり所得は1990年以前には3000ドルであったものが，制裁実施から9年間で500ドルに落ち込み，最貧困国グループに転落した．社会的弱者の中でも特別な保護を必要とするイラクの子どもたちは，深刻な栄養失調と劣悪な衛生環境のもとで多数命を落とした．1960年には1000人につき120人だった幼児死亡率は，80年代には45人に低下していたが，98年には再び100人に上昇した．ユニセフの調査によると，対イラク経済制裁が実施されて以降フセイン政権が打倒されるまでに，5歳未満の幼児の超過死亡率は50万人にのぼるといわれる[Gordon 2002: 1; UNICEF 1999; 菅 2009：152-55]．

　ハイチに対する経済制裁は，この国が西半球の最貧困国であるうえに，同国の経済規模が小さいこともあって，もともと制裁に脆弱だという事情があった．このため，石油禁輸措置が発動されて3週間で，この国の経済は，ほぼ停止状態に陥り，ハイチの国民総生産（GDP）は1991年に5.2％，92年には10％も低下した．また，1992年の輸出は前年度比で半減した．道路から車の姿は消え，失業者は急増し，日常品はハイチ市民の手の届かないほど高騰した．最低限必要な基本的医薬品の価格は5倍になり，予防接種計画は各地で麻痺状態に陥った．子どもたちは予防接種が受けられなくなったことによって，制裁開始から2年で麻疹が全土に蔓延した．1993年11月19日付『ニューヨーク・タイムズ』紙は，毎月1000人の子どもたちが死亡していると報じた[*The New York Times*, November 19, 1993]．

　ハイチの場合，食糧や医薬品は制裁対象から除外された．われわれは，これをもって，人道上の問題は生じないと思いがちである．しかし，調査のためにハイチを訪れたハーバード大学人口・開発研究センター長チェンが現地で遭遇

したように,「これらの物品の入手は法的には妨げられていないが,事実上は入手が出来ない状況」にあった［ibid.］.石油やエネルギーが不足している状況では運搬手段を欠き,医薬品を必要としている人たちに届けることはできないし,くわえて価格も高騰して普通の市民には入手困難だという現実があった.食糧や医薬品は制裁から除外される国連決議がなされたからといって,人道問題が発生しないという保証はどこにもないということをハイチの事例は示している.

クリスチャンセンとパワーズが挙げている第四の要件についても,基本的には,第二の要件の場合と同様な問題をはらんでいる.すなわち,他の外交的手段を尽くすべきだといっても,説得その他の手段が好ましい効果を挙げることができなければ,経済制裁が必要だという議論が出てきて,それでも効果がないときは,最後には軍事力の行使が必要だという主張につながっていく可能性が高い.

(4) 変化する制裁の目的と大国の政治的思惑

第五の要件は,均衡の原則と呼ばれる考え方である.被制裁国の国民の被害の大きさを上回らない範囲で経済制裁は実施されるべきだという主張は,もっともな考えである.だが,均衡の原則の難点は,何をもって被害の規模と期待される利益とのバランスがとれていると判断するかの明確な基準がないことである.このため,制裁国側の政治的な思惑が判断基準に入り込むことになり,往々にして,大国の国益判断によって判断基準が歪められてしまうことが起きる.

第六の要件,すなわち制裁の主体が,国連のような多国間主義に基づくべきだという原則はどうか.この考えは,多国間協議の枠組みの下で制裁を実施することによって,制裁の目的が大国の政治的思惑に作用される余地を少なくすることを意図するものだが,現実には,依然として大国の国益がらみの行動に規定されているといってよい.

この点に関連して留意すべきは,大国の政治的思惑や利害に影響されて,制裁目的が変化することだ.制裁に加わる国の動機は単一ではなく,複数存在することが一般的である.また,厄介なのは,制裁国が明らかにしたくない動機も存在することである.このため,状況の変化に応じて,制裁目的が変化することになる.

その典型的な事例が，イラク制裁に込めた米国の意図である．イラク制裁が開始された理由は，フセイン政権によるクウェート侵攻であった．したがって，当初の制裁目的は，フセインの軍隊のクウェートからの撤退であった．第一次湾岸戦争も同様の理由から開始された．しかし，周知のように，米国主導の多国籍軍がフセインの部隊をクウェートから追放し，現状が回復された後も，イラク制裁は継続された．その理由は，クウェート解放後の米国の目的が，イラクの大量破壊兵器の破壊，フセイン政権の打倒，イラクの民主化へと変わったことによる［菅 2008: 27-70］．

対イラク制裁の場合，英米両政府からは，人道危機の原因はイラクの分配システムに問題があるからだとか，フセイン政権が人道危機を国際世論にアピールするために意図的に分配を妨害したり，遅らせたりしているとの批判が繰り返された．また，制裁と人道危機との関係を立証するのに必要なデータが不足しているとして，両者の因果関係を否定することがおこなわれた．だが，バグダッドの現場で国連イラク人道調整官として「石油と食糧交換計画」(後述)を担当したスポネックは，イラクの武装解除が人道的配慮を凌駕したと述べたうえで，「政治的な操作および国連安保理内部の根本的欠陥」を指摘している［von Sponeck 2005: 2; 6］．スポネックは，「石油と食糧交換計画」の資金をイラク政府が効果的に活用できなかったという英米の主張は「事実をひどく歪曲した」もので，「イラク政府が人道物資の発注を意図的に遅らせるようなことはなかった」と証言している．その証拠として，イラク政府が承認した契約額が利用可能な予算を常に上回っていたことをデータで示している［von Sponeck 2005: 15］．

また，米国によるデータの政治利用も指摘されている．スポネックは，国連事務局と英米両国政府との間では，しばしば国連が提供するデータの信頼性をめぐる軋轢が存在したと指摘したうえで，英米の常套手段は，国連児童基金 (UNICEF)，食糧農業機関 (FAO)，世界食糧プログラム (WFP) が提供するデータが，イラクを弱体化させるという英米の戦略にそぐわないときには，データの信頼性に疑問を投げかけるか，否定するか，さもなければイラクの宣伝だと一蹴することがおこなわれたと批判している［von Sponeck 2005: 77-78］．また，英米両政府は，国連や世界保健機構 (WHO) のような国連機関などが発表するデータに関して，意図的かつ悪質な歪曲をおこなった．そうした場合でも，国連機関は米国政府の報復を恐れて抗議することは出来なかったことを明らかにしている［ibid.: 78］．フセイン政権に人道危機の全面的責任を押し付ける英米

の試みは，多くの場合，国際世論の批判をかわすのが狙いであることに留意する必要がある．

　以上の検討から明らかなように，米国のような大国が単独で実施する場合はもちろんのこと，国連安保理のような多国間の枠組みの下でも，経済制裁は，大国の政治的思惑や利害に左右されることは避けがたく，それゆえ第六の要件を満たすこともまた困難であると言わざるをえない．

　これまで，経済制裁の人道的代価を極小化するために充たすべき要件について検討してきたが，現実には，これら6つの要件を充足することは極めて困難だということが明らかになったと思う．こうした国際社会の現実を踏まえると，経済制裁の発動には前記の6つの要件を充たす努力がなされる必要があることはもちろんのこと，その実施には極めて慎重であるべきである．

2　「スマート・サンクション」をめぐる諸問題

(1) スマート・サンクションの導入とその限界

　前節で検討したように，包括的経済制裁は，制裁目的を達成するための制裁措置強化に伴う犠牲の規模と人道上の配慮とのバランスをとることが非常に困難であり，均衡の原則の観点からは重大な問題を含んでいることが明らかになった．このため，90年代半ばごろから，被制裁国の人びとの苦痛や被害をできるだけ軽減する方法への関心が高まるなか，「スマート・サンクション」の導入に注目が集まった．実際のところ，包括的な制裁は2000年以降は発動されておらず，さまざまなタイプの部分的制裁を組み合せた制裁がおこなわれるようになっている．

　スマート・サンクションとは，被制裁国の指導者や支持者に制裁の対象を限定することによって，一般市民の苦痛や被害を軽減することを意図している．武器禁輸や指導者・エリート層に対する渡航制限，預金の凍結といった金融的措置などがとられる．

　近年の研究によると，2000年以降に国連安保理が採択した制裁措置は，スマート・サンクションの傾向を示しているとしたうえで，以下の特徴を挙げている．第一に，国連が制裁委員会の機能の向上を図るとともに，措置履行をより的確に監視するために制裁委員会の活動を補完するような特別な組織を発足させ，制裁委員会と連携して活動するようになった．第二に，現在実行されている制

裁事例においては，内戦中か停戦中の事例が多いことから，武器禁輸が制裁の鍵になっている．第三に，一般市民への被害や苦痛を極小化するため，制裁対象を特定人物やその家族，関連団体に絞って課す事例が増えている．第四に，制裁期間が短縮され，かつまた状況の変化に合わせて，制裁内容，制裁対象，担当機関などの業務の見直しがなされるようになっている．第五に，人道的配慮から，被制裁国の一般市民への人道物資の配給，武器禁輸の監視についても，国連PKOによって進められるケースが多くなっている［本田 2013: 290-330］．

　一方で，スマート・サンクションは，これだけでは制裁効果が上がらないことから，通常は，その他の限定的・部分的制裁措置と併用して実施されるのが一般的であり，被制裁国の無辜の市民へのある程度の被害は避けられないという問題は依然として残る．

　それにはいくつかの理由がある．第一に，武器禁輸や渡航制限，金融的措置が被制裁国の指導者・エリート官僚に対して発動される場合の事例としては，当該国で内戦が発生し，戦闘を止めさせるために経済制裁が発動されることが多いからである．そのような内戦状態にある国においては，大量虐殺やレイプ事件が発生していることもしばしばであり，それを阻止するために，「人道的介入」がおこなわれることもあるが，そのさい部分的なものであれ，経済制裁が同時並行的に発動されることになると，人道危機が起きる．1993年9月に開始されたアンゴラ内戦での反政府勢力に対して発動された制裁，1997年10月に始まったシエラレオネ内戦での制裁の場合，人道危機が発生した．

　第二に，多くの研究が指摘するように，一般的に，被制裁国の政治体制が抑圧的である場合には，制裁の効果は限定的であることだ［Hafubauer, Schott, Elliott and Oegg 2007: 166］．このような場合，スマート・サンクションは効果が薄いことから，制裁の強化がはかられ，最終的には武力行使にいたる可能性が高まるという問題が生じる．また，抑圧的な政権の下では往々にして，価値の配分が不平等なため，政治は不安定化し，国内の政治対立が激化して内戦に発展する事例が見られる．その意味で，先に指摘した内戦状況に陥りやすい国と抑圧的な政権とはかなり相関関係があるといえよう．

　第三に，冷戦終結後にグローバル化が加速する中で，「弱い国家」の中から，「失敗しつつある国家」，「失敗国家」，「崩壊国家」が出現するようになった．脆弱な国では，一般的に政治は不安定で内戦が発生しやすい状況にある．そうした「弱い国家」に対して，重大な人権侵害がおこなわれていることを理由に経済

制裁が発動されることになれば,これらの国は,「破綻国家」や「崩壊国家」に転落し,経済や社会全体に「取り返しのつかない重大な被害」をもたらす可能性が高い.制裁を発動するさいには,そうした可能性も慎重に考慮する必要がある.

1990年から2001年の期間に国連が実施した14の事例を検討したスマート・サンクションに関する研究によると,イラク,ユーゴスラヴィア (1992-95年),リビア,アンゴラ,カンボジアの場合は,「部分的な」効果を挙げたとの結論を導き出しているが,他方で,ハイチ,スーダン,シエラレオネ,アフガニスタン,それに武器禁輸が単独で実施された5カ国(ソマリア,ルワンダ,ユーゴスラヴィア〔1998〕,エチオピア/エリトリア,リベリア)の場合は,「ほとんどまたは全く」インパクトがなかったとされる[Cortright and Lopez eds. 2002: 7-9].

この研究はまた,以下の注目すべき問題点を指摘している.第一に,包括的経済制裁の方が,的を絞った部分的制裁よりも効果が大きいと述べたうえで,その理由は,前者が被制裁国の経済や社会に与える影響がそれだけ大きいからだと述べている.言い換えると,被制裁国の無辜の市民に与える苦痛と被害もまた,より大きくなるということだ.第二に,スマート・サンクションのような対象を絞った制裁は人道的な被害をもたらさないということではないと指摘したうえで,アンゴラとシエラレオネでは,相当な人道的被害が発生したとしている[Cortright and Lopez eds. 2002: 6].第三に,スマート・サンクションで導入されることの多い ① 金融制裁(資産凍結など),② 製品(石油,ダイヤモンド)の取引禁止,③ 旅行制限,④ 武器禁輸に関する制裁の効果を検討しているが,すでに述べたように,これらの措置は単独でおこなわれるのではなく,同時並行的に実施されるため,前述の制裁措置のうちいずれがどの程度の効果を発揮したかを確定するのは困難だとしている.そのうえで,導き出された結論は,それぞれ,①については「不確か」,②についてはケース・バイ・ケース,③については「限定的」,④については,抜け道が多く「実施が困難で最も効果が期待できない」というものである.それゆえ,筆者たちは,制裁に関する実施国間の合意が最も重要であること,そのためには,被制裁国のエリートの正確な特定,彼らにとってダメージを与えることのできる資産や資源の認定,被制裁国政府の行動に影響を及ぼすことが期待される反対勢力が国内に存在するか否かの確認など,「注意深い戦略的目標設定」が必要だと指摘している[Cortright and Lopez eds. 2002: 8-18].

(2) イラク制裁と「石油と食糧交換計画」

　スマート・サンクションを含む部分的制裁の組み合わせによる経済制裁に関する先行研究は，制裁の効果に関心を集中させる結果，被制裁国の市民に及ぼす苦痛や被害の程度に関する実証的裏付けを欠いている．この点で実証的研究の蓄積があるのは，イラク経済制裁の期間中，イラクが深刻な人道危機に陥ったことに伴い，危機に対処するために「人道的例外措置」としてとられた「石油と食糧交換計画」である．

　経済制裁は，制裁を加える側にも一定の犠牲を伴うものであるがゆえに，制裁国側は，人道的な観点からではなく，国益や利害を優先して制裁に参加するかどうかを決めることになる．英米両国は，クウェートからのイラク軍の追放という当初目的は実現したものの，その後大量破壊兵器の廃棄，フセイン政権の打倒とイラクの民主化という点に制裁目的が移行したことから，政治目的を優先させ，イラク市民の被害や苦痛には必要な考慮が払われなかった．

　そうした中にあって，「石油と食糧交換計画」は，イラクの人道危機を緩和するための措置として発表され，スマート・サンクションの先駆けという性格を持っていたことから，このプログラムの実施過程でどういう事態が発生したのかを検証しておくことは必要なことだろう．

　「石油と食糧交換計画」は，1996年12月10日から2003年11月21日の期間を通して，「人道支援」の名の下に実施された．通常，「人道支援」という言葉が使用される場合は，外部資金が充てられるという印象を与える．だが，資金源はすべてイラクの石油収入によるものであり，外部からの資金援助にもとづくものではなかったことは記憶にとどめておく必要がある．そのうえで指摘すべきは，イラクの石油は国連の厳しい監視下に置かれ，しかも限られた分量しか販売できなかった．さらに，人道物資の輸入も国連安保理の厳しい統制下に置かれた．また，イラクの石油から得られた資金であるにもかかわらず，食糧品も含めて，イラク国内で生産された物品を調達することさえ認められなかった．このため，フセイン政権は主権の侵害だとして強く反発することになる．

　第二に，1990年9月13日に採択された666決議は，「人道的な状況」に関する判断は国連安保理だけがおこなうものとした．このため，安保理内に設けられた制裁実施組織である制裁委員会（通称661委員会）を通しておこなわれることになり，しかも，この委員会内の議論は非公開とされたので，英米の政治的思惑が入り込む余地が拡大された．

イラク人道危機に対処するため，1991年4月3日に687決議が採択され，制裁対象品目から食糧の除外を決定したものの，厳しい条件が付けられていた．供給業者はすべての食糧のイラクへの輸出を661委員会に通知しなければならなかったし，「市民生活にとっての必需品」もまた，同委員会の許可を必要とした．しかも，制裁の緩和や解除は，イラク政府の「政策と対応」次第だとされ，その中には，イラク政府が容易に受け入れることができない内容が盛り込まれただけでなく，すべての国連決議の履行を含むとされた[1]．

第三に，1991年3月にイラクが国連安保理決議686を受諾し，湾岸戦争は終結したものの，降伏の条件（12の安保理決議すべて）をイラクが実施するまでは制裁を継続するとされたため，制裁は長期間に及ぶことになり，それだけ，イラク市民の苦痛や被害は大きくなった．また，制裁委員会の決定は全会一致方式がとられたため，英米が反対すれば，制裁の解除はなされないという状況が続いた．

第四に，国連安保理は，「石油と食糧交換計画」の実施期間13年間のうち，1996年12月から98年5月までの期間，半年ごとに20億ドルの予算を割り当てたが，その全額が人道的物資の輸入に向けられたのではない．そのうち，30％は国連賠償基金（イラクのクウェート侵攻によって受けた被害の補償）に振り向けられた．くわえて，4％は「石油と食糧交換計画」の実施に当たる国連機関の必要経費（2.2％），軍縮を実施するための活動費（0.8％），予備費（1.0％）として確保された．したがって，人道物資の購入に使用することができる予算は，全体の66％（13億ドル）でしかなかった．年間26億ドルは，イラク国民1人当たりの所得に換算すると，118ドルであり，イラク市民1人当たり1日32セントでしかなかった．これで，食糧，医薬品，電気，飲料水，下水道，教育などをまかなわなければならないありさまであった［von Sponeck 2005: 13-14］．

イラクはもともと，食糧輸入国で，湾岸戦争以前は，毎年30億ドルを輸入していた．そのような状況下では，国連安保理が認めた前記予算では，人道危機に対処するには不十分であることは明白であった．

(3) 政治的利害を優先する英米

英米両国は，このような現実を承知していたが，人道危機に対処できないという，現場の国連イラク人道調整官からの訴えやNGOなどからの批判に対しては，その原因を作っているのは，フセインだとの立場に終始した．その典型

第 9 章　経済制裁と子どもの生きる権利　　171

的な例は，国務省が1999年 9 月に作成した報告書である．この報告書は，同年 8 月にイラクが人道危機に直面するなか，ユニセフ報告書が 5 歳未満の幼児の死亡率が1990年から急増していると警告を発したのに続き，ユニセフの主任統計学者ギャレス・ジョーンが，80年代にイラク政府が実現していた低い幼児死亡率が90年代まで続いていたとしたら，およそ50万人の幼児が命を救われただろうと述べたことに対する反論として発表されたものである［UNICEF 1999: 10-12; Sacks 1999: 3-4］．

　国務省報告書は，データ算出の根拠を示すことなく幼児死亡率の増加を否定するという乱暴な内容であっただけでなく，「イラク国民の苦痛の第一義的責任は，『石油と食糧交換計画』に対するイラクの妨害によるもので，国連の制裁によるものではない」として，責任を全面的にフセイン政権の不手際によるものだと主張した［U. S. Department of State 1999: 5］．

　国連イラク人道調整官を務めたデニス・ハリデイは，子どもたちが置かれた状況を憂慮し，1998年に抗議の意味を込めて国連事務総長補佐を辞任した．そのさい次のように述べている．「制裁は毎月 6 千人のイラクの幼児を餓死させ，普通のイラク市民の人間としての権利を無視し，かつまたイラク国民全体を欧米の敵に回している……私はこれ以上そうした政策の肩棒を担ぎたくはない」[2)]．彼はまた，別の機会に，イラク国民の置かれている悲惨な状況を「ジェノサイド」だと批判している［Halliday 2000: 229-31］．

　1991年の 8 月と 9 月にそれぞれ発表されたユニセフ報告書と国務省報告書を比較した「イラク国民の状況を憂慮する市民の会」のバート・サックスは，国務省に次のように問いかけている．① 人道危機に直面したイラクの救済に関して，「石油と食糧交換計画」から得られる資金の全てを国連が管理している状況の下で，また制裁委員会の監視下で食糧，医薬品などの使用が許可されるにもかかわらず，米国政府がイラクの石油輸出量を制限し続けるのはなぜか，② イラクの食糧品目に果物，野菜，蛋白源が含まれないのはなぜか，③ 制裁はイラクの人びとに損害を与える意図はない．それゆえ制裁品目には食糧と医薬品は含まれていないと国務省報告は主張するが，この主張は国連に関する限りその通りだが，ではなぜ米政府は食糧と医薬品に対する制裁を維持しているのか，④ 米国政府は，「荒野の声」というNGOメンバー 4 人が，米国の国内法に違反して医薬品や玩具をイラクに持ち込んだという理由で，なにゆえ16万3000ドルの罰金を科すと脅しているのか，⑤ 96万人のイラクの子どもたちが

慢性的な栄養失調状態にあるとユニセフが報告しているのに，なぜ「石油と食糧交換計画」の売上金の30％を国連賠償基金に優先的に回し続けるのか．国連賠償基金への割り振りは，子どもたちが十分な食べ物を与えられるようになるまで，凍結したらよいのではないか．⑥ 隣国にとってイラクは危険な存在であるので，イラクを封じ込めておく必要があるとワシントンは主張するが，ではなぜアラブ連盟の事務局長が，「アラブ諸国は国連制裁が解除されるのを望む」と発言したのか [Sacks 1999: 9-10]．

　以上は，正当な問いかけである．なぜこれらの疑問に米国政府が応じようとしなかったのかという問いに対する答えは，イラク市民や子どもたちへの人道的配慮よりも，フセイン政権の打倒と大量破壊兵器の廃棄という政治目的が優先されたからだということになる．

3　子どもの生きる権利と経済制裁のアポリア

　子どもは社会的弱者の中でもとくに脆弱な存在であるとの認識のもとに，特別の保護が与えられなければならないと考えられてきた．古くは，1924年9月の「子どもの権利に関するジュネーヴ宣言」に始まり，第二次世界大戦後は，48年12月に国連総会で採択された世界人権宣言において，母および子は，「特別の保護及び援助を受ける権利を有する」とされた．続いて，1959年11月には，国連総会で「子どもの権利に関する宣言」が採択され，児童は，「身体的及び精神的に未熟であるため，特別の保護が必要だ」と確認された．さらに，この宣言を受けて，1989年11月，国連総会は「子どもの権利条約」を採択した．この条約は，子どもを人権の権利主体として前面に打ち出し，生命に対する権利，健康および医療に対する権利，生活水準に対する権利，社会保障の権利，教育に対する権利など，子どもの権利について包括的に規定したところに特色がある．しかも，同条約は，この条約において認められる権利の実現のために，「すべての適当な立法措置，行政措置その他の措置を講ずる」ことを締約国の実施義務として規定している点で画期的である．

　だが，現実はどうであろうか．国連は，憲章前文で「基本的人権と人間の尊厳及び価値」を確認し，第1条3項では，「人権および基本的自由を尊重するように助長奨励する」と謳っている．にもかかわらず，国連安保理はこれまで，国家の論理を優先し，高い人道的代価を伴う包括的経済制裁を実施してきた．

90年代半ばごろから，ようやく経済制裁の非人道的側面への関心も高まり，包括的制裁に代わってスマート・サンクションが導入されるようになった．

　しかし，すでに検討してきたように，スマート・サンクションは，その目的に照らした場合，実効性に問題があることも明らかになっている．スマート・サンクションの効果についての近年の評価は，「この概念が最初に導入されたときの予想よりもその効果は限定的であることが判明した」［Wallensteen and Grusell 2012: 225］というものである．また，国連や制裁委員会は，スマート・サンクションの導入によって社会的弱者への影響回避と指導者やエリート官僚への打撃の最大化という二重の目的が達成されているかどうかについて，まとまった報告書を発表していない．このことは，経済制裁のアポリアが解決していないことを示唆しているともいえる．

　2013年にまとめられた日本の外務省の委託調査は，そのことをよく示している．この報告書は，「スマート・サンクションの背後にある人権・人道規範が今後とも衰えることは考えにくい以上，今後の制裁において包括的な禁輸措置が発動される可能性は極めて低い」との認識を示す．だが他方で，「制裁の実効性という観点からみた場合，高い水準の人権・人道規範を（ママ）追求することは制裁の実効性を損なうおそれがある」として，提言では，「中途半端な部分的措置の発動にとどめることは」拙い戦術であり，「当初の段階から迅速かつ包括的な経済制裁措置」をとることこそが，安保理に求められると述べている［三菱UFJリサーチ＆コンサルティング 2013: 123; 144］．

　スマート・サンクションの研究をおこなったコートライトとロペーズは，イラク制裁は「一部効果を上げた」と主張するが，彼らの評価は，制裁の人道的代価への実証的考察を欠いている．制裁の効果についての評価は被制裁国の市民，なかでも社会的弱者や子どもに及ぼす被害や苦痛の大きさと切り離して下すことはできない．にもかかわらず，経済制裁に関するこれまでの研究は，制裁の効果に関心を集中させるあまり，人道的被害への配慮を欠くものとなっていることは否めない．

おわりに

　子どもの権利条約は1990年9月2日に発効し，その1週間後に開催された「世界子どもサミット」で，「子どもの生存，保護および発達に関する世界宣言」

が採択された．この宣言は，「毎日，世界各地で，数え切れないほどの子どもたちが，発育と発達とを妨げるような危険にさらされている」と述べ，世界中の子どもたちが，厳しい現実に直面していることを明らかにしている．それから12年後の2002年5月に国連子ども特別総会は，「子どもたちにふさわしい世界」決議を採択した．その成果として，子どもたちによって作成された「私たちにふさわしい世界」というメッセージが出された（本書，終章252-253頁参照）．

子どもたちの目線で考えた「子どもたちにふさわしい世界」とは，以下の9項目に集約されている．① 子どもの権利が尊重される世界，② 搾取，虐待，暴力がない世界，③ 戦争のない世界，④ ヘルスケアが提供される世界，⑤ HIV／エイズが根絶される世界，⑥ 環境が保護される世界，⑦ 貧困のない世界，⑧ 教育が提供される世界，⑨ 子どもたちの積極的な参加が可能な世界．彼らは，大人たちに「子どもたちにふさわしい世界」の実現に努力するよう求めている．なぜなら，「わたしたちにふさわしい世界は，すべての人びとにとってもふさわしい世界だから」である［UNICEF 2002: 1-2］．

子どもの権利条約は，子どもを大人と同じく基本的人権の主体として認めた．この画期性にもかかわらず，同条約は人権違反を犯した締約国に対して強制措置をとることまでは規定しておらず，同条約が設置を認めた「子どもの権利委員会」が，義務の履行状況を審査し，必要な提案や勧告をおこなうとなっている点で，限界もある．それゆえ，子どもに権利主体を認めているものの，その主体性の意味は，現実には限られている．

だとすれば，被制裁国の市民への影響，なかでも特別の保護を必要とする子どもたちへの深刻な影響を考慮したとき，「子どもたちにふさわしい世界」の実現に大きな障害となる経済制裁の実施にさいしては，制裁が非人道兵器であるとの認識を踏まえることが求められる．

1995年1月25日の国連事務総長報告「平和の課題への補遺」が述べているように，経済制裁は「鈍器」（a blunt weapon）のようなものである．効果が現れるまでには，時間がかかるうえに，効果を上げるべく制裁を強化し，その範囲を包括的にすればするほど，今度は，本来制裁の対象となるべき政治指導者や支配エリートではなく，無辜の市民や社会的弱者が大きな被害と苦痛を受けることになる．経済制裁の非人道的側面については，専門家の間では知られるようになっている．しかし，一般の人びとにとっては，このことは周知の事実となっていない．その意味では，ゴードンが，対イラク経済制裁に関する近著の

タイトルを「見えざる戦争」としたのは正鵠を射ている.

　冷戦後に注目されるようになったスマート・サンクションの限界も浮かび上がってきており，そのため，包括的経済制裁への誘惑も依然として存在する．それゆえ，経済制裁のアポリア（制裁の効果か人道への配慮か）への解決策なしで，戦争に代わる手段として経済制裁の必要性を説くことには極めて慎重でなければならない．

注

1）"Resolution 687," 3 April, 1991 (http://www.un.org/Depts/unmovic/documents/687.pdf, 2015年7月30日閲覧).
2）*The New York Times*, October 18, 1998.

参考文献

菅英輝［2008］『アメリカの世界戦略』中央公論新社（中公新書）．
─────［2009］「対イラク経済制裁──知られざる『大量破壊兵器』──」，初瀬龍平・松田哲・戸田真紀子編『国際関係のなかの子ども』御茶の水書房．
本多美樹［2013］『国連による経済制裁と人道上の諸問題 「スマート・サンクション」の模索』国際書院．
三菱UFJリサーチ＆コンサルティング株式会社［2013］「安保理決議による経済制裁：制裁に至る事情・内容・効果等の横断的比較分析」（報告書）．
Al-Samarrai, B. [1995] "Economic Sanctions Against Iraq: Do They Contribute to a Just Settlement?" in Cortright, D. and G. A. Lopez eds. *Economic Sanctions: Panacea or Peacebuilding in a Post-Cold War World?*, Boulder, CO: Westview Press.
Christiansen D. and G. F. Powers [1995] "Economic Sanctions and the Just-War Doctrine," in Cortright, D. and G. A. Lopez eds. *Economic Sanctions: Panacea or Peacebuilding in a Post-Cold War World?*, Boulder, CO: Westview Press.
Cortright, D. and G. A. Lopez eds. [2000] *The Sanctions Decade: Assessing UN Strategy in the 1990s*, Lynne Rienner Publishers.
─────［2002］*Smart Sanctions: Targeting Economic Statecraft*, New York: Rowman & Littlefield Publishers.
Gordon, J. [2002] "Economic Sanctions as a Weapon of Mass Destruction," *Harper's Magazine*, November.
Halliday D. J. [2000] "The Deadly and Illegal Consequences of Economic Sanctions on the People of Iraq," *Brown Journal of World Affairs*, 7(1).
Hufbauer, G. C., J. J. Schott, K. A. Eliott, and B. Oegg [2007] *Economic Sanctions Reconsidered*, 3rd edition, Washington D.C.: Peter G. Peterson Institute for International Economics.

Sacks, B. [1999] "Unicef's Report 'Results of the 1999 Iraq Child and Maternal Mortality Survey' August 1999 and The U.S. State Department's Report 'Saddam Hussein's Iraq'," September 28 (http://www.scn.org/ccpi/UNandUSreports.html, 2015年7月30日閲覧).

von Sponeck, H. C. [2005] *A Different Kind of War The UN Sanctions Regime in Iraq*, New York: Berghahn Books.

UNICEF [1999] "Child and Maternal Mortality Survey 1999 Preliminary Report," July. (http://fas.org/news/iraq/1999/08/irqscont.pdf, 2015年7月30日閲覧).

——— [2002] "World Fit For US" May 8-10 (http:www.unicef.org/specialsession/documentation/childrens-statement.htm, 2015年7月30日閲覧).

U. N. Security Council [1991] "Report to the Secretary-General on humanitarian needs in Kuwait and Iraq in the immediate post-crisis environment by a mission to the area led by Mr. Martti Ahtisaari, Under-Secretary-General for Administration and Management," S/22366, annex, March 20 (http://www.un.org/Depts/oip/background/reports/s22366.pdf, 2015年7月30日閲覧).

U. S. Department of State [1999] *Saddam Hussein's Iraq*, September.

Wallersteen, P. and H. Grusell [2012] "Targeting the Right Targets ? The UN Use of Individual Sanctions," *Global Governance* 18.

Weiss, T. G., D. Cortright, G. A. Lopez and L. Minear eds. [1997] *Political Gain, Civilian Pain: Humanitarian Impacts of Economic Sanctions*, New York: Rowman & Littlefield, Publishers.

読んでほしい本・観てほしい映画

① ラムゼー・クラーク『ラムゼー・クラークの湾岸戦争』(中平信也訳), 地湧社, 1994年.
　対イラク経済制裁は，湾岸戦争でイラクのインフラが徹底的に破壊されたことから深刻化した．平和に対する罪，人道に対する罪の観点からこの戦争を告発したユニークな本.

② United Nations [1995] "Supplement to An Agenda for Peace: Position Paper of the Secretary-General on the Occasion of the Fiftieth Anniversary of the United Nations," A/50/60-S/1995/1, 3 January.
　1992年にブートロス・ガリ国連事務総長が提出した『平和の課題』のときに予想されなかった諸問題を検討した文書で，経済制裁については，新たに浮上した倫理的，人道的問題に取り組むための提言をおこなっている．

③ 吉村祥子「国連の非軍事的制裁における『制裁委員会』の機能と役割」『修道法学』22 (1-2), 2000年.
　制裁委員会の任務や役割を検討しているが，人道を目的とする制裁措置の適用除外について，この委員会が果たした役割と問題点の考察の部分が有益.

④ Gordon, J., *Invisible War: The United States and the Iraq Sanctions*, Cambridge, Massachusetts: Harvard University Press, 2012.
　イラク制裁委員会が非公開で全会一致の運営をおこなったことから，どのような人道的問題が生じたのかを掘り下げて考察した，経済制裁に関するすぐれた研究書．
⑤ ドキュメンタリー「イラク復興，国連の苦悩」NHKスペシャル，2004年4月18日放送．
　イラクの戦後復興をめぐって，米軍占領下の暫定行当局主導でイラク暫定政府の樹立を目指す米国政府に対して，占領の早期終結とイラク国民の直接選挙による新政府樹立を求めるアナン国連事務総長が，国連主導のイラク復興を英米首脳に受け入れさせるまでの緊迫した交渉を描くドキュメンタリー番組．武力行使を背景にイラク統治を目指す米国政府の姿勢が，逆にイラクの治安を悪化させていく過程を浮き彫りにしている．

（菅　英輝）

第 III 部
子どもを守る国際レジーム

トリンコマリー（スリランカ）近郊の小学校にて（2009年3月撮影）
撮影者：松田　哲.

子どもを苦しめている問題を解決するためにさまざまな取り組みがおこなわれていることについては，これまでの章でもみてきたとおりです．第Ⅲ部では，そのような取り組みに共通してみられる国際協力に焦点を当てながら，「子どもを守る国際レジーム」について考えていきましょう．

　第10章では，子どもを守る国際レジームの形成史が論じられています．そこで特に重要になるのは，子どもを権利の行使主体に位置づけた「子どもの権利条約」の採択（1989年）です．これ以降の国際社会では，「ミレニアム開発目標」や「持続可能な開発目標」に示された子どもの健康や教育に関する目標の実現によって子どもの権利を保障しようとする取り組みが，主流になっていきます．この章では，そのような活動をおこなう国際機関としてユニセフ，世界保健機関（WHO），ユネスコが取り上げられています．

　これら3つの国際機関は，国際社会の経済問題や社会問題に責任を有する「経済社会理事会」という国連組織との協力関係が強い組織です．他方で国連には，国際社会の平和と安全に責任をもつ「安全保障理事会」という組織があります．第11章では，安全保障理事会が主導してきた「武力紛争における子どもに対する暴力」の争点化の過程や，そのような暴力に対する監視報告メカニズムの構築と運用の問題などが論じられています．

　第12章では，子どもを守るための国際的な法の枠組みについて考えます．もちろん，その際の出発点になるのは子どもの権利条約ですが，そこに示された「子の最善の利益」という考え方も重要です．第12章では，国際結婚（離婚）や国際養子縁組における子の最善の利益を守るための法的枠組みについても，詳しくみていきます．

　第13章では，子ども買春，人身取引，子どもポルノ（法律用語では児童ポルノ）に代表される「子どもへの商業的な性的搾取（CSEC）」の問題を扱います．グローバル化が進む国際社会では，これらの問題に一国で立ち向かっても効果的ではありません．そこで現在では，国際機関，地域機関，各国政府，国際NGO，地域NGOなどの多様なアクターが協力しながらCSECの脅威に対応する国際レジームが構築されています．その点について，具体的にみていきましょう．

　以上はすべて，子どもにとって暮らしやすい世界を築くための取り組みです．では，そのような取り組みに私達が個人としてできることは何なのでしょうか．第Ⅲ部の各章を読みながら，その点についても考えてみてください．

　　　　　　　　　　　　　　　　　　　　　　　　（松田　哲）

第10章　子どもの健康と教育を守る国際機関
　　　——ユニセフ・WHO・ユネスコ——

はじめに

　2000年に国連で採択された「ミレニアム開発目標（MDGs: Millennium Development Goals）」は，2015年までに国際社会が達成すべきとされる，21世紀初頭の国際的貧困削減目標を掲げたものであった．そこでは「初等教育の完全普及の達成」や「子どもの死亡率の削減」が掲げられており，MDGsの達成による，子どもの健康の増進や教育の普及が目指されていた．また，2002年には，MDGsを子どもの問題にさらに特化させる形で発展させた「子どもたちにふさわしい世界（World Fit for Children）」という宣言が国連によって採択され，子どもを取り巻く状況の改善に，より総合的に取り組むことが求められるようになった．その意味においてMDGsと「子どもたちにふさわしい世界」は，健康分野や教育分野における取り組みを通じて子どもの暮らしを向上させようとする際に従うべきルールであり，「子どもを守る国際レジーム」の一環をなすものであったということができる［勝間2015: 241］．ここでレジームとは，国家単独では解決できない問題に取り組むために形成される，特定のルールにもとづいた国際協力のための行動枠組みのことである．
　では，そのような子どもを守る国際レジームは，どのようなプロセスを経て形成されてきたのであろうか．子どもの健康の増進や教育の向上に携わる国際機関にはどのようなものがあり，どのような活動をおこなってきたのであろうか．そこで本章では，第1節で，MDGsと「子どもたちにふさわしい世界」の採択に至るまでの子どもを守る国際レジームの展開について概観することとし，第2節で，子どもの暮らしの向上に関わる活動をおこなってきた国際機関のなかから，ユニセフ／国連児童基金（UNICEF: United Nations International Children's

Emergency Fund），世界保健機関（WHO: World Health Organization），ユネスコ／国連教育科学文化機関（UNESCO: United Nations Educational, Scientific and Cultural Organization）の3つを取りあげ，その成立背景や活動内容をみていくこととする．続く第3節では，これらの国際機関の協力によって生み出されてきた子どもの健康の増進や教育の普及に関する2つの基本理念，すなわち「万人のための健康（HFA: Health for All）」と「万人のための教育（EFA: Education for All）」をみておきたい．そして最後に，本章をまとめて終わることとする．

なお，増刷するにあたり，「持続可能な開発目標（SDGs: Sustainable Development Goals）」採択後の動向を補うこととした．

1 子どもを守る国際レジームの展開

子どもが国際社会における行為主体（権利主体，構成員）であることが明確に意識されるようになったのは，「子どもの権利条約（Convention on the Rights of the Child）」が採択された1989年以降のことである．それ以降の国際社会では，子どもを取り巻く問題にもっと積極的に取り組むべきだとの認識が，幅広く共有されるようになっていく．本節では，子どもを守る国際レジームの展開（表10-1参照）を，子どもの権利条約の採択前と後に分けてみていくこととしたい．

(1) 「子どもの権利に関するジュネーブ宣言」から「子どもの権利条約」へ

国際社会で初めて採択された子どもに関する宣言は，1924年に国際連盟で採択された「子どもの権利に関するジュネーブ宣言（Geneva Declaration of the Rights of the Child）」である．この宣言は，1919年にセーブ・ザ・チルドレン（Save the Children[1]）を創設したイギリス人女性のジェブ（Eglantyne Jebb）によって起草されたものである［Ensalaco 2005: 10］．その前文では，人類が子どもに対して最善のものを与える義務を負っていることが述べられ，それに続く5つの条文では，医療，食糧，住居，緊急援助，搾取からの保護などを子どもに提供することが必要であると明記されている．しかしながら宣言採択後の国際社会は，第二次世界大戦の惨禍によって子どもが苦しむ世界に向かっていってしまった．

第二次世界大戦後の国際社会では，平和を守るためには人権の保障が必要であるとの認識が強まり，1948年に採択された「世界人権宣言（Universal Declaration of Human Rights）」を皮切りに，数多くの人権条約が結ばれることになった［米

表10-1　子どもを守る取り組みの展開──主な宣言・条約・会議──

1924年	「子どもの権利に関するジュネーブ宣言」採択
1948年	「世界人権宣言」採択
1959年	「子どもの権利宣言」採択
1966年	「国際人権規約」採択
1978年	「プライマリー・ヘルス・ケアに関するアルマ・アタ会議」開催、「アルマ・アタ宣言」採択
1989年	「子どもの権利条約」採択
1990年	・「万人のための世界教育会議」開催、「万人のための教育世界宣言」採択 ・国連「世界子どもサミット」開催、「子どもの生存、保護および発達に関する世界宣言」および「同宣言についての1990年代実施行動計画書」採択
2000年	・「世界教育フォーラム」開催、「ダカール行動枠組み」採択 ・「武力紛争における子どもの関与に関する子どもの権利条約選択議定書」および「子どもの売買、子どもの買春および子どもポルノに関する子どもの権利条約選択議定書」採択
2000年	「国連ミレニアム・サミット」開催、「ミレニアム宣言」および「ミレニアム開発目標（MDGs）」採択
2002年	・国連「子どもフォーラム」開催、フォーラム決議「私たちにふさわしい世界」採択 ・国連「子ども特別総会」開催、総会決議「子どもたちにふさわしい世界」採択
2007年	国連「子どもたちにふさわしい世界+5　特別総会」開催、「子どもたちにふさわしい世界+5宣言」採択
2011年	「通報制度に関する子どもの権利条約選択議定書」採択
2015年	・「世界教育フォーラム2015」開催、「2030年に向けた教育インチョン宣言」採択 ・「国連持続可能な開発サミット」開催、「我々の世界を変革する：持続可能な開発のための2030アジェンダ」（持続可能な開発目標［SDGs］）採択
2018年	「プライマリー・ヘルス・ケアに関するグローバル会議」開催、「アスタナ宣言」採択

（出所）筆者作成．

田 2009: 196]．その流れのなかで最初に採択された子どもに関する宣言は，1958年の「子どもの権利宣言（Declaration of the Rights of the Child）」（前文と10条で構成）である．この宣言の特徴は，教育への権利（第5条，第8条），子の最善の利益を考慮すべきこと（第2条），就業最低年齢ならびに健康や教育に有害な職業に従事することの禁止（第9条2）が明記されていることであった．いずれも，その後の子どもに関する取り組みのなかで重視されていくものばかりである．しかし全体としてみると，権利宣言という名称とは裏腹に，権利の実現を通じた子どものエンパワーメントよりも，道徳的要請にもとづく子どもの保護の方に重点がおかれていた［ユニセフ 2010: 5］．このような重点のおき方を逆転させたのが，1989年に採択される子どもの権利条約である．

子どもの権利条約（前文と54条で構成）は，批准した国が遵守の義務を負う条約である．そのような強制力を有する条約によって，子どもの人権が剥奪された状況を改善し，もって国際社会の主役として子どもが活躍できるような世界に変えていくというのが，この条約の基本的なスタンスである．

　子どもの権利条約に明記された権利の種類は実にさまざまであるが，日本ユニセフ協会はそれらの権利を，① 生きる権利（健康に生まれ，安全な水や十分な栄養を得て，健やかに成長する権利など），② 守られる権利（あらゆる種類の差別，虐待，搾取から守られる権利など），③ 育つ権利（教育を受け，休んだり遊んだりし，自分の考えや信じることが守られ，自分らしく育つことができる権利など），④ 参加する権利（自分の意見を表明し，集まってグループを作り，自由に活動することができる権利など）の4つに分類している[2]．むろん，いずれの権利も，子どもの生命，生存，発達にとって欠かせないものとみなされている [Ensalaco 2005: 14]．そしてまた，子どもにとって最もよいことは何なのかを考えることも，義務づけられている（第3条 [子の最善の利益]）．

　子どもの権利条約の採択によって大きく変わったのは，たとえば，子どもを取り巻く問題によって引き起こされている子どもの健康や教育の状況について，「子どもの権利が充たされているか否か」といった観点から論じられるようになったことである．その結果1990年代に開催される国際会議では，子どもを取り巻く状況の改善を，子どもの権利条約が要請する「人権保障」という観点に立って求めていくことが増えていくのであった．子どもの権利条約というルールに支えられた，子どもを守る国際レジームの誕生である．

(2)「ミレニアム開発目標（MDGs）」と「子どもたちにふさわしい世界」から，「持続可能な開発目標（SDGs）」へ

　子どもの権利条約採択後の1990年に開催された「世界子どもサミット（World Summit for Children）」は，子どもを取り巻く状況の改善に関する国際的・国内的な取り組みについて総合的に議論した，初の国際会議であった．この会議で採択された成果文書のひとつ，「子どもの生存，保護，発達に関する世界宣言についての1990年代実施行動計画書（Plan of Action for Implementing the World Declaration on the Survival, Protection and Development of Children in the 1990s）」は，7つの分野（5歳未満児死亡率，妊産婦死亡率，栄養失調，安全な飲料水の確保，万人に対する基礎教育，識字率，困難な状況にある子どもの保護）における改善を，2000年ま

でに達成するよう求めるものであった（paragraph 5）．そして，子どものための世界サミットで培われた子どものおかれた状況に対する問題意識は，その後のさまざまな国際会議にも受け継がれていき，2000年の「国連ミレニアム・サミット（United Nations Millennium Summit）」における「国連ミレニアム宣言（United Nations Millennium Declaration）」と「ミレニアム開発目標（MDGs）」の採択，2002年の「国連子ども特別総会（United Nations General Assembly Special Session on Children）」における「子どもたちにふさわしい世界」の採択に結実する．

　国連ミレニアム宣言[3]には，「各国のリーダーとして私たちは，世界のすべての人びとに対する，特に最も脆弱な人びと，とりわけ未来を担う世界の子どもに対する義務を負っている」（paragraph 2）といったような子どもを意識した表現が随所にみられるなど，子どものための宣言とでもいうべき特徴が備わっていた．MDGsも同様で，「子どもの問題に取り組む際の行動指針」とでもいうべき性格を帯びたものになっていた．MDGsは，国連ミレニアム宣言に取りあげられていた問題の解決に取り組む際に実施すべき8つの行動目標，その目標に関する具体的な21のターゲット，さらにそのターゲット（以下，T）の達成度を測るために用いるべき60のMDG指標を定めるものであったが[4]，それらのなかには子どもを取り巻く状況の改善に直接関係するようなものが数多く含まれていたからである．

　たとえばMDGsの達成度を測るためのMDG指標をみると，そこには5歳未満児死亡率（T2），乳児死亡率（T5），低体重児率（T2），予防接種実施率（T5），伝染病による死亡率（T8），初等教育就学率（T3），青年層識字率（T3），就学率や識字率におけるジェンダー・ギャップ（T4）といった，子どもの健康や教育の状況をモニタリングする際に用いられるものが数多く含まれていた．それゆえMDGsの達成に取り組むことは，子どもを取り巻く問題に取り組むのに等しくもあった．つまり国連ミレニアム宣言もMDGsも，子どもを取り巻く状況の改善を通じて子どもを守ろうとする国際レジームの，支えとでもいうべき文書であったわけである．

　以上のような国連ミレニアム宣言とMDGsにみられる子どもとの関わりは，2002年に開催された国連子ども特別総会においてさらなる展開をみせることになった．そこで採択された「子どもたちにふさわしい世界」では，慢性的貧困が「子どものニーズの充足，子どもの権利の保護と促進に対する最大の障害」であるとの認識が示されたのち，MDGsについて，「子どもの権利の充足，保護，

ならびに子どもの幸福の促進を図るために貧困を根絶しようとする国家戦略に対して，国際的な枠組み（framework）を提供する」ものであるとの評価が示されていた（paragraph 18）．そのうえで，子どもを取り巻く状況の改善に焦点を合わせた多様な取り組みを，MDGsよりも遙かに多様な指標を活用したモニタリングを通じて実施することが求められたのである．

「子どもたちにふさわしい世界」に示された「行動計画（paragraph 35-47）」では，① 健康的な生活の促進，② 良質な教育の提供，③ 虐待・搾取・暴力からの保護，④ HIV／エイズとの戦い，という4つの領域が重視されていた．いずれの領域も，子どもの権利条約における生きる権利，育つ権利，保護される権利に対応するものとなっている．その意味において，子どもの権利条約とMDGsを経由して紡ぎ上げられてきた「子どもたちにふさわしい世界」という決議は，子どもを守る国際レジームを支える指針を集大成的に示した文書といってもよいものなのである[5]．

また，さらに2015年の「国連持続可能な開発サミット（United Nations Sustainable Development Summit）」で採択されたSDGsについてみると，17ある目標のなかの9つの目標が子どもを取り巻く状況の改善に直接関係するものと位置づけられており，232あるSDG指標のなかの44の指標が，その改善状況をモニタリングするための指標とされている（ターゲットは169もある）[6] [UNICEF 2018b: 9-10]．子どもを守る国際レジームは，MDGsからSDGsへの移行を経て，さらなる深化を遂げつつあるのである．

2 子どもの健康と教育を守る国際機関
──ユニセフ・WHO・ユネスコ──

MDGsや「子どもたちにふさわしい世界」の達成度を測る際に使用される指標は，ユニセフ，世界保健機関（WHO），ユネスコといった国際機関が，子どもの健康や教育の状況をモニタリングする際に用いてきた指標でもあった．そこで本節では，子どもを取り巻く状況の改善に取り組んできた前記3機関の成立背景と活動内容を，概観しておくこととしたい（組織概要については表10-2を参照）．これらの国際機関はすべて，国連の経済社会理事会（ECOSOC: Economic and Social Council）に所属する国連専門機関であり，子どもを守る国際レジームの形成プロセスをリードしてきた機関でもある．

第10章　子どもの健康と教育を守る国際機関

表10-2　子どもを守る国際機関

	ユニセフ（国連児童基金）	世界保健機関（WHO）	ユネスコ（国連教育科学文化機関）
設立	1946年12月（国連国際児童緊急基金設立決議採択），1953年10月（国連児童基金に再編）	1948年4月（憲章採択は1946年6月）	1946年11月（憲章採択は1945年11月）
使命	子どもの権利の保護および子どもの基本的ニーズの充足，子どもの潜在的能力を十分に引き出すための機会の拡大を推進すること（『ユニセフの使命』より）	すべての人々を可能な限り最高の健康水準に到達させること（『WHO憲章』第1条より）	教育，科学および文化を通じて諸国民の間の協力を促進することによって，平和および安全に貢献すること（『ユネスコ憲章』第1条より）
重点分野	① 子どもの生存（保健・HIV/エイズ・水と衛生・栄養・感染症予防・乳幼児ケア），② 教育（基礎教育・女子教育），③ 子どもの保護と社会統合，④ 緊急人道支援，⑤ ジェンダー平等の推進（UNICEF 英語HPより）	① 国際保健におけるリーダーシップとパートナーシップの提供，② 国際保健におけるリサーチ・アジェンダの設定ならびに知識の発展と普及の促進，③ 国際保健における規範の設定と普及ならびに運用のモニタリング，④ 倫理的かつ根拠にもとづいた政策案の提供，⑤ 技術援助の提供と持続的組織能力の形成，⑥ 保健医療状況のモニタリングと動向評価（WHO 英語HPより）	① 教育の促進，② 多文化理解の促進，③ 科学技術協力の推進，④ 表現の自由の擁護（UNESCO 英語HPより）
本部	ニューヨーク（アメリカ）	ジュネーブ（スイス）	パリ（フランス）
組織	地域事務所（世界を7地域に分割し，それぞれに設置）．現地事務所（155カ国に設置）	地域事務局（世界を6地域に分割し，それぞれに設置）．国事務所（必要に応じて途上国に設置）	地域事務所（世界55カ国）
財政	加盟国任意拠出金，民間拠出金（寄付金）	加盟国分担金	加盟国分担金

（出所）筆者作成．

（1）ユニセフ／UNICEF（国連児童基金）

　ユニセフの設立が決定されたのは，1946年12月の第1回国連総会においてのことである．第二次世界大戦で被災した子どもに対する緊急援助をおこなう組織として3年間の期限付きで設立されたため，当初の名称は「国連国際児童緊急基金（UNICEF: United Nations International Children's Emergency Fund）」であった．子どもに対する緊急援助は1943年に設立された「連合国救済復興機関（UNRRA:

United Nations Relief and Rehabilitation Administration）」によってすでに実施されていたが，UNRRAの活動停止が1946年に決定されたため，その活動内容と残余資金を引き継ぐ組織としてユニセフが設立されたのであった[安田 2014: 168]。

設立当初のユニセフは，ヨーロッパ戦災国の子どもに対する粉ミルク，衣類，医薬品などの配給をおこなっていたが，徐々にアジアの新興独立国やラテン・アメリカ諸国の子どもに対する活動を実施するようになっていった。1950年には，そのようなユニセフの援助を受けていた発展途上地域の申し入れにもとづいて3年間の存続延長が決定され，さらに1953年になると，「国連児童基金（United Nations Children's Fund）」という名称の常設国連専門機関に再編されることが決定された。それにともないユニセフの主たる業務内容も，「第二次世界大戦によって被災した子ども」に対する緊急援助から「貧困の犠牲になっている途上国の子ども」に対する援助へと転換していくことになった[澤 1998: 34]。「世界の子どもを守る国際機関」に生まれ変わったわけである。ただし，それまでの活動によって世界に知れ渡っていたユニセフ／UNICEFという略称は，そのまま通称として用いられることになった。

1950年代のユニセフの活動は，予防接種による伝染病予防対策（WHOと協働）と粉ミルクの供給による栄養失調対策に重点をおいたものであったが，子どもの権利宣言の採択（1959年）に後押しされる形で，より抜本的なレベルの保健医療や公衆衛生に関わる活動が実施されるようになっていった[岩佐 2008: 81]。そのような活動におけるユニセフのパートナーは，WHOであった。さらに1960年代に入ると，ユニセフは初等教育分野の活動にも取り組むようになり，ユネスコとの協力関係を深めていくことになった[UNESCO 1997: 226]。なお，ユニセフがノーベル平和賞を受賞したのは，1965年のことである。

ユニセフは，1978年にはWHOと共に，「万人のための健康」を謳う「アルマ・アタ宣言（Alma-Ata Declaration）」の採択に大きな役割を果たし，1990年には，ユネスコなどと共に「万人のための教育世界会議」の開催に尽力して「万人のための教育」という理念の形成にも大きな影響を与えた（両理念については第3節で詳しくみる）。このようなユニセフの活動を支えてきたのは，健康や教育を基本的人権としてとらえる思想である。ユニセフにとっては，そのような思想の集大成こそが，1989年に採択された子どもの権利条約であった。

子どもの権利条約の採択に大いに触発されたユニセフは，1996年に「ユニセフの使命（Mission of UNICEF）」という宣言を採択し，そこでユニセフの使命を，

「『子どもの権利条約』を規範とし，子どもの権利が恒久的な倫理原則として，また子どもに対する国際的な行動基盤として確立されるように努力する」ことと定めた．ユニセフは，自らが子どもの人権を守るための国際機関であることを，改めて宣言したのである．

MDGs採択後のユニセフは，子どもを取り巻く状況の改善をMDGsの達成を通じて実現することに積極的に取り組むようになり，MDGsの達成状況をモニタリングするための報告書『子どもたちのための前進（Progress for Children）[8]』を定期的に刊行するなどして子どもを守る国際レジームの牽引役を果たすようになった．その姿勢は，SDGsの採択後にも引き継がれている．2018年に定められた『UNICEF戦略計画2018-2021』では，「誰一人取り残さない」というSDGsのビジョンを実現すべく，子どもの権利条約の思想を体現する5分野の目標——すべての子どもが，①命を守られ健全に発育すること，②学ぶ機会を得ること，③暴力や搾取から守られること，④安全で衛生的な環境で暮らすこと，⑤人生において公平な機会を得ること——が満たされるような世界の実現にユニセフが積極的に取り組んでいくことが宣言されている[9]［UNICEF 2018a: 9］．

(2) 世界保健機関（WHO）

1946年2月に，ニューヨークで国際保健会議が開催された．そこで採択された「世界保健機関憲章（Constitution of the World Health Organization）」にもとづき，1948年4月に設立された国連専門機関が，WHOである．

WHOは，1907年に設立された国際公衆衛生事務局（International Office of Public Hygiene），1923年に設立された国際連盟保健機関（League of Nations Health Organization），そして前述のUNRRAの業務を引き継ぐために設立された国際機関である．しかし，実際の引き継ぎに際しては，WHOがより専門性の高い国際保健事業を引き継ぎ，ユニセフが母子保健事業を引き継ぐという分担がなされたようである[10]［安田 2014: 104-105］．設立当初のユニセフはWHOから派遣される職員や専門家の助力を仰ぎながら業務を遂行していたとされるが［安田 2014: 159］，WHOとユニセフの間の協働関係が設立当初から強かったのには，このような設立の経緯が存在していたからであった．むろん，その協働関係は，以下でも述べるように，その後も長きにわたって保たれていく．

WHOは，健康を「病気ではないとか，弱っていないということではなく，肉体的にも，精神的にも，そして社会的にも，すべてが満たされた状態にある

こと」と定義し,「人種,宗教,政治信条や経済的・社会的条件によって差別されることなく,最高水準の健康に恵まれることは,あらゆる人びとにとっての基本的人権のひとつ」であるとする.そして,「世界中すべての人びとが健康であることは,平和と安全を達成するための基礎であり,その成否は,個人と国家の全面的な協力が得られるかどうかにかかっている」(以上,WHO憲章前文)との認識を示したうえで,「すべての人びとを可能な限り最高の水準の健康に到達させること」(憲章第1条)をWHOの活動目的に定める.

WHO憲章には,子どもの健康についての言及もある.「子どもの健やかな成長は,基本的に大切なことです.そして,変化の激しい種々の環境に順応しながら生きていける力を身につけることが,この成長のために不可欠」(憲章前文)であるとされ,「母子の健康と福祉を増進し,変化の激しい種々の環境に順応しながら生きていける力を育成すること」(憲章第2条(L))が,WHOの任務のひとつとして掲げられる.つまりWHOにとっては,子どもの健康を増進することは子どもの基本的人権を充たすことに他ならず,しかも平和を実現するための基礎的な要件でもあるのである.

子どもの健康を守るためにWHOが特に重視してきたのは,マラリア・天然痘・結核・ポリオといった伝染病に対する予防措置である.その代表的な取り組みは,1974年にWHOとユニセフによって開始された,予防可能な感染症を防止するための「予防接種拡大計画(EPI: Expanded Programme on Immunization)」である.これは,途上国における5歳未満児の死因の多くを占めているジフテリア,破傷風,百日咳,ポリオ,麻疹,結核に対する予防接種を推進する事業である[11].天然痘が,EPIに先んじて1967年に開始された予防接種によって1977年に根絶されたのは有名な話であるが(WHOによる根絶宣言は1980年),現在では,ポリオについても根絶一歩手前という段階になっている.麻疹に罹患する子どもも激減し,破傷風による死亡も80万人(1980年)から20万人(2007年)に減少している[WHO 2008: 5].予防接種の実施状況には地域格差や所得格差もみられるが,30年あまりのEPIの実績には目を見張るべきものがある.なお現在では,視力や免疫力の低下の原因となるビタミンA不足を予防するために,予防接種と一緒にビタミンAを投与するEPI Plusという方法も実施されている.

SDGs採択後のWHOは,「万人の健康と福祉のためのグローバル・アクション・プラン(Global Action Plan for Healthy Life and Well-Being for All)」を策定し,WHOの活動に最も関係があるSDG3「万人の健康と福祉に関する目標」の達成に重

点をおいた取り組みを開始している．SDG3の13のターゲットのなかには，MDGsを引き継いだものが数多く含まれている（子どもの死亡率の削減，妊産婦の健康の改善，疾病の蔓延の防止など）．それらの目標を達成するうえで特に重視されているのは，10を超える国際機関（WHOやユニセフなど）の共同作業を通じて取り組んでいこうとする組織間協力の姿勢である［WHO 2018: 11-3］．

(3) ユネスコ／国連教育科学文化機関

　ユネスコは，1945年11月に採択されたユネスコ憲章（Constitution of UNESCO）にもとづいて，1946年11月に設立された国連専門機関である．設立目的は，「正義，法の支配，人権および基本的自由に対する普遍的な尊重を助長するために教育・科学・文化を通じて諸国民の間の協力を促進することによって，平和および安全に貢献すること」（第1条1［目的］）である．ここでは，教育に関する活動をみていくことにしよう．[12]

　ユネスコ憲章で特に有名なのは，その前文にある「戦争は人の心のなかで生まれるものであるから，人の心のなかに平和のとりでを築かなければならない」という言葉である．この言葉の背景にあるのは，「政府の政治的および経済的取極のみにもとづく平和は，世界の諸人民の，一致した，しかも永続する誠実な支持を確保できる平和ではない．よって平和が失われないようにするためには，人類の知的および精神的連帯の上に平和を築かなければならない」（前文）という認識である．その意味においてユネスコが重視する教育とは，まずもって平和の基礎を築くような教育だということになる．

　ユネスコ憲章では，「教育と文化に新たな刺激を与えるために……自由の責任に対して世界の子どもを準備させるのに最も適した教育方法を示唆すること」（第2条2(b)）が，ユネスコの設立目的（第1条1）を達成する方法のひとつであるとされている．ユネスコ憲章にはこれ以外に子どもに言及した箇所はないが，ここからは，ユネスコがその設立当初から，子どもに対する教育を重視すべきものと認識していたことがわかる．

　ユネスコが実施してきた教育分野における活動のなかで，子どもとの関連性が特に強いものをあげると，識字教育の強化，初等教育の普及，女子教育の拡充，教育における格差の是正などである．その際にユネスコが依拠してきた理念は，先に簡単に言及した「万人のための教育」である．[13]

　現在，ユネスコは，自らの教育政策の指針として，教育が①　基本的人権で

あること，② 公共善であること，③ 人間性の開花・平和・ジェンダー平等などの基礎であること，④ 不平等や貧困を削減する鍵であることを掲げるようになっている［UNESCO 2014: 25］．指針①をみると，「万人のための教育」という理念にもとづくユネスコの活動が，子どもの権利条約に定められた「子どもが教育を受ける権利」の実現にとって，大きな役割を担うものになっていることがわかる．

SDGs採択後のユネスコについては，次節（2）で触れることにしよう．

3 「万人のための健康」と「万人のための教育」

本節では，子どもの健康の増進や教育の普及に取り組む際に必ず言及される2つの理念，すなわち「万人のための健康」と「万人のための教育」についてみておくこととしたい．いずれも，先にみた3つの国際機関が主導的な役割を果たした会議で採択されたものである．また，「万人のための」という言葉によって示唆されているように，教育や医療を受けることは人間にとっての当然の権利であるという考えにもとづくものであり，そのような考えを国際社会に定着させるうえで大きな役割を果たしたものでもある．[14]

(1) 「万人のための健康」——アルマ・アタ宣言からアスタナ宣言へ——

「アルマ・アタ宣言」は，1978年に旧ソ連のアルマ・アタ（現カザフスタンのアルマトイ）で開催された「プライマリー・ヘルス・ケア（PHC: Primary Health Care）に関する国際会議（アルマ・アタ会議）」で採択された宣言である．ユニセフとWHOが共同で主催した会議には，143カ国の政府代表，国連機関やNGOなど67団体が参加した．

アルマ・アタ宣言（全10条）では，WHO憲章で示された健康の定義がまず確認され，それに続いて健康が基本的人権であること，可能な限り最高水準の健康を実現することがあらゆる世界の社会目標であること，その実現には保健医療分野のみにとどまらないさまざまな分野からの協力が必要であることが言及されている（第1条）．そして，アルマ・アタ会議のスローガンでもあった「万人のための健康」を実現する鍵となる概念として，PHCの重要性が述べられている（第5-9条）．

PHCとは，「子どもの予防接種，下痢症の早期治療，妊産婦検診，栄養指導[15]

など，お金があまりかからず，専門医がいなくても大病院がなくてもできる，地域に密着した予防公衆衛生活動と基本的医療活動」［青山・原・喜多 2001: 24］のことである．そのようなPHCが重視されるようになった背景には，途上国で必要とされている医療と実施されている医療との間にみられるギャップの問題（保健医療のジレンマ）があった［松山 2012: 98-99］．たとえば5歳未満児の死因の40％近くが地域密着型の保健医療で対応しうるような下痢性疾患や呼吸器感染症（肺炎）などであったにもかかわらず，政府予算や人材の多くは，最新の装置や技術を用いた高度保健医療に振り向けられることが多かった．PHCは，このような状況を逆転させようとするものだったのである．

　PHCの実施に際しては，① 公平性と平等性の確保，② 住民主導による住民参加を通じた住民ニーズの反映，③ 地域資源（適正技術）の有効活用とそのための専門職の育成，④ 保健医療以外の分野との協調の4点が重視されていた［竹原・三砂 2009: 201; 松山 2007: 46］．このうち①②③は，地域密着型の保健医療サービスを提供するためのものである．また，③で「適正技術」という言葉が出てくるのは，先進国型の高度な医療システムを途上国に輸入するのではなく，途上国の現場に根ざした知識と技術にもとづく医療を再評価すべきだとの動きがPHC導入の背景にあったからである［山本 1999: 12］．ここからも，アルマ・アタ宣言がPHCの実施を通じて途上国医療の構造転換を図り，それによって万人に健康を提供しようとする取り組みであったことがわかる．そして，この後PHCという考え方は，保健医療と公衆衛生の向上に大きな役割を果たすものになっていく．

　たとえばユニセフは，アルマ・アタ会議の後の1982年に，PHCの理念に沿って「子どもの生存革命（Child Survival Revolution）[16]」というプログラムを開始した．これは，地域レベルで実施できる安価な保健医療活動の促進を通じて子どもの5歳未満児死亡率を劇的に低下させようとするものであり，以下の7つの活動の頭文字をとってGOBI-FFFと呼ばれる活動に結実した．具体的には，栄養失調の子どもを発見するための成長観察（Growth Monitoring），経口補水療法による下痢症対策（Oral Rehydration Therapy），母乳育児の推進（Brest Feeding），予防接種拡大計画（EPI）と同内容の予防接種（Immunization），家族計画を実施するための出産間隔の延長（Family Spacing），女性への教育（Female Education），乳児に対する食糧補助（Food Supplementation）である．この「子どもの生存革命」というプログラムは，劇的な成果をもたらしたとされている．たとえば，これらの対

策を実施した結果，1980年代には1000人中115人だった5歳未満児死亡率（世界平均）が，1990年には93人に減少するまでになったのである［松山 2012: 99-100］．

しかしながら，アルマ・アタ宣言の採択から40年以上が経過した現在においても，世界のすべての子どもに平等に健康が行き渡る状況にはなっていない．「万人のための健康」の実現に向けたさらなる取り組みが，今でも必要とされているのである．そのような問題意識のもと，アルマ・アタ宣言採択40周年となる2018年にカザフスタンで開催されたのが，WHOとユニセフの共催による「PHCに関するグローバル会議」であった．この会議で採択された「アスタナ宣言（Declaration of Astana）」では，アルマ・アタ宣言で提唱されたPHCの重要性が再確認されたうえで，PHCが，ユニバーサル・ヘルス・カバレッジ（UHC: Universal Health Coverage）とSDG3（健康と福祉に関する目標）の達成にとっての礎であることが唱われている（paragraph II）．ここで言及されているユニバーサル・ヘルス・カバレッジとは，「すべての人が，良質で必要不可欠な保健医療サービスを，必要なときに，経済的な困難を伴うことなく享受できる状態」［WHO 2015: iv］を意味する概念であり，SDG3のターゲット3.8でその実現が求められているものでもある．つまりアスタナ宣言では，PHCが，SDGsの達成にとって極めて重要なものであることが再確認されているわけである．なお，アスタナ宣言最後の付言では，WHO，ユニセフ，各国政府などの国際協力を通じてPHCの実現に取り組むことが宣言されている．

途上国における保健医療では母子保健（MCH: Maternal and Child Health）が重視されてきたが，実際には子の健康を守ることに関心が集中して母の健康に十分な注意が払われてこなかった．そこで現在では，PHCのなかに，WHOが提唱した「性と生殖に関して身体的・精神的・社会的に完全に良好な状態にあること」と定義されるリプロダクティブ・ヘルス（Reproductive Health）という概念を取り込み，女性のライフ・サイクルにおけるトータルな問題としての「女性の健康」の実現を，PHCを通じて目指すようになっている［松山 2007: 49］．

(2)「万人のための教育」──万人のための教育世界宣言──

「万人ための教育世界宣言（World Declaration on Education for All）」は，1990年にタイのジョムティエンで開催された，「万人のための教育世界会議（World Conference on Education for All）」（ジョムティエン会議）で採択された宣言である．ユネスコ，ユニセフ，世界銀行，国連開発計画（UNDP: United Nations Development

Programme）の共催のもとで実施されたこの会議は，155カ国の政府代表，33の国際機関，125のNGOの参加を集め，1980年代に停滞していた教育分野における取り組みが再活性化するきっかけともなった．「万人のための教育世界宣言」は，教育を受けることが基本的人権のひとつであることを宣言するものであったが［櫻井 2012: 197］，そこで重視されたのは「基礎教育（Basic Education）」という考え方であった．

　基礎教育とは，「基礎的学習ニーズ（Basic Learning Needs）を満たすための教育」のことである．基礎的学習ニーズとは，「人間が生きてゆき，すべての能力を発達させ，尊厳に満ちた人生と労働に恵まれ，社会の発展に積極的に参加し，生活の質を向上させ，情報にもとづいて決定を下し，学び続けるためになくてはならない学習手段（読み書き，口頭表現，計算能力，問題解決）と基本的な学習内容（知識，技能，価値観，態度）から成り立つ」（世界宣言第1条1項）ものである．ここで重視されている基礎的学習ニーズは，社会生活を送る際に必要とされる能力を育成するためのものであるが［磯野 2007: 20］，そのためにまず必要になるのは，子どもに関する教育分野の活動でいえば初等教育と識字教育であろう．その点についてジョムティエン会議で採択された「基礎的学習ニーズを満たすための行動枠組み（Framework for Action to Meeting Basic Learning Needs）」をみると，達成目標（Goals and Targets）のなかに「初等教育に対するアクセスおよび初等教育課程の修了の普遍化」と「成人非識字率の半減（特に男女間格差が縮小するように女性の識字率の向上に焦点を定めること）」という目標が入っていることがわかる（paragraph 8）．

　ジョムティエン会議から10年後の2000年には，セネガルのダカールで「世界教育フォーラム（World Education Forum）」（ダカール会議）が開催された．この会議では，ジョムティエン会議で示された理念が再確認され，「万人のための教育」の実現を促進するための「ダカール行動枠組み（Dakar Framework for Action）」が新たに採択された．1990年代を通じて国際社会に受け入れられるようになった「万人のための教育」という理念を，さらに実質化させるための枠組みであった．そこで具体的に求められていたのは，① 乳幼児ケアおよび教育の拡大，② 無償かつ義務的な初等教育の保障，③ 青年と成人のための学習機会の提供，④ 識字率の改善，⑤ 教育における男女間格差の解消とジェンダー平等の達成，⑥ 教育の質の向上であった．

　SDGsが採択された2015年には，韓国のインチョンで，ユネスコ，ユニセフ，

世界銀行，UNDP，UNウイメンなどの共催による「世界教育フォーラム2015 (World Education Forum 2015)」が開催された．そこで採択された「インチョン宣言2030年に向けた教育（Incheon Declaration: Education 2030)」では，ジョムティエン会議とダカール会議の成果が再確認され（paragraph 2)，「万人のための教育」の実現と「MDGs」の達成のための努力から得られた教訓を，SDG4「質の高い教育」の実現に活かしていくことが唱われている（paragraph 5)．「万人のための教育」に関するこれまでの議論が，MDGsでの実践を経た後に，SDGsの達成のための議論に引き継がれていることが分かる．

　次に，「万人のための教育」に関するユネスコの対応をみておこう．ユネスコが現在，教育支援活動の目的に掲げているのは，「万人のための教育」の実現に対する支援，教育分野におけるグローバル／ローカルなリーダーシップの提供，幼少期から大人にいたるまでの教育システムの強化，現代社会におけるグローバルな問題群に対する教育を通じた対応の4つである[18]．「万人のための教育」が最初に掲げられてはいるものの，ユネスコはユニセフとは違って子どもに特化した組織ではないため，ユネスコでは「万人のための教育」をそのままに解釈した「（大人も含めた）万人のための教育」の実現が目指されている．このような特徴を象徴しているのは，ユネスコが掲げた「すべての人に生涯教育を」という理念であろう．なおユネスコは，『EFA　グローバル・モニタリング・レポート』（2016年からは『グローバル・エデュケーション・モニタリング・レポート』）という報告書を刊行し，そのような広い意味での「万人のための教育」の進捗状況を調査報告する重要な役割も担当している．

　インチョン宣言（2015年）の採択以降，ユネスコは，SDG4（質の高い教育）の達成を重要課題に位置づけ，そのための活動方針となる「2030年に向けた教育のための行動枠組み（Incheon Declaration and Framework for Action)」を策定している．この行動枠組みで重視されているのは，① 教育へのアクセスの確保，② 公平性と包括性，③ ジェンダー平等，④ 質の高い教育，⑤ 生涯を通じた学習機会の確保である（paragraph 11-15)．⑤の生涯学習の場合には，その対象は主として大人になるわけであるが，どちらかといえば子どもだけに特化することのないSDGsは，「（大人も含めた）万人のための教育」に取り組んできたユネスコにとっては，より取り組み甲斐のある目標であるのかも知れない．

　ユニセフの対応もみておこう．ユニセフが「万人のための教育」を実現する際に特に重視したのは，女性に対する教育の普及であった．先に触れたGOBI-

FFFのFのひとつが「女性への教育」であったように，ユニセフは，保健医療分野における取り組みを進める際に女子教育を普及させる必要性を痛感していた．それは第一に，教育を受けていないと医師や看護師の説明が理解できなかったり，医療情報を記したパンフレットから正しい知識を得られなかったりして自分や家族を守ることができなくなる可能性が強まってしまうからであり，第二にPHCを実施する際に重視された地域保健医療を担うヘルス・ワーカーを育成する場合にも，教育を受けていることが必須の条件になっていたからである［青山 2007: 44］．それゆえユニセフは，「万人のための教育」を提唱したジョムティエン会議が女子教育を重視する傾向を生み出すことに大きな期待を寄せたのであった［Black 1997: 21; 228］．

現在，ユニセフは，女子教育へのアクセスの向上などを目指す「国連女子教育イニシアティブ（UNGEI: United Nations Girl's Education Initiative）」の主導機関を務めるようにもなっている．国連事務総長のアナン（Kofi Anan）によるダカール会議における発案にもとづいて組織されたこの組織は，ユニセフによるコーディネートのもと，各国政府，国連専門機関（ユネスコ，国際労働機関（ILO: International Labour Organization），国連世界食糧計画（WFP: United Nations World Food Programme），国連人口基金（UNFPA: United Nations Population Fund），世界銀行など），NGOなどの幅広い協力を集めながら，2030年をひとまずの区切りにすえた女子教育の推進活動を活発におこなっている．「万人のための健康」と同様に「万人のための教育」においても，多様なアクターが協力しながら，子どもを取り巻く状況の改善に取り組んでいることがわかる．

おわりに

子どもを守る国際レジームは，子どもの権利条約の採択によって，子どもを保護する義務を重視するものから，子どもの権利の実現を通じた子どものエンパワーメントを重視するものへと変わっていった．MDGsと「子どもたちにふさわしい世界」は，子どものエンパワーメントを実現するために，子どもを取り巻く状況の改善を進めようとする取り組みであった．そのような展開の後に採択されたSDGsには，子どもを守る国際レジームの展開の方向性を引き継ぐだけでなく，それをさらに強化する役割を担うことが期待されるだろう．

ユニセフ，WHO，ユネスコは，子どもを守る取り組みに積極的に携わって

きた国連専門機関であった．WHOは健康分野に，ユネスコは教育分野に携わる国際機関であったが，ユニセフはそれらの分野にとどまらない幅広い活動領域を有する国際機関であった．ユニセフのこのような特徴は，子どもを取り巻く状況の改善に関する国際会議において，必ずといってよいほどユニセフが重要な役割を果たしていることに反映されていた．子どもを守る国際レジームにおいては，今後もユニセフが中心的な役割を担っていくであろう．

「万人のための健康」と「万人のための教育」という理念は，健康と教育を基本的人権と位置づけたうえで，それらを万人に保障することを通じて子どもの人権を実現しようとするものであった．子どもの権利条約の採択に象徴される子どもを守る国際レジームの在り方の変化を，「万人のための健康」はいうなれば先取りし，「万人のための教育」は事後的に強化する役割を果たし，その後の子どもの権利の実現に大きな影響を与えたのであった．

以上のような子どもを守る国際レジームの展開を経て，2000年代初頭の国際社会は，子どもを取り巻く環境の改善に積極的に取り組むようになった．そしてそのような取り組みには，さまざまな国際機関やNGOによる国際協力があった．むろん，そのような国際協力が，2030年を達成期限とするSDGsの取り組みにとっても重要であることは，言うまでもない．2020年代の国際社会では，SDGsに示された目標を実現するための，より一層の国際協力に支えられた子どもを守る取り組みが必要とされるのである．

注

1) セーブ・ザ・チルドレンは，第一次世界大戦の惨禍に苦しむ子どもを救うために設立されたNGOである．本章ではNGO活動については論じていないので，子どもを守るNGOに関心のある方は，たとえばセーブ・ザ・チルドレンJapanのホーム・ページ（http://www.savechildren.or.jp/about_sc/index.html, 2015年9月9日閲覧）を参照．
2) 日本ユニセフ協会の子どもの権利条約に関するホーム・ページ（http://www.unicef.or.jp/about_unicef/about_rig.html, 2015年9月9日閲覧）を参照．
3) 国連ミレニアム宣言は，① 価値と原則，② 平和・安全・軍縮，③ 開発と貧困削減，④ 共有の環境の保全，⑤ 人権・民主主義・よき統治，⑥ 弱者の保護，⑦ アフリカのニーズへの対応，⑧ 国連の強化をテーマとする8つの宣言からなる．
4) MDGsは，国連ミレニアム宣言の内容を実現するために作成されたロード・マップ（Road Map towards the Implementation of the United Nations Millennium Declaration (A/56/326).）のなかで提示されたものである．8つの目標と21のターゲットについては国連広報センターのホーム・ページ（https://www.unic.or.jp/activities/economic_social_development/sustainable_development/2030agenda/global_action/mdgs/, 2019

年6月18日閲覧）を参照．
5) 2007年に開催された「子どもたちにふさわしい世界＋5特別総会（World Fit for Children ＋5 Special Session）」では，「子どもたちにふさわしい世界＋5宣言（World Fit for Children ＋5 Declaration）」が採択され，「子どもたちにふさわしい世界」の要請を着実に実現していくことが再確認されている．
6) SDGsは，「国連持続可能な開発サミット」の成果文書「私達の世界を変革する：持続可能な開発のための2030アジェンダ（Transforming Our World: 2030 Agenda for Sustainable Development（A/70/L.1）.）」のなかで提示されたものである．17の目標と169のターゲットで構成されるSDGsは，MDGsよりも遥かに包括的な内容になっているため，MDGsよりも子どもとの関係がみえづらいところもある．UNICEF [2018b] による分類とは若干異なっているが，SDGsと子どもを取り巻く状況の関係については，日本ユニセフ協会のSDGsに関するホーム・ページ（https://www.unicef.or.jp/sdgs/，2019年6月18日閲覧）が参考になる．
7) UNRRAは，第二次世界大戦による戦災に対する救済活動の実施を目的として，連合国48カ国によって設立された組織である．その活動の多くは，国際難民機関（IRO: International Refugee Organization），国連食糧農業機関（FAO: Food and Agriculture Organization），WHO，ユニセフといった国連専門機関に引き継がれた．
8) 日本ユニセフ協会ホームページ（http://www.unicef.or.jp/library/library_pfc.html，2015年9月9日閲覧）からダウンロードできる．
9) ユニセフは，5つの分野すべてに横断的に組み込まれるべき事項として，人道支援とジェンダー平等にかかわる取り組みの2点をあげている [UNICEF 2018a: 22-23]．
10) 国際公衆衛生事務局（本部はパリ）は，アメリカが国際連盟に参加しなかったために国際連盟内に取り込めなかった組織である．国際連盟保健機関は，その代わりに設置された組織になる．
11) 当時，これら6つの感染症に対する予防接種を受けていた子どもは，世界の子ども人口の5％程度に過ぎなかった [Bland 1998: 163]．なおポリオの予防接種には，NGOである国際ロータリー（Rotary International）も協力している．
12) 教育分野担当のユネスコの部署は，教育局（Education Sector）である．その他には，自然科学局，人文・社会科学局，文化局，情報・コミュニケーション局などがある．
13) ユネスコによる教育支援の歴史については，UNESCO [1997] が詳しい．
14) ブラック（Maggie Black）は，この2つの理念を，健康と教育という基本的人間ニーズの充足を人権保障の観点から進める取り組みの原点をなしたものとして，高く評価している．人権と位置づけることによって，万人に保障することこそが当然であると認識されるようになるからである [Black 1996: 304]．
15) 子どもの健康と国際保健の関係については，竹原・三砂 [2009] を参照．
16) 子どもの生存革命を提唱し，そこに予防接種の大々的な実施を盛り込んだのは，強烈なリーダーシップでユニセフを率いた事務局長のグラント（James Grant [任期1980-95年]）であった．その際にユニセフが重視したのは「選択的PHC（Selective PHC）」，WHOが重視したのは「包括的PHC（Comprehensive PHC）」と呼ばれるものであったが，

包括的PHCの方が,「万人のための健康」という理念により忠実であるといわれていた.両者の違いについては竹原・三砂［2009］を参照.
17) 1980年代には,多くの途上国が深刻な経済危機に陥っていた.それらの途上国では,経済危機から逃れるために実施された構造調整政策によって,教育予算が大幅に削減されることが多かった.その結果,教育分野における取り組みが停滞することになった.
18) ユネスコのホーム・ページ（http://en.unesco.org/themes/education-21st-century, 2015年9月9日閲覧）を参照.

参考文献

青山温子・原ひろ子・喜多悦子［2001］『開発と健康　ジェンダーの視点から』有斐閣.
青山温子［2007］「生活と健康」,佐藤寛・アジア経済研究所開発スクール編『テキスト社会開発　貧困削減への新たな道筋』日本評論社.
磯野昌子［2007］「教育への働きかけ──基礎教育を中心に,NGOの視点──」,佐藤寛・アジア経済研究所開発スクール編『テキスト社会開発　貧困削減への新たな道筋』日本評論社.
岩佐礼子［2008］「国連児童基金（ユニセフ）」,内海成治・中村安秀・勝間靖編『国際緊急援助支援』ナカニシヤ出版.
勝間靖［2015］「子どもの権利と子どものための国際レジーム」,初瀬龍平・松田哲編『人間存在の国際関係論──グローバル化のなかで考える──』法政大学出版局.
櫻井里穂［2012］「初等教育──すべての子どもに教育を──」,勝間靖編『テキスト国際開発論　貧困をなくすミレニアム開発目標へのアプローチ』ミネルヴァ書房.
澤良世［1999］「援助機関における教育協力──ユニセフの場合──」『国際教育協力論集』2(1).
高柳彰夫・大橋正明編［2018］『SDGsを学ぶ　国際開発・国際協力入門』法律文化社.
竹原健二・三砂ちづる［2009］「国際保健からみる『子どもの健康』」,初瀬龍平・松田哲・戸田真紀子編『国際関係のなかの子ども』御茶の水書房.
松山章子［2007］「健康への働きかけ──母と子の健康──」,佐藤寛・アジア経済研究所開発スクール編『テキスト社会開発　貧困削減への新たな道筋』日本評論社.
松山章子［2012］「子どもの健康──未来の担い手の健やかな成長のために──」,勝間靖編『テキスト国際開発論　貧困をなくすミレニアム開発目標へのアプローチ』ミネルヴァ書房.
村田俊雄［2001］「教育開発のオピニオン・リーダー──国連機関──」,江原由美編『開発と教育　国際協力と子どもたちの未来』新評論.
安田佳代［2014］『国際政治のなかの国際保健事業──国際連盟保健機関から世界保健機関,ユニセフへ──』ミネルヴァ書房.
山本太郎［1999］『国際保健学講義』学会出版センター.
米田真澄［2009］「子どもの権利条約と子どもの笑顔」,初瀬龍平・松田哲・戸田真紀子編著『国際関係のなかの子ども』御茶の水書房.
Black, M.［1996］*Children First: the Story of UNICEF, Past and Present,* Oxford: Oxford

University Press.
Bland J. and J. Clements [1998] "Protecting the World's Children: the Story of WHO's Immunization Programme," *World Health Forum*, 19(2), No. 2.
Ensalaco, M. [2005] "The Right of the Children to Development," in M. Ensalaco and L. C. Majka eds., *Children's Human Rights Progress and Challenges for Children Worldwide*, Lanham: Rowman & Littlefield.
UNESCO [1997] *50 Years for Education*, Paris: UNESCO.
―――― [2014] *UNESCO Education Strategy 2014-2021*, Paris: UNESCO.
―――― [2015] *Incheon Declaration and Framework for Action: For the Implementation of Sustainable Development Goal 4*, Paris: UNESCO.
UNICEF [2009] *The State of The World's Children: Celebrating 20 Years of the Convention on the Rights of the Child, Special Edition*, New York: UNICEF.
―――― [2018a] *UNICEF Strategic Plan 2018-2021 Executive Summary*, New York: UNICEF.
―――― [2018b] *Progress for Every Child in the SDG Era*, New York: UNICEF.
WHO [2008] *WHO Immunization Work: 2006-07 Highlights*, Geneva: World Health Organization.
―――― [2015] *Tracking Universal Health Coverage: First Global Monitoring Report*, Geneva: WHO.
―――― [2018] *Towards a Global Action Plan for Healthy Lives and Well-Being For All: Uniting to Accelerate Progress towards the Health-Related SDGs*, Geneva: WHO.

―― 読んでほしい本 ――

① ユニセフ『世界子供白書特別版2010――「子どもの権利条約」採択20周年記念――』日本ユニセフ協会，2010年．
　子どもを守るレジームの展開が第１章で簡潔にまとめられている．
② 勝間靖編『テキスト国際開発論　貧困をなくすミレニアム開発目標へのアプローチ』ミネルヴァ書房，2012年．
　MDGsにもとづき，子どもを取り巻く状況とその改善策が論じられている．
③ 黒田一雄・横関祐見子編『国際教育開発論　理論と実践』有斐閣，2005年．
　「万人のための教育」という理念を前提に，教育と開発について論じられている．
④ ディヴィッド・ワーナー，ディヴィッド・サンダース『いのち・開発・NGO――子どもの健康が地球社会を変える――』新評論，1998年（原著出版は1997年）．
　プライマリー・ヘルス・ケアのあるべき姿について論じられている．
⑤ 井上和雄『ユニセフ最前線　戦争を止めた人間愛』リベルタ出版，2004年．
　ユニセフの元職員が，ユニセフの活動の実際を経験にもとづいて語っている．

（松田　哲）

Column 7

子どもの健康

　子どもの健康を論じる時，国際保健の分野では，まず乳児死亡率（IMR: Infant Mortality Rate）という指標が使われる．分母はその年の出生数，分子は一歳未満の子どもの死亡数．それに1000をかけたものがIMRであり，1000人のうち何人の子どもが一歳の誕生日を迎えることができないのか，を示す．IMRが200，ということは5人に1人の子どもは一歳の誕生日を迎えることができない，ということを意味する．IMRは，さまざまな医療介入や環境要因の向上にsusceptible，つまりは「何かが変わると」すぐに動きやすい指標であることが知られている．だからこそ，乳児死亡率の値をみれば，だいたいその国の保健医療を含む全体的な状況が把握出来る，と言われているのだ．

　IMRが200を越えている，ということは，その国が戦争，あるいは内戦状態など，非常に政治的に不安定な状況にあり，子どもがその状況にほとんど翻弄されざるを得ないような状況にあることを示しているということ．IMRを100よりも下げようとするためには，経口哺水療法をつかった下痢症対策や，予防接種，身体計測，母乳哺育促進などの地域レベルの基本的な公衆衛生対策が必要である，ということ．そしてIMRを50より下げようとすれば，病院レベルでの新生児医療に対する介入が必要である，ということ．だいたいはこのように理解されてきた．

　1980年代には当時の開発途上国と呼ばれる国の多くで，IMRは100を越えていたが，2015年現在，入手可能な指標をみると，サハラ以南のアフリカの国々や南アジアの国々もIMRは100を切っている．しかし50以上である．これは大枠で言えば，世界中で子どもの健康状況について「地域レベル」でさまざまな活動をしていく時代はそろそろ終わりに近づき，「病院レベル」の介入が必要な時期に入った，ということを意味する．現在は，子どもに限らず，ヘルスサービスへのアクセス向上を目指すUHC（Universal Health Coverage）が国際保健の最重要課題となってもいるのだ．

　しかし，同時に"先進国"に住むわたしたちは「健康向上」のために「病院レベル」の介入をする，とか，ヘルスサービスのアクセスをあげる，ということの先に何があるか，ということもすでに知っているのではないか．もちろん「病院」は「重篤な病気や怪我」を治療してくれる．しかし同時に「病院」という施設へのアクセスの向上は，「誕生」と「死」をわたしたちの日々の生活から奪い，専門家の手に委ね，家族の手からは遠いところのものにしてしまう．わたしたちは病院，という環境なしには生まれることも死ぬこともできず，そのことによる生の原基の損なわれようについて，まだ言葉にすることもできていないのだ．「子どもの健康向上」が，「ヘルスサービスのアクセスの向上」になっていこうとしている今，あらためてイヴァン・イリイチの指摘した「健康とは，まさにサービスを受けると言うことではなく，サービスには頼らないということ」という言葉の重みを改めて感じている．

　　　　　　　　　　　　　　　　　　　　　　　　　　　　　　（三砂ちづる）

第11章　国連の安全保障と子どもの保護

はじめに

　国際社会において人間の安全保障への関心が高まるにつれて，戦場での子どもに対する暴力にも関心が寄せられるようになった．戦時における文民の保護に関するジュネーヴ条約や子どもの権利条約などの国際条約は，子どもを保護の対象にしているが，実際には，多くの子どもが暴力の犠牲者となってきた．たとえば，1995年のボスニア内戦のスレブレニッツァでの虐殺では，セルビア武装勢力が多くのボスニア人の少年を虐殺し，旧ユーゴスラヴィア国際刑事裁判所は，この虐殺をジェノサイドであると認定することになった．また，ウガンダでは，神の抵抗軍などの紛争当事者が，少年を徴兵して戦闘員に組み入れるだけでなく，少女に家事労働や性的行為に奉仕させていたといわれる．
　このような子どもに対する暴力は，紛争当事者による殺傷，徴兵，強姦などの性的虐待，誘拐などの直接的な暴力の行使に限られず，子どものための人道支援の拒絶，学校や病院に対する攻撃などの間接的な暴力の行使も含むものである．このような暴力が，子どもの生命と生活を破壊し，将来への期待を破滅させて，人間としての尊厳を剥奪することになる．
　子どもに対する暴力の問題が，国連において安全保障の問題として認識されたのは，最近のことである．1999年8月，国連安全保障理事会（以下，「国連安保理」という）が，武力紛争における子どもの安全に関する決議1261（1999年）を採択することで，子どもに対する暴力の問題は，安全保障の問題としてみなされることになった［UNSC 1999b］．これまでに，国連安保理は，子どもと武力紛争に関する12の決議を採択し，子どもを保護するための制度を形成してきた（表11-1）．

表11-1　子どもと武力紛争に関する国連安保理決議一覧

	決議の主な内容
1261（1999年）	・武力紛争が子どもに与える重大な影響に対して懸念を表明する． ・武力紛争における子どもの殺害と暴行，徴兵と徴用，強姦やその他の甚大な性暴力，誘拐を非難する． ・紛争当事者に国際法上の義務の順守を要請し，加害者の免責を排除する．
1314（2000年）	・武力紛争における子どもの関与に関する子どもの権利条約選択議定書への加入を促進する． ・国連PKOに子ども保護アドバイザー（CPAs）を派遣する．
1379（2001年）	・国連PKOの任務権限に子どもの保護を盛り込む意思を表明する． ・国連事務総長に，子どもの徴用と徴兵に関与した紛争当事者の一覧を，報告書の附属文書に掲載するように要請する．
1460（2003年）	・国連事務総長に，子どもに対する暴力を監視・報告するための提案をするように国連事務総長に要請する．
1539（2004年）	・国連PKOの任務権限に子どもの保護を盛り込むことを決定する． ・国連事務総長に，子どもの徴用と徴兵に関連して，体系的で包括的な監視報告メカニズム（MRM）のための行動計画を策定するように要請する．
1612（2005年）	・国連事務総長に，監視報告メカニズム（MRM）の履行を要請し，国連安保理に子どもと武力紛争に関するワーキング・グループを設立することを決定する．
1882（2009年）	・国連事務総長に，子どもの殺害と暴行，性暴力を含めて，附属文書の一覧を作成するように要請する． ・子どもと武力紛争に関するワーキング・グループと制裁委員会との緊密な情報共有を進める．
1998（2011年）	・国連事務総長に，学校や病院に対して攻撃している紛争当事者も，附属文書の一覧に加えることを要請する． ・子どもに対する暴力の状況を考慮して，制裁を新設，修正，更新する意思を示す．
2068（2012年）	・暴力の加害者に対して段階的な措置を採用することを表明する．
2143（2014年）	・学校が軍事的に利用されることに対して懸念を表明する．
2225（2015年）	・子どもの誘拐に関与した紛争当事者の一覧を，報告書の附属文書に掲載するように要請する．
2427（2018年）	・国連や加盟国に対して，紛争サイクルのすべての局面において子どもの視点を取り入れるように要請する．

（出所）筆者作成．

　本章では，国連安保理を中心とする国連の安全保障制度において，子どもに対する暴力がどのように争点化し，どのように監視化されてきたのかを探っていきたい．このことを通じて，国連安保理を中心に子どもを保護するために，どのように行動し，それにはどのような限界があるのかを明確にできるであろう．

1　子どもに対する暴力の争点化

　冷戦終結以後，国連総会は，子どもの権利に関する国際的関心の高まりを受けて，1989年11月20日に子どもの権利条約を採択し，1990年9月29日から30日まで，国連本部において子どものための世界サミットを開催した．このような子どもの権利に関する諸問題のなかでも，武力紛争における子どもに対する暴力の問題が，国連総会や国連安保理において争点化した政治的過程を明らかにしていこう．

(1) 国連総会での議論

　1993年12月3日，社会と人道分野を担当する国連総会第3委員会において，武力紛争における子どもに対する暴力の問題が議題として提案されることになった．国連加盟国約50カ国が，武力紛争の影響を受けた子どもを保護するための決議案を提案し [UNGA 1993a]，1993年12月15日，第3委員会は，国連総会に対してこれを採択するように勧告した [UNGA 1993b]．1994年3月7日，国連総会は，決議48/157を採択し [UNGA 1994]，武力紛争における子どもの悲惨な状況に対して重大な懸念を表明し，国連事務総長に対して，この問題を包括的に調査するための専門家を指名するように要請することになった [*Ibid.*: paras. 1; 7]．

　1994年6月8日，国連事務総長は，この要請を受けて，子どもと武力紛争に関する専門家に，モザンビーク元教育大臣グラサ・マシェルを指名した．マシェルは，長年の難民の子どもに対する支援が評価されてナンセン賞を受賞しており，武力紛争における子どもの問題を調査する資質が買われることになった．1996年8月26日，マシェルは，この問題に関する包括的な調査書『武力紛争における子どもに対する影響』（*Impact of Armed Conflict on Children*）を，国連総会に提出した [UNGA 1996]．これは，徴兵と徴用，強制移動，性的虐待，地雷，制裁の効果，健康と栄養，心理的回復と社会再統合，教育といった多角的観点から，武力紛争の子どもに対する影響を調査したものである．それだけでなく，政府，地域機関，国連機関に対して，子どもを保護するための措置も提案している．その提案のひとつとして，子どもに対する暴力を継続して調査するために，子どもと武力紛争に関する国連事務総長特別代表（SRSG-CAAC: Special

Representatives of the Secretary-General for Children and Armed Conflicts）の選出を求めた［UNGA 1996: paras 266-69］．

　1997年2月20日，国連総会は，子どもの権利に関する決議51/77を採択し，国連事務総長に対して，子どもと武力紛争に関する国連事務総長特別代表の設置を勧告した［UNGA 1997: paras. 35-36］．この勧告を受けて，国連事務総長は，ウガンダ元国連大使オララ・オトゥヌを国連事務総長特別代表に指名し，オトゥヌは，この職務を1998年から2005年までの8年間務めることになった．オトゥヌの活躍は，国連安保理議長や国連人権委員会議長などの要職を歴任した経験によるものであろう．その後，この職務は，女性に対する暴力に関する国連特別報告者であったラディカ・クマラスワミが引き継ぎ，2012年からはアルジェリアの法律家レイラ・ゼルーギが担当している．2017年からは軍縮や安全保障を専門にしているアルゼンチンのビルヒニア・ガンバが，武力紛争下の子どもの保護について，国連のなかで主導的な役割を果たしている．

　後述するように，子どもと武力紛争に関する国連事務総長特別代表は，子どもに対する暴力の監視報告メカニズムの中心的機関であり，情報の集約と精査，関連機関との調整，対策の勧告などを通じて，国連事務総長や国連安保理にも影響を与えている．

(2) 国連安保理での議論

　1998年6月29日，国連安保理は，国連総会での議論の高まりを受けて，子どもと武力紛争に関する初めての会合を開催した．その会合の中で，オトゥヌ国連事務総長特別代表は，すべての子どもにとって世界が安全な場所になるように，われわれは同意し，決意するべきであると主張した［UNSC 1998a: 2-5］．この発言を受けて，国連安保理は議長声明を出し，そのなかで，武力紛争において子どもが被害を受けていることを懸念し，子どもと武力紛争に関する国連事務総長特別代表と継続的に連絡を取り合うことを表明した［UNSC: 1998b］．1999年2月12日，国連安保理は，再度，子どもと武力紛争に関する会合を開催し，武力紛争における子どもの保護に向けて議長声明を発した［UNSC: 1999a］．

　このようにして，国連安保理理事国のなかで，武力紛争における子どもの問題が共有されることによって，国連安保理は，全会一致で決議1261（1999年）を採択することになった．このなかで，国連安保理は，武力紛争が子どもに与える有害かつ広範な影響に対して重大な懸念を表明し，このことが持続的な平

和，安全，開発に与える影響にも懸念を示している．その上で，子どもに対する殺害と暴行，性暴力，誘拐と強制移動，徴兵と徴用，学校や病院などの施設に対する攻撃を強く非難した［UNSC 1999b: para. 1-2］．

国連安保理では，一般的に米国，英国，フランスが，国連安保理を通じた武力紛争への関与に積極的である一方，ロシア，中国は，国家主権を尊重する観点から，国連安保理による国内問題への関与に消極的である．武力紛争における子どもの問題についても，このような温度差は若干あるが，武力紛争と子どもの問題に関する決議のほとんどが全会一致で採択されており[1]，国連安保理として一致して，武力紛争における子どもの問題に対応しているといえるであろう．

2　子どもに対する暴力の監視化

国連安保理と国連事務総長は，武力紛争における子どもに対する暴力の情報を収集して精査し，この情報に基づいて子どもの保護のための対応を図ることになった．ここでは，このような子どもに対する暴力の監視化のための制度についてみていこう．

（1）紛争当事者の一覧作成

国連安保理や国連事務総長が，子どもに対する暴力のために実行した第一の措置は，子どもを徴兵する紛争当事者の情報を収集し，それを一覧にして公開し，その情報の公開を通じて，紛争当事者による子どもの徴兵を牽制しようとしたことである．

2001年11月20日，国連安保理は，決議1379（2001年）を採択し，紛争当事者が子どもを徴兵し，徴用している場合に，このような紛争当事者の一覧を国連事務総長報告書に添付するように要請した［UNSC 2001: para. 16］．これに対して，国連事務総長は，2002年11月26日に報告書を提出し，紛争当事者の団体名を公開している．附属文書に公開されたのは，アフガニスタン，ブルンジ，コンゴ民主共和国，リベリア，ソマリアの5カ国・27団体である［UNSC 2002: Annex］．

たとえば，コンゴ民主共和国に関しては，子どもの徴兵と徴用に関与した紛争当事者として，コンゴ民族解放運動，コンゴ民主連合各派，コンゴ愛国者同盟などの反政府勢力だけでなく，コンゴ民主共和国政府軍の名前も列挙され，

旧ルワンダ政府軍やインテラハムウェといった海外の武装勢力も名指しされた[UNSC 2002: Annex]。

現在の国連事務総長報告書では，国連安保理が議論していない武力紛争についても一覧の対象となっており，さらに，子どもの徴兵や徴用だけでなく，子どもの殺害と暴行，子どもに対する性暴力，学校や病院に対する攻撃，子どもの誘拐も一覧に加えられている。最新の報告書では，子どもに対する暴力に関与しながらも，改善措置をとらない紛争当事者は，14ヵ国・53団体にまで拡大している[UNSC 2018: Annex]。コンゴ民主共和国に関しては，民主同盟軍，ルワンダ解放民主軍，マイマイ各派などが挙げられており，依然として子どもの徴兵と徴用などの暴力の問題が解決していないことを窺わせる[*Ibid.*: Annex]。

子どもに対して暴力を行使する紛争当事者の一覧を作成したのは，このような紛争当事者がジュネーヴ条約や子どもの権利条約などの国際条約に違反していることを公表し，それを通じて，子どもに対する暴力を牽制しようとしたからであった。しかし，この措置が効果を持つのは，紛争当事者が国際条約を遵守する意思と能力をもつ場合に限られている。そうでない場合には，子どもに対する暴力の事実を公表しても，紛争当事者は動じることはないであろう。しかし，これを公表することを通じて，国連安保理などの国際機関だけでなく，各国政府や国際NGOの関心を喚起することになり，紛争当事者に対する政治的圧力が強まることになる。

(2) 監視報告メカニズムの構築

国連事務総長は，子どもに対する暴力に関与した紛争当事者の一覧を作成したのであるが，これは，子どもに対する暴力の問題を包括的に把握するのに十分ではなかった。子どもに対する暴力についての情報を収集し，集約し，評価するためには，そのための専門的な制度や組織が必要になったからである。

2004年4月22日，国連安保理は，決議1539（2004年）を採択し，国連事務総長に対して子どもの暴力に関する監視報告メカニズム（MRM: Monitoring Reporting Mechanism）を構築するための行動計画を立案するように求めた。この監視報告メカニズムは，国連機関，政府，地域機関，非政府組織などの専門的知識を活用し，子どもに対する暴力の情報を収集することを意図したものであった[UNSC 2004: para. 2]。これを受けて，国連事務総長は，2005年2月9日に報告書を提出し，監視報告メカニズムの行動計画を明らかにした[UNGA-SC

2005: ch. III］．

　監視報告メカニズムを，以下の3つの観点から明らかにしておこう．第一は，監視報告メカニズムが対象とする暴力の範囲についてである．このメカニズムでは，子どもに対する暴力が6つの類型に分類されている．それには，殺害と暴行，徴兵と徴用，強姦やその他の甚大な性暴力，誘拐といった直接的暴力だけでなく，学校や病院に対する攻撃，人道支援の拒絶といった間接的暴力も含まれる［*Ibid.*: para. 68］．

　第二は，監視報告メカニズムにおける情報の収集と集約の方法である．武力紛争の現場レベルでは，現地の国連事務総長特別代表（SRSG: Special Representatives of the Secretary-General）や常駐調整官（RC: Resident Coordinator）が中心的機関となり，具体的作業は，監視報告タスクフォースが担当することになった［*Ibid.*: paras. 72; 82］．このタスクフォースは，国連児童基金などの国際機関，国連平和維持軍，非政府組織から構成され，現地の政府機関，国連機関，国連平和維持軍，非政府組織などから情報を収集して精査し，現地の国連事務総長特別代表や常駐調整官に報告書を提出することとされた［*Ibid.*: paras. 79-80; 83］．

　本部レベルでは，現地の国連事務総長特別代表や常駐調整官から提出された報告書を，国連児童基金や国連平和維持局などから構成される子どもと武力紛争に関するタスクフォースが精査し，子どもと武力紛争に関する国連事務総長特別代表に報告し，年次報告書がまとめられることになった［*Ibid.*: paras. 92-93; 98-99］．この年次報告書は，子どもに対する暴力の6類型すべてを対象とし，武力紛争だけでなく懸念される事態すべてを調査の対象とする包括的報告とされた［*Ibid.*: para. 94］．

　第三は，監視報告メカニズムの情報の提供と活用である．この年次報告書は，国連事務総長が，政府，国連安保理，国連総会，国際刑事裁判所などの諸機関に提出し，子どもに対する暴力を抑制し，子どもを保護するための措置を講じる根拠になることが期待された．政府は，子どもの保護に直接の責任を負うことから，子どもに対する暴力を抑制するための措置をとるだけでなく，暴力の被害を受けた子どもを援助し，保護することも求められた［*Ibid.*: para. 108］．

　国際安全保障の観点から考えると一層重要なことは，国連安保理の役割である．国連事務総長は，国連安保理が報告書の情報を決議に反映させるだけでなく，国連平和維持活動（以下，「国連PKO」という）の任務権限（マンデート）にも

反映させる必要性を説いた［Ibid.: paras. 111; 114］．さらに，国連事務総長は，国連安保理に対して，子どもに対して暴力を行使している紛争当事者に，旅行制限，武器禁輸，軍事援助の禁止などの経済制裁を科すように促している［Ibid.: para. 115］．このようにして監視報告メカニズムは，国連平和維持軍による武力行使や経済制裁と連動する可能性を開くことになった．

これを可能にするために，国連安保理は，年次報告書と国別報告書を審査する子どもと武力紛争に関するワーキング・グループを設置することを決定した（図11-1参照）［Ibid.: para. 8］．このワーキング・グループは，国連PKOの任務権限などに関して，国連安保理に勧告するものとされた［Ibid.: UNSC 2007; UNSC 2008］．[3]

たとえば，コンゴ民主共和国に関しては，初めての国別報告書が，2006年6月に子どもと武力紛争に関するワーキング・グループに提出されている［UNSC 2006a］．これによると，コンゴ民主共和国における子どもの徴兵と徴用の件数は減少する一方，イトゥリ地方と北キヴ地方において武装集団が子どもを徴兵し，コンゴ民主共和国軍の一部の部隊も子どもを徴用していることが明らかにされた［Ibid.: para. 18］．子どもに対する性暴力も深刻な状況にあり，北キヴ地方のルチュルの診療所では，2005年初めから2006年1月までの期間に174件の

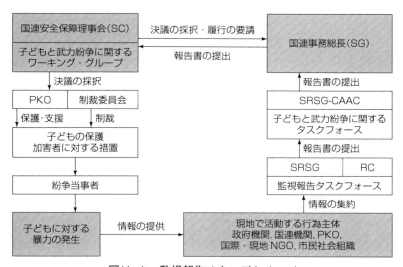

図11-1　監視報告メカニズム（MRM）

（出所）A/59/695 – S/2005/72, p. 29のフローチャートに基づいて筆者作成．

強姦事件が報告され，これらの事件はインテラハムウェやコンゴ民主共和国軍によるものとされた［Ibid.: para. 29］．また，子どもへの強姦に関する事例の多くは，コンゴ民主共和国の軍と警察が起こしたものであり，とくにコンゴ民主共和国の中部と東部での被害が深刻であったことが報告されている［Ibid.: para. 30］．

子どもに対する暴力の監視報告メカニズムは，あらゆる形態の子どもに対する暴力を情報の収集対象とし，これまで見逃されてきた子どもに対する暴力の事実を明るみにした．このような情報に基づいて，国連安保理は，紛争当事者に行動計画を履行させ，国連PKOの任務権限を拡大し，経済制裁を実施することになった．

3　子どもを保護するための行動

(1) 行動計画の立案と履行

子どもに対する暴力の監視化が情報の収集と評価の段階から，子どもを保護するための履行の段階へと移行する上で考えられたのが，子どもの徴兵と徴用を解消するための行動計画の立案と履行であった．

2004年4月22日，国連安保理は，決議1539（2004年）を採択し，子どもの徴兵と徴用に関与している紛争当事者に対して，国連PKOなどと協調して，徴兵と徴用の停止に関する行動計画を立案するように要請した［UNSC 2004: para. 5(a)］．2005年7月26日，国連安保理は，決議1612（2005年）を採択し，行動計画の履行に関して前進が見られないことに深い懸念を表明し，この履行を紛争当事者に求めた［UNSC 2005: para. 8］．

たとえば，コンゴ民主共和国では，国連とコンゴ民主共和国政府が，2011年から2012年にかけて行動計画の草案を作成し，2012年10月4日にこれに合意した．この行動計画は，武力紛争における子どもの徴兵と徴用，性暴力やその他の甚大な暴力を停止し，抑止することを目的とした．これによって，4つの合同ワーキング・グループが設置され，武装集団に捕らわれている子どもの確認と解放，甚大な暴力の犠牲に遭った子どもへの対応，子どもに対する甚大な暴力の防止，加害者の免責への対処に当たることになった［UNSC 2014: paras. 53-55］．

2019年3月時点で，国連は，11の政府と17の非政府武装勢力との間で行動計

画に調印している．チャドでは，子どもの徴兵や徴用に関与していたチャド国軍が，国連事務総長特別代表や国連児童基金と協力して，行動計画を完全に履行した結果，前述した紛争当事者の一覧から削除されることになった．一覧から削除されたのは，チャド国軍を含めた12団体である［UNSRSG/CAAC 2019a］．

このように子どもの徴兵や徴用などの暴力を停止させるための行動計画は，一定の成果を上げてきた．しかし，依然として，反政府勢力を中心に数多くの紛争当事者が行動計画に同意しておらず，同意が得られない場合に，国連安保理がどのような措置をとることができるのかが問題となる．

(2) 国連PKOの任務権限の拡大

国連安保理は，監視報告メカニズムで収集し精査した情報を，子どもと武力紛争に関するワーキング・グループで評価し，武力紛争における子どもに対する暴力の問題を決議の内容に反映させることになった．このことを通じて，国連PKOの任務権限に子どもの保護が盛り込まれ，これを実行するために，国連PKOに武力行使を発動する権限が与えられることにもなった．

武力紛争における子どもの暴力の問題に言及した決議は，増加の傾向を示し，全体の決議のなかでの割合も拡大している（図11-2）．武力紛争における子どもの保護と国連PKOの関係を考える上で一層重要なことは，国連PKOの任務権限として子どもの保護を掲げる決議も増加してきたことである．

2001年11月20日，国連安保理は，決議1379（2001年）を採択し，国連PKOの任務権限を更新する際に，これに子どもの保護を追加すること表明し［UNSC

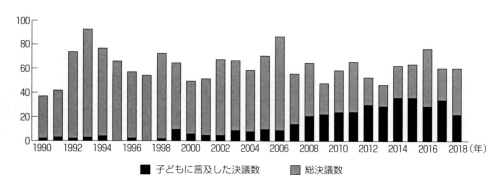

図11-2　国連安保理総決議数と子ども（children）に言及した決議数
（出所）筆者作成．

2001: para. 2]，2004年4月22日には，決議1539（2004年）が採択され，より踏み込んだ表現を用いて，子どもの保護を任務権限に盛り込むことが決定された[UNSC 2004: para. 7]．

国連PKOの任務権限について，国連コンゴ民主共和国ミッション（MONUC: United Nations Organization Mission in the Democratic Republic of the Congo）を例にして見てみよう．2007年5月15日，国連安保理は，決議1756（2007年）を採択し，コンゴ民主共和国軍と協働して，武装勢力に徴兵された子どもを解放することをMONUCに求めた．その上で，子どもの武装と動員を解除して，社会に再統合する計画に貢献することを任務権限のひとつとして加えることになった[*Ibid*.: para. 2(n)]．これを達成するために，国連安保理は，MONUCに対して，この職務を実行するために必要なあらゆる手段を用いることを許可することになった[*Ibid*.: para. 4]．

紛争当事者が子どもに対して暴力を行使する場合，この暴力を阻止して子どもを保護できるのは，物理的手段をもつ軍隊だけであるかもしれない．国連PKOがどれほど子どもを保護できるのかは，紛争当事者による暴力の規模や形態にもよるが，どれだけ任務権限を遂行する意思と能力を持っているのかにかかっている．そのような意思と能力がなければ，紛争当事者による子どもへの暴力は抑制することはできない．

一方，国連PKOと紛争当事者が戦闘状態になった場合には，その戦闘に子どもが巻き込まれるおそれがある．その場合，治安維持のための強制行動を優先するのか，子どもの保護を優先するのかといった問題が生ずることになる．ところが，戦闘員が子ども兵の場合には，いっそう事情は複雑である．子どもが戦闘に加担していれば，国連PKOはその戦闘行為を制御しなくてはならないが，同時に子ども兵を武装解除して保護しなければならないからである．

他方，国連PKO要員が，現地の子どもを物資や金銭を与えて買春するなど，子どもに対して性的虐待をおこなっている事例も多数報告されている[UNGA 2005: para 6]．国連安保理は，このような行為に対して断固たる措置で対応しているが，この問題は根絶されるに至っていない．本来，子どもを保護するはずの国連PKO要員が，子どもに対して暴力を行使するのは本末転倒である．このような行為を通じて，国連PKOの目的に疑念を持たれないように行動することが必要である．

(3) 経済制裁の実施

国連安保理は，監視報告メカニズムの情報を活用して，子どもと武力紛争に関するワーキング・グループと制裁委員会が連携して，子どもに暴力を行使している紛争当事者に対して経済制裁を科すことになった．

2004年4月22日，国連安保理は，決議1539（2004年）を採択し，対話を拒絶し，行動計画の立案や履行を拒否した紛争当事者に対して，段階的に制裁を科す意思を表明した．それには，小火器の輸出や供給の禁止，その他の軍事的施設や軍事支援の禁止などが含まれるものとされた［UNSC 2004: para 5（c）］．

ここでは，コンゴ民主共和国における経済制裁について見てみよう．2006年7月31日，国連安保理は，決議1698（2006年）を採択し，子どもの徴兵と徴用，殺害と暴行，性暴力，誘拐，強制移動に関与した紛争当事者（個人を含む）に対して，旅行制限，資産凍結などの経済制裁を科すことを決定した［UNSC 2006b: para. 13］．この決議を受けて，制裁委員会は，2009年3月3日に，少女に対する性暴力と少年に対する徴兵を理由として，ルワンダ解放民主軍のリーダー3名に対して制裁を発動した．2019年3月時点では，16人が子どもに対する暴力を理由にして経済制裁の対象となっている［UNSRSG/CAAC 2019b］．

武器禁輸や軍事支援の停止などの経済制裁は，武力紛争の激化を抑制するためにも必要である．しかし，子どもに対する暴力に関与している紛争当事者に対して，旅行制限や海外資産の凍結といった経済制裁を発動しても，どれほど子どもに対する暴力を牽制する効果があるのかは疑問である．それは，そのような紛争当事者には，海外渡航の必要がほとんどなく，海外に凍結されるべき資産がない場合が多いからである．実質的な効果というよりは，子どもへの暴力を拒絶する国際社会の意思を表明するといった政治的な意味合いが強いと考えられる．

おわりに

本章では，国連の安全保障制度において，子どもに対する暴力がどのように争点化し，どのように監視化されてきたのかを明らかにしてきた．子どもに対する暴力の争点化は，子どもに対する暴力の実態を把握するための監視の制度と運用を生み出した．国連安保理と国連事務総長が中心となり，子どもに対する暴力に加担する紛争当事者の一覧を作成し，監視報告メカニズムの構築と運

用を通じて，行動計画を履行させ，国連PKOの任務権限と経済制裁の対象を拡大することになった．子どもに対する暴力の問題は，国連において，国際の平和と安全の問題として認識されるようになっている．これは，国際安全保障における人間の安全保障の拡大という冷戦終結以後の傾向を継承したものであるといえよう．

しかし，このような国際安全保障における人間の安全保障に対する関心の拡大は，人間の安全の拡大を必ずしももたらすものではない．人間の安全保障は，安全保障の対象を国家から個人に拡張したに過ぎず，安全保障の手段に関しては，旧来の伝統的な軍事力に依存する傾向から完全に脱することができていない．それゆえ，紛争被災者を救済するための人道的介入が正当化されたように，子どもを保護するための国連平和維持軍の介入と展開が正当化されやすい状況が生まれてきていると言えるであろう．しかし，人道的介入が武力紛争の解決を優先するために軍事力を行使して紛争被災者の拡大をもたらしたように，国連平和維持要員による治安維持が，子どもの安全につながるかどうか不透明である．

本来問われるべきは，人間の安全を保障する手段の安全性である．子どもに対する暴力に対抗するためには物理的強制力のある軍隊の役割を完全に否定することはできない．しかし，このような強制力の行使は，最終的手段として限定的に認められるべきであって，軍事的措置に安易に依存するのではなく，子どもの安全を確保するための多様な選択肢を可能とする制度や計画や支援の拡充を図る必要があるであろう．

付　記
本章は，JSPS科研費26780102, 26285040, 26380071の助成を受けたものである．

注
1）国連安保理決議2068（2012年）は，ロシア，中国，アゼルバイジャン，パキスタンの４カ国が採決を棄権した．中国は，一部の国連安保理理事国が持っている懸念を調整することなく，十分な相談なしに投票にかけられたと述べている．アゼルバイジャンは，子どもを保護する取り組みは選択的におこなわれるべきではなく，すべての武力紛争の事例に適用されるべきであると主張した．ロシアとパキスタンは，会合において発言していない．中国もアゼルバイジャンも，武力紛争における子どもの保護に関しては推進する意思を表明しており，国連安保理理事国のなかで，この問題に対処する方向性は一致しているといえる［UNSC 2012］．

2）インテラハムウェとは，ルワンダで大虐殺を引き起こしたフトゥ系民兵組織のこと．
3）2006年以降，国連事務総長は，国連安保理に対して年次報告書や国別報告書を提出し，これまでに19カ国・1地域が調査の対象となっている．

参考文献 ●●

UNGA（United Nations General Assembly）［1993a］A/C.3/48/L.40, 3 December 1993.
─── ［1993b］A/48/634, 15 December 1993.
─── ［1994］A/RES/48/157, 7 March 1994.
─── ［1996］A/51/306, 26 August 1996.
─── ［1997］A/RES/51/77, 20 February 1997.
─── ［2005］A/59/710, 24 March 2005.
UNGA-SC（United Nations General Assembly and Security Council）［2005］A/59/695 - S/2005/72, 9 February 2005.
UNSC（United Nations Security Council）［1998a］S/PV.3896, 29 June 1998.
─── ［1998b］S/PRST/1998/18, 29 June 1998.
─── ［1999a］S/PRST/1999/6, 12 February 1999.
─── ［1999b］S/RES/1261（1999）, 30 August 1999.
─── ［2001］S/RES/1379（2001）, 20 November 2001.
─── ［2002］S/2002/1299, 26 November 2002.
─── ［2004］S/RES/1539（2004）, 22 April 2004.
─── ［2005］S/RES/1612（2005）, 26 July 2005.
─── ［2006a］S/2006/389, 13 June 2006.
─── ［2006b］S/RES/1698（2006）, 31 July 2006.
─── ［2007］S/2007/428, 13 July 2007.
─── ［2008］S/2008/455, 11 July 2008.
─── ［2012］S/PV.6838（Resumption 1）, 19 September 2012.
─── ［2014］S/2014/453, 30 June 2014.
─── ［2015］S/2015/409, 5 June 2015.
─── ［2018］S/2018/465, 16 May 2018.
UNSRSG/CAAC［2019a］Action Plans, https://childrenandarmedconflict.un.org/tools-for-action/action-plans/（2019年3月13日閲覧）.
UNSRSG/CAAC［2019b］Sanctions, https://childrenandarmedconflict.un.org/sanctions/（2019年3月13日閲覧）.

第11章　国連の安全保障と子どもの保護

― 読んでほしい本・観てほしい映画 ―

① 長有紀枝『スレブレニツァ――あるジェノサイドをめぐる考察――』東信堂, 2009年.
　ボスニア内戦で多くの少年が殺害されたスレビレニツァでのジェノサイドを詳細に論じている.
② 国際連合広報局『国際連合の基礎知識2014年度版』関西学院大学総合政策学部, 2015年.
　国連が発行している国連の活動を理解するための基本書.
③ 清水奈名子『冷戦後の国連安全保障体制と文民の保護――多主体間主義による機能的秩序の模索――』日本経済評論社, 2011年.
　国連安保理での文民の保護規範が登場してきた経緯について論じられている.
④ 村瀬信也編『国連安保理の機能変化』東信堂, 2009年.
　最近の国連安保理における機能の拡大と変質についての論文集.
⑤ 映画「トゥルース　闇の告発」ラリーサ・コンドラキ監督, 2010年, ドイツ／カナダ.
　ボスニア内戦後に, 国外の少女たちが人身売買でボスニアに連れてこられて, 売春などを強要された実話に基づいた作品.

（上野友也）

第12章　子どもを守る法的枠組み

はじめに

　子どもはすべて大切な1人である．どの子どもも健やかで安全な日常を過ごし，一人ひとりの能力を十分に発揮できるように成長してほしい．しかし現実は私たちの期待どおりになってはいない．

　ユニセフ（UNICEF）が発表した『世界子供白書2014　統計編』の副題には，「格差を明らかにし子どもの権利を推進する」と掲げられている［UNICEF 2014］．というのも，子どもが生活する国の豊かさや貧しさ，子どもの生まれた家の豊かさや貧しさ，その子どもの性別などによって，それぞれの子どもに与えられる機会に格差や不平等が生じているからである．では，厳しい状況におかれる子どもを守るために，どのような国際的枠組みがあるのか．

　私たちはまた，1人で生まれて成長していけるわけではない．おとなも子どもも他者とのつながりの中で生活している．特に子どもの場合，成長過程で家族が果たす役割が大きい．近年，ヒトやモノ，カネや情報などの国境を越える移動が，私たちの生活に変化をもたらしている．家族の形もまた，変化している．国際結婚を通じて家族が国境を越えて形成されたり，そのような家族が国際離婚によって別の形に変わったりすることが増えている．さらには，国際養子縁組を通じて，異なる国や大陸からやってきた者と法的に親子関係を結び，家族を形成する事例もある．もはや，家族全員が同じ言語を話し，同じ国籍を持ち，同じ国に居住することを当然とみなすことはできない．このような家族のあり方を，ある研究では「世界家族」と呼び，グローバル時代の家族と論じている［Beck and Beck-Gernsheim 2011］．そこで近年，家族の形の変化に対応して，子どもの権利を守るための国際的枠組みが，ますます重要になってきている．

本章ではまず，子どもを守る国際的枠組みの土台である「国連子どもの権利条約」（以下，子どもの権利条約）に着目する．続いて，国際養子縁組や国際離婚を通じて国境を越えて家族の形が変わる際に，子の最善の利益を守るために制定された2つの国際条約を取りあげる．これらはそれぞれ，「国際養子縁組に関する子の保護及び協力に関する条約」（以下，93年ハーグ国際養子条約）と「国際的な子の奪取の民事面に関する条約」（以下，80年ハーグ子の奪取条約）である．その後，これらのハーグ条約を批准することで，各国が国内でどのような取り組みを実施しているかを，国際養子については英国，国境を越える子の連れ去りについては日本を事例に挙げて検討する．最後に，子どもを守る国際的枠組みの課題および限界について言及したい．[1]

1　子どもの権利条約

(1) 子どもを守る国際的枠組みの土台

　子どもの権利条約は，1989年の国連総会において全会一致で採択され，翌年発効した．その後も多くの国に支持を拡げ，2019年時点で締約国は196国にのぼる．日本も1994年に批准している．

　子どもの権利条約は，前文，本文54カ条および末文から構成される．その中で子どもは，権利を尊重されるべき存在と認められており，その権利が包括的に規定されている．また子どもの人権の尊重・保護の観点から，締約国政府が適切な立法及び行政措置などをとることを義務づけている．というのも，子どもはおとなと同じく人権を持つ主体というだけではない．子どもは子どもという特別な存在でもある．子どもの権利条約の前文の中でも，「極めて困難な条件の下で生活している子どもが世界のすべての国に存在しており，これらの子どもには特別な配慮が必要である」と述べている．

　子どもの権利条約は，第1部の中で主な基本原則を定め，具体的な権利の内容をあげている．まず，差別の禁止（2条），子の最善の利益（3条）に基づき，締約国には条約実施義務が課せられている（4条）．その上で，生きる権利，育つ権利，守られる権利，参加する権利の4つに類型化されうる権利が，子どもの権利として包括的に実現および確保されるために，具体的な事項が規定されている．

　さらに第2部では，子どもの権利委員会の設置が定められている．この委員

会は，条約上の義務についての締約国の履行状況を監視および促進するために，1991年に活動を開始した．それ以降，子どもの権利条約だけでなく，後に制定された3つの選択議定書についても，締約国の実施状況を監視したり勧告をおこなったりしている．

2015年に，子どもの権利条約は発効してから25年を迎えた．この間に，子どもの権利の実効的な保証に向けて，3つの選択議定書が作られた．条約発効10周年にあたる2000年には，「子どもの売買，子どもの買春および子どもポルノグラフィーに関する選択議定書」と「武力紛争への子どもの関与に関する選択議定書」が国連総会において採択され，2002年に発効した．さらに2011年には3番目の選択議定書として，「通報制度に関する選択議定書」が採択され，2014年に発効した．この第三の選択議定書の目的は，子どもの権利委員会に子ども自身が通報できるようにすることだった．結果として，子どももおとなや女性と同じく，自分自身の声で世界に助けを訴えることが可能になった．日本は，最初の2つの議定書については，それぞれ2005年および2004年に批准している．

このように，子どもを守る国際的な枠組みは，子どもの権利条約を土台として，現在でも進化を続けている．

(2) 土台の強化に向けた歩み

ここでは，最も新しい第三選択議定書の中身および意義について説明したい．なおこの議定書については，2019年4月時点で日本はまだ批准していない（解説書としては，森田，セーブ・ザ・チルドレン・ジャパン［2013］）．

他の主要国連人権関連条約のように，子どもの権利条約においても，起草段階からすでに，権利の侵害を受けた子どもが直接訴えをおこす通報制度の必要性が議論されていた[2]．というのも通報制度は，条約委員会による政府報告書審査と並んで，条約の履行を確保するための重要な手段だからである．

子どもの権利条約の場合も，締約国は条約の実施状況に関する政府報告書を定期的に作成・提出し，子どもの権利委員会の審査を受けることになっている．しかし委員会の勧告に法的拘束力はない．第三選択議定書の発効後は，この議定書を批准した国に住む子どもの場合，個人または個人の集団が人権侵害を受け，国内的手続きを尽くしてもなお救済されなければ，子どもの権利委員会に直接，救済申立をおこなうことができるようになった．ただしこの場合におい

ても，委員会は通報を審議し最終的な見解を示すだけで，強制力をもたない．しかしそれでも，通報制度は政府報告書を補完する役割を担い，両者がそろうことで条約履行に向けた環境が整うことになる．

第三選択議定書は4部構成になっており，それぞれ，「総則」，「通報手続」，「調査手続」，「最終条項」が定められている．

第1部では，子どもの権利委員会の権限（1条）が規定されている．第三選択議定書を締約していない国は対象とならない．また，この議定書に締約していても，その国が締約国となっている文章が定める権利の侵害以外は対象にならない．たとえば，先の議定書を締約していない国に対し，それらの議定書が定めた権利侵害を通報することはできない．さらに，通報制度を利用するのが子どもであるという特殊性から，他の通報制度には挿入されていない一般原則が明記されている．そのひとつが「子の最善の利益の原則を指針とすること」であり，もうひとつが子どもの年齢やおかれている環境に十分に配慮した上で，子どもが自らの意思を表明する権利を尊重することである（2条）．

第2部では，個人通報制度と国家間通報制度が規定されている．個人通報制度の下で通報できるのは，権利の侵害を受けたと主張する「個人もしくは個人の集団」または「個人もしくは個人の集団の代理者」と定められている（5条）．ここでの「個人もしくは個人の集団」とは，子どもであったときに被害にあったと主張する個人および個人の集団を意味する．そのため，通報時に18才未満である必要はない．国家間通報制度の下では，ある締約国が別の締約国の条約違反を通報することができる（12条）．国家間通報制度は，自由権規約のように他の条約の通報制度にも設けられている．しかしながら，これまでこの制度が実際に利用されたことは一度もない．

第3部が定める調査手続きとは，個人，個人の集団または代理者による通報なしで，子どもの権利委員会が，条約および選択議定書に関する「重大なまたは組織的な侵害」について自主的に調査をおこなうことができる制度である．ただし，当該国が議定書に加盟しているだけでなく，この手続きを受入れることを宣言している必要がある．加えて，その国が締約国となっている文章が定める権利の「重大なまたは組織的な」権利侵害のみが，調査手続きの対象となる．そのため，調査手続きが実際に開始されるためには，多くの条件を克服しなければならない．

子どもの権利条約によって，それまで保護されるべき対象であった子どもは，

おとなと同じく権利の主体として，新たに捉え直されることになった．しかし，条約および議定書の履行に際しては，子どもに対する特別な配慮が必要である．条約上の子どもの定義の中には，まだ自分の意見を伝えることができない乳幼児も含まれる．そこで重要になってくるのが，すべての子どもを差別なく平等に扱い，子の最善の利益に基づくという原則である．次に取りあげるハーグ条約は，国境を越える家族に関する諸問題を解決するための国家間枠組みについて定めている．これらのハーグ条約を支える理念としても，子どもの権利条約が掲げる平等原則および子の最善の利益原則が重視されている．

2　グローバル時代の家族と「子の最善の利益」

(1) 国境を越える家族のかたちと子ども

　国連総会に提出された報告書によれば，2017年の国際移民の数は2億5800万人だった．2000年の国連統計では1億7300万人で，その数は毎年増加を続けている．国境を越えて移動する人の数が増えれば，当然のことながら，移動先で出会った人や，移動してきた人と恋をする事例も増える．その結果，国際結婚の子どもも増えるだろうし，残念ながら国際離婚してしまう家族も増えることになる．

　子どもの成長において，家族は重要な役割を果たす．子どもの権利条約においても，家族には子どもの成長および福祉のための「自然な環境として，……その責任を十分に引き受けること」が要求されている（前文）．そのため必要に応じて，保護や援助が家族に対して与えられることになっている．そうすることで子どもは，「その人格の完全なかつ調和のとれた発達のため，家庭環境の下で幸福，愛情及び理解のある雰囲気の中で成長」することが可能になる（前文）．

　家族が，幸福，愛情および理解のある雰囲気を絶えず保ち続けることは，家族構成員全員が同じ文化的背景を共有し，同じ宗教を信じ，同じ言語を話し，同じ国の中で一緒に生活していても難しい．ましてや，異なる国からやってきた人や，異なる国に住んでいる人によって家族が構成される場合はなおさら大変である．もちろん，異なる国の出身者が結婚した後，家族の構成員が一緒に同じ場所に住んでいるという「国際結婚家族」は，これまでから存在していた．加えて今日では，家族の構成員は同じ国籍を有しているが，出身国に住む子どもや親戚に送金をするために，親は異なる国で働いているといったように，国

境を越えて家族構成員が離れて居住しつつ，ひとつの家族を維持している「遠距離家族」も目立つ．

さらに近年関心を集めているのが，血縁関係に基づく家族構成員ではなく，国境を越えた別の国からやってきた者を家庭内に雇い入れることで世帯を形成する「グローバル世帯」である[柄谷 2009: 95-114]．高齢化が進む先進国では，途上国出身の女性移住労働者を住み込みで雇い入れることで，その者に家事・看護・介護労働を任せるという世帯が増えている．このように，一言で家庭環境といっても一様ではない．今日では，国境を越えた先の多彩で豊かな文化や伝統だけでなく，グローバルな格差や文化摩擦，さらには国家間の法律関係の矛盾なども，家庭環境の中に持ち込まれることになる．

日本もまた，家族をめぐるこのような変化と無関係ではない．国際結婚・国際離婚の件数は増加傾向である．厚生労働省の人口動態統計によれば，日本国内での日本人と外国人の婚姻は，2016年は2万1180件で，1965年の4156件と比べて約5倍に増えている[厚生労働省 2018]．国際離婚の件数でみても，2017年には1万1659件で，1992年の7716件から増加している[厚生労働省 2017]．このような流れに伴い，日本国内でも婚姻関係が破綻した後，家庭裁判所で子どもの引き渡しや面会交流などを扱う件数が増加している．結果として，国際離婚などに伴う国境を越えた不法な子の連れ去りに対処するために，国際的枠組みへの参加が，日本政府内でも議論されるようになっていった[鳥澤 2012]．

国際離婚などに伴う子どもの奪取や国際養子縁組のように，国境を越える子どもに関する諸問題について，ハーグ国際私法会議が多国間の枠組み作りを進めてきた．1893年に第1回会議が開催されて以降，国際私法の統一を目指して条約制定が進められている．実際，これらの条約はどのように運用されているのか．以下，2つのハーグ条約を概観する．

(2) 国際養子縁組──93年ハーグ国際養子条約──

近年，欧米先進国では国際養子縁組の数が増えている．女優のアンジェリーナ・ジョリー（カンボジア，エチオピア，ベトナムから各1人）のように，国外から養子を受入れている著名人は多い．

そこで私たちは，国際養子縁組を著名人の間に限った特別な話だと思いがちである．だが実際はそうではない．一説には，2000年にはすでに，全世界で約3万件を越える養子縁組が成立していた．中でも国際養子縁組がもっとも多い

のが米国で，全体の半数程度が米国人を養親としていた．近年では，国際養子縁組制度を悪用し，不当な金銭がやり取りされたり子が売買されたりする事例が，各国で批判を集めている．

　もともと養子縁組とは，子どもが生まれないことで家系が途絶えることを防ぐという，「家のため」の制度だった．その後，望まれない妊娠をしてしまった女性とその結果生まれた子が一方に存在し，もう一方で望んでも子どもに恵まれないカップルの間をつなぐ，国境内での「思いやりと助け合い」に基づく社会的相互作用の産物として，養子縁組が理解されるようになる．このような「親のため」の養子縁組制度が，交通手段の発達に伴って国境を越えて拡大していった．戦争などの理由で孤児となった子どもと，そういった子どもに対して家庭生活を提供しようとする人びとの間で，国際養子縁組が結ばれていく．

　もちろん現在でも，国際養子縁組制度の背景に社会的相互作用の面はあるだろう．しかし当然それだけではない．新たに，子どもを望む者の「豊かさ」と養子やその実親の「貧しさ」，子どもを保護する能力についての各国の格差や子をめぐる需要と供給の間でビジネス機会を狙う斡旋業者といった要素がかかわってくる．そこで，国際養子縁組の悪用を防ぎ，「家のため」でも「親のため」でもなく，「子のため」の養子制度となるように，子どもの出身国と受入国の間の協力体制が目指されることになった．

　ヨーロッパ諸国間の場合，第二次世界大戦後に増加していった国際養子縁組は，陸続きの国同士での養子縁組を意味していた．そのため，国際養子縁組に絡む危険や弊害を防止するための制度づくりが，1950年代から法律家や社会福祉の専門家の間で進められた．国内養子と国際養子は次の3点のおいて大きく異なる［Spar 2006: 邦訳225］．第一に，国境を越えて養子縁組が成立するためには，子どもの出生国と受入国の法体制がかかわってくる．そのため法律関係は国内養子縁組より複雑になる．第二に，養子と養親の間で文化，肌の色，言語などが異なる場合が大半である．その結果，国内養子縁組ではみられないような摩擦や差別が発生する可能性が高い．第三に，子どもの大半は貧しい国の出身で，豊かな国の養親の元にやってくる．そのため送出国からみた場合，国際養子縁組が事実上は外貨獲得の手段となっている場合も多い．以上のような問題点を克服するために，93年ハーグ国際養子条約が制定された．2019年4月時点で101カ国がこの条約を批准しているが，日本は参加していない．

　条約の中で真っ先に明示されているのが，国際養子縁組は「子の最善の利益」

に基づかねばならないという点である（第1条）．しかし主役であるはずの「子」は乳幼児の場合が多く，自分の「最善の利益」を判断し主張することは難しい．そこで次に重要となってくるのは，誰が子どもになりかわってその最善の利益を判断するのかという点である．93年ハーグ国際養子条約の場合，養子縁組が「子の最善の利益」となるかどうかの最終的な認定は，子どもの出身国の権限ある「中央当局」がおこなうことになった．つまり国際養子縁組制度とは，「出身国においてふさわしい家庭が見つからない子に，恒久的な家族の利益を提供する（前文）」こととして，その役割が定義される．その上で93年ハーグ国際養子条約には，① 国内で子の最善の利益が十分に保護できない場合に限って国際養子を認めること，② 国際養子と国内養子の保護及び基準が同等であること，③ 国際養子縁組規制が実効性をあげるために国際的な協力関係が必要であることが記された．

　93年ハーグ国際養子条約成立以前は，国際養子縁組とは複数の国が関わる契約関係のようなものとみなされていた．そのため，どの国の裁判管轄権及び法律が適用されるかが問題だった．それに対し93年ハーグ国際養子条約は，国際養子縁組をひとつの連続したプロセスと捉える．その上で，子どもをはじめとする関係者の役割を明確にし，それぞれの協力関係を基盤とした枠組みが作られた．具体的には，締約国はそれぞれ，権限のある中央当局を認定し，その機関が養子の可能性・適正の認定，子ども及び実親の自由意志に基づく合意，養子縁組を希望する養親の適正を確認・保証する．受入国と出身国の中央当局はそれぞれの当事者に関する報告書を作成・送付しあい，それをお互いが承認する．このように養子縁組が，締約国の中央当局の監視の下で進められることで，子どもの取引の防止等が実現される．

(3) 国際的な子どもの連れ去り——80年ハーグ子の奪取条約——

　2014年4月1日に，日本においても80年ハーグ子の奪取条約が発効した．この条約の締約国数は，2019年4月時点で100カ国に達している．これはどのような条約か．

　国境を越える人の移動およびそれに伴う国際結婚の増加を受けて，1970年頃から，一方の親による子どもの不法な連れ去りや，子どもの監護権（親権）をめぐる争いが大きな問題となっていった．国際結婚が破綻した際，一方の親が他方の親に無断で子どもを連れて出身国に帰国してしまったり，海外に居住す

る元の配偶者の所に子どもを会いにいかせた結果，そのまま留め置かれてしまったりすることがある．住み慣れた環境を離れることは，おとなであっても大変である．ましてや，その原因が両親のいさかいであるとすれば，子どもへの心理的負担は大きい．さらに取り残された親にとっては，連れ去られた子どもの安否を調べるだけでも困難なのに，連れ戻すためには海外の不慣れな法的手続きに訴えなければならない．そこで，1976年からハーグ国際私法会議の場で検討が始まり，1980年に条約が採択された［Beaumont and McEleavy 1999; Buck 2005: 131-50］．

80年ハーグ子の奪取条約の2本柱は，「子の迅速な返還」（第1条）と「子との面会交流の確保」（第21条）である．この条約においても，「子の最善の利益」の重要性が明記されている（前文）．そのため，ここでもまた，「子の最善の利益」とはなにか，また誰がそれを決定できるのかといった問題に直面することになる．80年ハーグ子の奪取条約では，その子どもが連れ去られるまで存在していた国を「常居所地国」とし，そこへの迅速な返還を確保する手続きが定められている．条約の締約国は，原則として子どもを元の居住国に返還する義務を負う．ひとまず返還された後で，「子の最善の利益」に基づき，常居所地国の法律枠組みの中で，親権の決定や面会交流機会の確保が追求されることになる．

条約が適用するのは，条約の締約国から連れ去られた16才未満の子どもである（第4条）．したがって，締約国以外から連れ去られた場合は適用外である．また第1条では，「いずれかの締約国に不法に連れ去られ，又は留置されている子」の迅速な返還が明記されている．そのため，締約国である常居所地国から非締約国に連れ去られた場合も，条約で規定する返還手続きの対象とはならない．ただし，従来から指摘されているように，条約の目的はあくまで，国境を越えた子どもの不法な連れ去りなどに関する国家間協力枠組みの設置である［加地 2012］．したがって，国籍の異なる者同士の国際結婚かどうかとか，連れ去り発生時に離婚が成立しているかどうかは問題とならない．そのため，同一国籍の夫婦間での国境を越えた子どもの連れ去りも条約の対象となる．

さらに各締約国においては，条約の手続きの中心的役割を担う「中央当局」を設置することが義務づけられている（第6条）．中央当局間の協力を通じて，条約上の義務が履行されることになる．条約締約国間で子どもの不法な連れ去りがあった場合，連れ去られた親は自国の中央当局，もしくは子どもが連れ去られた先の中央当局に対し，子どもの返還援助申請をおこなう．さらに，子ど

もとの面会交流に関する援助を申請することも可能である［鳥澤 2012］．

　この条約に対しては，従来から専門家の間では，ハーグ国際私法条約の成功例のひとつにあげられることが多かった［織田 2010: 46-47］．条約の発効直後の1980年代には，締約国の大半が西欧および北米諸国だったが，近年ではアフリカ諸国やアジア諸国の締結も増えてきている．そのため，今後もいっそう，子どもの迅速な返還という目的実現が進むことが期待されている．

3　ハーグ条約をめぐる各国の取り組み

(1) 93年ハーグ国際養子条約と英国の事例

　ある国際養子縁組が，2006年に世界中で報道合戦を引き起こした．それは，マラウィ出身の男の子と，英国に居住する養親との間の養子縁組だった．マラウィはタンザニア，ザンビア，モザンビークと国境を接するアフリカ南東部の小国で，世界の最貧国の1つでもある．生後すぐに母親をなくし，施設に預けられていた生後13カ月の男の子に国際養子縁組の申し出があった．申し出た夫妻の総所得は推定で520億円以上といわれており，世界中に複数の家や別荘を所有していた．男の子には父親がいたが，「子どもの健康とより良い教育機会のため」に養子縁組に承諾する[6]．この縁組で養親となったのは，世界的人気歌手のマドンナだった[7]．

　マドンナの事例では，まさに93年ハーグ国際養子条約の履行が問題となった．マラウィ国内の人権活動団体が，この養子縁組手続きは不備であると，その取り消し訴訟をおこした．そもそも，マラウィも英国も93年ハーグ国際養子条約の締約国である．にもかかわらず，訴訟を起こした団体は，マドンナ夫妻が自分たちの世界的な名声を使うことで，マラウィ法に基づく厳格な手続きを回避したと指摘した．さらには，養子となった子どもとその父親や親戚との間の関係維持や，その子どもがマラウィ国内で生活を続ける可能性といった，本来最重要視されるべき「子の最善の利益」が十分に考慮されなかったと訴えたのである．その結果，マドンナ夫妻と男の子は，英国国内で福祉担当官の観察下におかれることになった．その後18カ月に及ぶ観察期間を経た上で，最終的にマラウィの裁判所が，養子縁組の成立を子どもの利益と認める判決を下した．

　英国の国内養子縁組の件数は，年間で多くても300件程度に過ぎず，米国に比べて著しく少ない［Selman 2014］．また歴史的にみて，海外に安い労働力とし

て子どもを送り出していた時期もあったため，国際養子縁組に消極的な声が根強い．加えて，異人種間の養子縁組を反対する専門家も多い．その結果，高度に規制・保護されている国内養子縁組制度の背後で，国際養子縁組制度は長い間放置されていた．

英国では，1980年代末から養子縁組制度の改革に向けた議論が始まっていた．子どもの権利条約締約後には，条約の理念に基づいて，養子縁組政策の見直しが実際に着手されることになった．しかしこの作業は簡単には進まず，3つの政権が10年越しで携わることになってしまった．最終的には，以下の3点を実現するための法律が1999年および2002年に相次いで制定され，現在にいたる．ただし，養子縁組のあり方をめぐる論争は，今なお続いている．

第一に，93年ハーグ国際養子条約を批准することで，英国政府が国際養子の保護および子どもの売買・密輸取締りのための多国間枠組みに全面的に協力する姿勢を，国際・国内の両世論に対して明確に示した．第二に，すでに存在していた国内養子縁組制度の厳しい基準に合わせる形で国際養子縁組制度を確立し，養子縁組制度全体の一本化がはかられた．その上で第三には，何らかの理由で安定した家庭生活を実親との関係で望めない子どもにとって，養子縁組は望ましい選択肢であり，理由もなく長期にわたる施設での監護は避けるべきであるとの方針が確立された．

(2) 80年ハーグ子の奪取条約と日本の事例

2009年9月に，米国人の父親が福岡県警に，未成年略取容疑で逮捕拘留された．それ以前に，日本人の母親が米国国内の裁判所命令に反する形で，2人の子どもを日本に連れ帰ってしまっていた．離婚時には，父親と子どもとの定期的な面会などが定められていたが，それも守られていなかった．そこで父親は日本に来て，登校中の子どもを連れて在福岡の米国領事館に駆け込む寸前で逮捕されたのだった［岡野 2010: 30］．この父親には，後に不起訴処分が決定されるが，この事件は米国で大きく報道された．

前記の事件をきっかけに，日本政府内では80年ハーグ子の奪取条約の締結に向けた動きが加速していった．それまでから，現地の法令に違反して日本に連れ去られる子どもの事案が，欧米を中心とする諸外国の批判を受けていた．また，日本は条約未締結であるため，外国で離婚し生活する日本人が，子どもと一緒に日本に一時帰国することができないといった問題も発生していた．加え

て2004年には，国連子どもの権利委員会が，日本政府に対して条約の批准を勧告していた．最終的に政府は，2011年に条約締結の準備開始を閣議決定し，2014年の発効に至った．

　日本の場合，条約の履行を中心的に担う中央当局には外務省が選ばれている．外務省によれば，条約が締結されたことの意義は以下の通りである[8]．第一に，子どもの不法な連れ去りが発生した際，国際的な規則である80年ハーグ子の奪取条約に従って問題解決が図られることが明確になった．第二に，条約未締結を理由とした日本への子どもを伴う渡航制限がなくなることが期待できる．また第三に，子どもを不法に連れ去った場合，条約に従って原則返還しなければならないことが周知されることで，さらなる連れ去りが防止される．最後に，国境を越えて別の国で生活する親子に対し，面会交流の機会が確保されることになる．

　一方，条約締結準備中から，慎重な意見も根強かった．たとえば，条約の原則である迅速な子どもの返還の結果，夫からの家庭内暴力などを理由に日本に帰国した母親と子どもが引き離されることや，そのような状況でも母親が夫の住む国に戻らないといけないことなどが危惧された．さらには，条約の背景にある，「離婚後も子どもは双方の親と接触を保ち続けることが最善の利益」という考え方が，日本の家族観とあわないという不安もある［岡野 2010: 43-50］．このような慎重論をふまえて，条約の発効後3年をめどに運用に関する見直しが予定されていた．

　条約発効から5年を経て，外務省が運用状況を発表した．2018年度に，外務省が受け付けた子どもの返還に向けた援助申請は44件で，子どもとの面会交流の援助申請は12件だった［外務省 2019］．今後もひきつづき日本弁護士連合会との協力の下，外国当局と交渉できる専門性の高い弁護士の養成が必要とされている．

おわりに
　　──一人ひとりの子どもか，子ども全員なのか──

　これまでみてきたように，子どもを守るための国際的枠組みは，子どもの権利条約の理念を土台として発展してきた．ただし，枠組みが存在することと，実際に子どもが守られることとは必ずしも一致しない．さらに，子どもを守るという意味や中身についても，さまざまな意見がある．

たとえば，本章で取りあげた2つのハーグ条約はともに，子どもの権利条約に明記されている「子の最善の利益」を重要視している．しかし「子の最善の利益」の中身について統一した見解があるわけではない．よく問題となるのが，「特定の子の利益」と「集団としての子全員の利益」のどちらが優先されるのかという点である．国際養子縁組の場合，前者を重視する側からは，国際養子制度によって救われる子どもがいる事実が強調される．それに対し後者を重視する立場からは，国際養子縁組制度によって一握りの子が救われることが，かえって送り出し国の子どもをめぐる制度改革を遅らせることが問題視される．93年ハーグ国際養子条約の場合，個々の養子縁組を監視することで，養子個人の福祉や安寧を守ろうとしている．そのため，特定の子どもの利益を優先しているようにみえる．

　一方，80年ハーグ子の奪取条約の場合は異なる．子どもが連れ去られた要因は何か，子どもを連れ去ったのがその子どもの世話をしていた親か，子どもが連れ去られた先が子どもの成長に適した土地かといった個別の状況にもかかわらず，迅速な返還が基本原則である．まずは最も適切な法域へと子どもを返還し，その後で特定の子どもの利益を考えるというのが，条約の姿勢である．つまり，集団としての子全員の利益に基づき，子どもを常居所地国に返還し，それが実現された後，次の手順として，特定の子の利益が個別に検討されることになる．

　このような条約間の相違点は，子どもを守る法的枠組み内に対立を引き起こすのか．これまでは，相違を乗り越えるための対話を促す要因となってきた．というのも，枠組みの目的が「子の最善の利益」であることは合意されているからである．これからも，「子の最善の利益」の実現に向けた対話が続けられることが重要である．地道な努力の積み重ねこそが，子どもを守る法的枠組みの強化・進展に繋がっていく．

注

1) 本章では，国連子どもの権利条約1条にしたがい，子どもを「18才未満」のすべての者と定義する．また乳幼児とは，2009年に採択された「子どもの代替的養護に関する指針以下，国連代替的養護指針」の第22段落中で，「家庭的環境で養育される」ことを強く推奨されている「3才未満」とする．
2) 現在，主要な人権条約としては，自由権規約，社会権規約，人種差別撤廃条約，女性差別撤廃条約，子どもの権利条約，拷問禁止条約，移住労働者の権利条約，障害者権利

条約が存在する．2014年に子どもの権利条約第三選択議定書が発効して，これらすべての条約において個人通報制度が成立した．2019年5月時点で，日本はどの条約に基づく個人通報制度にも加盟していない．

3）家族とは「血族関係の共有」と定義される．確かに，世帯構成員と家族の構成員が合致する場合もある．しかしそれだけでなく，世帯構成員の中には，子どもの実質上の育ての親となるメイドや家政婦，高齢者の世話をする住み込みの移住家事労働者といった，擬似的な家族関係に基づく者が含まれる．また同じ屋根の下に住む者だけでなく，仕送りなどで世帯を支える，海外で就労している者も含む概念である．

4）日本も1904年から代表者を送っている．詳細は，ハーグ国際私法会議のホームページ（http://www.hcch.net/）を参照．

5）2003年以降，ハーグ国際私法会議の常設事務局は，23カ国の政府と連携した研究を通じて，国際養子縁組の件数把握に努めている．

6）"About a boy", *The Guardian*, 20 October, 2006.

7）"Malawi approves Madonna adoption", *BBC News*, 28 May, 2008. なお，この判決が出た数カ月後に，マドンナ夫妻は離婚を発表した．

8）外務省のホームページのなかにある，「ハーグ条約（国際的な子の奪取の民事上の側面に関する条約）──ハーグ条約と国内実施法の概要」（https://www.mofa.go.jp/mofaj/fp/hr_ha/page22_00843.html）を参照（2019年9月4日閲覧）．

参考文献

岡野正敬［2010］「国境を越える子の奪取をめぐる問題の現状と課題」『国際法外交雑誌』109(1)．

織田有基子［2010］「ハーグ子奪取条約の現在──第5回特別委員会における議論の紹介を中心に──」『国際法外交雑誌』109(2)．

外務省［2019］「国際的な子の奪取の民事上の側面に関する条約の実施に関する法律の実施状況について」https://www.mofa.go.jp/mofaj/files/000504387.pdf（2019年7月1日閲覧）．

加治良太［2012］「深刻化する国際的な子の連れ去り問題とハーグ条約」『立法と調査』326．

柄谷利恵子［2009］「グローバル化とシティズンシップ──移住労働者と越境する世帯──」，日本国際政治学会編『日本の国際政治学 2 国境なき国際政治』有斐閣．

厚生労働省［2017］「平成29年人口動態統計（確定数）の概況」https://www.mhlw.go.jp/toukei/saikin/hw/jinkou/kakutei17/index.html（2019年5月18日閲覧）．

─────［2018］「平成30年我が国の人口動態統計（平成28年までの動向）」https://www.mhlw.go.jp/toukei/list/dl/81-1a2.pdf（2019年5月18日閲覧）．

鳥澤孝之［2012］「国際的な子どもの連れ去り──『ハーグ条約』の批准をめぐって──」『レファレンス』4月号．

森田明彦，セーブ・ザ・チルドレン・ジャパン［2013］『子どもの権利条約議定書（個人通報制度）──子どもには世界に助けを求める権利がある！──』萌文社．

Beaumont, P. R. and P. E. McEleavy［1999］*The Hague Convention on International*

Child Abduction, Oxford: Oxford University Press.
Beck, U. and E. Beck-Gernsheim [2011] *Lebensformen im globalen Zeitalter*, Berlin: Suhrkamp Verlag（伊藤美登里訳『愛は遠く離れて——グローバル時代の「家族」のかたち——』岩波書店，2014年）.
Buck, T. [2005] *International Child Law*, London: Cavendish Publishing.
Selman, P. [2014] "Key Tables for Intercountry Adoption: Receiving States 2003-2013: States of Origin 2003-2012," http://www.hcch.net/upload/selmanstats33.pdf（2015年4月5日閲覧）.
Spar, D. L. [2006] *The Baby Business: How Money, Science, and Politics Drive the Commerce of Conception*, Boston: Harvard Business School Press（椎野淳訳『ベビー・ビジネス』ランダムハウス講談社，2006年）.
UN [2017] *International Migration Report 2017: Highlights*, ST/ESA/SER.A/404.
UNICEF [2014] *The State of The World's Children 2014: Every Children Counts-Revealing Disparities, Advancing Children's Rights*, New York: UNICEF（日本ユニセフ協会『世界子供白書2014 統計編』日本ユニセフ協会）.

読んでほしい本

① デボラ・L. スパー『ベビー・ビジネス』（椎野淳訳），ランダムハウス講談社，2006年．
養子縁組を含めて，不妊治療や代理母など子をめぐる国際的な「市場化」の現状を扱っている．

② 高倉正樹『赤ちゃんの値段』講談社，2006年．
詳細な取材をもとに，日本の国際的養子縁組に関する政策（その無策）を批判している．

③ 松尾寿子『国際離婚』集英社（集英社新書），2005年．
当事者たちのインタビューをふまえて，国際離婚の現実が詳しく語られている．

④ 長坂道子『「モザイク一家」の国境なき人生——パパはイラク系ユダヤ人，ママはモルモン教アメリカ人，妻は日本人，そして子どもは……——』光文社（光文社新書），2013年．
筆者の実体験を通じて，世界家族が直面する葛藤や挑戦が語られている．

（柄谷利恵子）

Column 8

今後注目されるNGOの活動

　比較的新しい分野での子どもの権利を守るためのNGOの活動としては，企業との協働がある．労働CSR（企業の社会的責任）の作成や遵守監視を通じた児童労働の撤廃に向けた取組みは代表例である．しかし，企業活動と子どもの関わりはそれだけでない．2012年3月に，セーブ・ザ・チルドレン，国連グローバル・コンパクト，ユニセフは，共同で子どもの権利と企業の責任を明確に示す「子どもの権利とビジネス原則」を発表した．これによってNGOと企業の協働のさらなる促進が期待されている．

　セーブ・ザ・チルドレンは学生にもその名を知られた国際NGOのひとつだが，子どもを支援するNGOは他にも世界中に多く存在する．日本でもACE（acejapan.org）や国際子ども権利センター（www.c-rights.org）などの子ども支援NGOが，インドやカンボジアなどで現地NGOと一緒に活動している．これらすべてのNGOは，子どもの権利条約に定められた「子どもの権利」を活動の基盤とし，すべての子どもが人として，そして子どもとして尊重される社会をつくるための社会変革の担い手である点で共通している．子どもの権利条約には，2012年12月に第三選択議定書（第12章を参照のこと）が新たに加わったが，この選択議定書をつくるために，さまざまなNGOが連合してネットワーク型のNGOをつくり，2006年から条約作成のためのキャンペーンを展開してきた．新しい選択議定書は，子どもの権利の実現のために活動してきたNGOの大きな成果でもある．

　第三選択議定書は，個人通報，国家間通報そして重大または組織的な権利侵害に対する調査手続について定めた条約である．個人通報は，権利の主体である子ども個人もしくは集団または代理の者に子どもの権利条約と2つの選択議定書の権利侵害について子ども権利委員会に通報できる制度であり，通報権者である子どもによる通報のサポートは，今後，新たなNGOの活動となっていくだろう．また，調査手続では，子どもの権利委員会が，子どもの権利条約が定める権利の重大または組織的侵害を示唆する信頼できる情報を受理することで調査のための手続が開始される．同様の調査手続を定めるその他の人権条約選択議定書では，そのような情報の通報の多くはNGOによってなされている．ここでも子どもの権利の実現をめざすNGOの活動が期待されている．

　最後に，2015年が達成期限となる「ミレニアム開発目標」（第10章も参照のこと）に続いて設定されるポスト開発目標に向けても子どもが直面している問題が中心的な課題となるように多くのNGOが活発に働きかけをおこなっている点も見逃せない．

（米田眞澄）

第13章 子ども買春・人身取引・子どもポルノ

はじめに

　小説『闇の子供たち』［梁 2004］が映画化され，2008年に一部の映画館で公開された．重苦しいテーマだが，人びとの関心をじわじわと集め，テレビ・新聞・雑誌などで話題になった．子どもの買春・人身取引・子どもポルノ・臓器売買といった悲惨な状況が，東南アジアを舞台として描かれる．そこでは，日本人も無縁ではない．直接的・間接的に搾取する立場，救済しようとする立場，現状を報道する立場など，複数の視点からアプローチされた［勝間 2013：150-53］．他人事ではなく，私たちとも関係のある問題であることを再認識させてくれる小説および映画である．

　本章では，子ども買春・人身取引・子どもポルノを総称して，子どもへの商業的な性的搾取（CSEC: Commercial Sexual Exploitation of Children）と呼ぶ．国連は，年間100万人以上の子どもがCSECの被害にあっていると推定している．その多くは国内問題であるが，人の国際移動の増加やインターネットの発達といったグローバル化に伴い，国境を超えた形でのCSECが顕著化しており，グローバルな課題として注目されてきた．そして，この子どもの権利の侵害に対して，国際的に取り組む必要性が指摘されている．グローバル化時代に生きる子どもにとっての新しい〈脅威〉としてCSECを捉えなおし，子どもの安全を保障するために国際社会はどうするべきなのかを考えたい．

1　グローバル化におけるCSECの現状

　子どもへの性的搾取には，大きく分けて，非商業的な性的搾取と，商業的な

性的搾取（CSEC）がある．家族内や世帯内における性的虐待は，非商業的な形態による子どもへの性的搾取の例である．この他，子どもの意思とは別に，幼いときに結婚が決められてしまうという〈早婚〉の問題も商業的でない性的搾取と分類できる．早婚については，子どもに害のある伝統的慣習であり，子どもの権利の侵害だと捉えられている．

　本章では，家族や世帯の外にある行為主体（アクター）との関係において性的搾取がおこなわれるというCSECにとくに注目したい．CSECの具体的な内容である子ども買春・人身取引・子どもポルノについて，それぞれをより詳細にみていこう．

（1）子ども買春

　子ども買春は，〈最悪の形態の児童労働〉のひとつだと言われている．つまり，どのような理由があろうとも，決して許容することのできない，子どもに強いられた過酷な労働である．

　子ども買春の多くは国内問題である．貧困を原因とした村落地域から都市部への人口流出により，脆弱な状態におかれたストリート・チルドレンが増加している．大半のストリート・チルドレンは帰る家庭をもっているが，それ以外は，大都市や国境都市への移動の過程において家族と離散した子どもや，出稼ぎをさせられている子どもや，世帯内暴力が原因で家出した子どもであり，養育者が不在の環境に置かれている．夜も路上で生活するなど，欠乏の状態におかれたストリート・チルドレンは，搾取される対象として，子ども買春や人身取引に巻き込まれやすい［勝間 1999: 72-80］．そして，買春を強いられた子どもたちは，心理的・社会的・肉体的なダメージを受け，暴力の恐怖に怯えながら生きている．

　子ども買春は，貧しい途上国だけの問題ではなく，先進工業国のなかでも起こっている．たとえば，米国においては，30万人の子どもが買春の対象とされており，いわゆる豊かな国においても大きな問題となっていることがわかる．

　買春に巻き込まれた子どもは，HIV／エイズや，その他の性感染症から自分の身を守ることが困難な状況におかれている．買春する顧客や仲介者との力関係において，弱い立場にある子どもは，たとえばコンドームを使った〈安全な性行為〉を顧客に要求するうえで必要な交渉力などのライフスキル［勝間 2008a: 231-48］さえもたないことが多い．そして，エイズを発症すると，文字通

り捨てられることさえある.

　買春と麻薬使用とは密接な関係がある．仲介者は，麻薬やアルコールの常習を強いて，子どもを従属させようとする．薬物に依存した子どもは，仲介者やその組織犯罪ネットワークから逃げ出すことが難しい．また，救出されたとしても，社会復帰するにあたって，薬物依存という大きな障壁を乗り越えなければならない．

　子ども買春では，国内の顧客が圧倒的に多いが，国際的な側面が顕著化してきている．第一に，セックス観光を目的として，発展途上国を訪れる外国人が増えている．たとえば，日本から途上国への買春ツアーは，1970年代から国際的に問題視されてきた．こうした，外国人のセックス観光による子ども買春は，経済格差だけでなく，途上国における「子どもの権利条約」の国内的実施の遅れなどに誘発されている．ペドファイル（pedophile: 子どもを対象に性的嗜好をもつ者）の多くは，途上国で子どもを買春しても，捕まる可能性は低いと考えているのである．

(2) 性的搾取を目的とした子どもの人身取引

　第二の国際的側面として，途上国の子どもが人身取引され，先進国へ連れて行かれるという現象がある．つまり，買春する側だけでなく，性的搾取を受ける子どもの側も国境を超えてCSECに巻き込まれるようになった．途上国の貧しい女性や子どもが騙され，搾取を目的として先進国へ連れて行かれるという人身取引が増えている．年間120万人がこうした人身取引の犠牲者になっていると報告されている．

　2000年の「国際組織犯罪防止条約の人身取引議定書」（以下，パレルモ議定書）は，人身取引を以下のように定義している．

> 搾取を目的として，脅迫，暴力その他の強要，誘拐，詐欺，偽装，権力濫用，脆弱な立場の悪用，他人を支配できる人物の合意を得るための金銭や便宜の授受といった手段を用いることによって，人を募集，移送・移動したり，かくまったり，受け取ること．搾取には，少なくとも，買春による搾取やその他の形態の性的搾取，強制的な労働や奉仕，奴隷または奴隷と同様の行為，隷属，または臓器の摘出が含まれる．

　子どもを対象とした人身取引には，養子縁組や，あらゆる形態の児童労働を

目的としたものがあるが，本章では，CSECを目的とした子ども取引に限定して話を進めたい．人身取引の経路として，出発国，経由国，目的国を区別することができる．アジアであれば，たとえば，出発国がカンボジア，経由国がタイ，目的国が日本，といったケースを想定できる．実際には，人身取引の国際組織犯罪ネットワークは，取締りをのがれるために，柔軟にルートを変えている．したがって，1カ国だけでは対応できず，グローバルそして地域的な仕組みと活動が必要とされている．

(3) 子どもポルノ

子どもポルノは，2つの意味で，子どもに害をもたらす．第一に，子どもポルノを求める需要があることは，将来において，子どもの性的な搾取を奨励することになる．第二に，子どもポルノの存在は，その制作過程において，その子どもがすでに搾取されたことの証拠となる．さらに，それが流通されることによって，被害者である子どもに対して繰り返し危害を加える結果となる．

子どもポルノ商品がこれまで考えられなかった規模で流通している．当初は，規制の緩い途上国で生産されたビデオテープが先進国へ配送されるという問題が拡大した．さらに，情報通信技術の発展とインターネットの普及によって，ビデオテープから電子ファイルへと媒体が変わってきた．インターネットを通して，物理的な距離に関わらず，子どものポルノ画像がやり取りされる事態が生じている［勝間 2000: 55-60］．

また，情報通信技術の発展は，擬似的な子どもポルノを可能とするようになった．つまり，実在する子どもが実際に性行為に参加させられることなく，画像を創作・操作することによって，擬似的な子どもポルノがつくられている．アニメによる子どもポルノも含まれるが，とくに日本はその発信地として悪名が高い．カナダ，英国，米国といった国は，こうした擬似的な子どもポルノも早くから違法化している．その理由は，前記の第一の意味での問題として，将来における子どもの性的搾取の奨励に繋がるからである．他方，表現の自由を理由として，子どもポルノの規制に反対する意見もある．

2　CSECの背景にある要因

CSECが引き起こされる要因は，大きく分けて3つあると思われる．つまり，

引寄せ要因，押出し要因，媒介要因である．引寄せ要因への対処においては，子ども買春という直接的な暴力をふるうペドファイルが与える恐怖から子どもを自由にするために，国際人権ガバナンス［勝間 2014: 216-29］を強化する必要がある．押出し要因とは，欠乏の状態におかれた子どもの脆弱性である．子どものエンパワーメントに資するような，貧困削減と人間開発へ向けた国際協力が求められている．最後に，媒介要因であるが，ペドファイルと脆弱な子どもとの間の仲介をおこなう犯罪ネットワークの存在である．グローバル化が進むなか，国際組織犯罪への取組みが必要である．

(1) 引寄せ要因

ペドファイルからの需要が最も根源的なCSECの要因である．どのような職種にもペドファイルは存在すると言われている．また，豊かな国にも，貧しい国にも存在する．既婚者もいれば独身の者もいるし，異性愛者もいれば同性愛者もいるが，多くは男性である．ペドファイルは，自分たちの行動について以下のように正当化する．つまり，子どもは自発的に望んで性産業に従事していると主張する．また，こうした子どもたちは，性に開放的な文化をもった社会に属しているとも言う．そして，買春を通してお金をあげることによって，子どもたちを助けていると説明する．しかし，搾取する側のこうした自己正当化は，妥当性をもたない．

子どもを性の対象として求める背景に，若いほどHIVに感染していないという神話がある．これは，実際には誤った認識である．顧客や仲介者との力関係において，子どもは〈安全な性行為〉を要求できないことから，感染のリスクは高い．また，そもそも，子どもは，大人と比較して，生理学的にHIVに感染しやすいとも言われている．

CSECという暴力をふるうペドファイルが与える恐怖から子どもを自由にするためには，国際人権ガバナンスを強化する必要がある．つまり，国際的な人権規範の形成と，その国内的な実施が進められなければならない．さらに，後述するように，国家以外のアクター，つまり国際機関，NGO，民間企業ともパートナーシップを構築していくことが重要となってくる．

(2) 押出し要因

押出し要因の第一は貧困である．貧困によって，子どもは脆弱な状況におか

れる．そして，そのような欠乏の状況にある都市部のスラムや村落部のコミュニティは，組織犯罪ネットワークが子どもを調達する場となっている．また，ジェンダー不平等や民族的少数者への差別と社会的排除は，貧しい少数民族の女子がもつべき選択の自由を大きく制限することにつながっている．とくに，教育を受ける権利を奪われた女子は，弱い立場に置かれる［勝間 2008b: 243-54］．さらに，紛争と社会的不安定は，子どもの脆弱性をより一層に高めることになる．

　豊かとされる国においてもCSECはあるが，この場合，貧困からの逃避が主な目的でないことが多い．手軽に大金を稼ぐために，尊厳をもって生きることを自ら放棄するというように，子どもの未成熟さに起因する場合もある．たとえば，日本において問題となっている，中高生による〈援助交際〉もこれに分類できると思われる．

　欠乏の状況におかれた脆弱な子どもについては，エンパワーメントが重要である．そのためには，貧困削減と人間開発へ向けた国際協力が求められている．後述するように，具体的に，国際社会は，ミレニアム開発目標を2015年までに達成できるように積極的に取り組んだ．現在は，2015年以降の開発アジェンダである持続可能な開発目標（SDGs: Sustainable Development Goals）の実現へ向けて国際協力を進める必要があると言えよう．

(3) 媒介要因

　インターネットの悪用は，CSECの加速化につながっている．子どもポルノはその影響を最も大きく受けているであろう．また，セックス観光や〈通販〉花嫁の情報もインターネット上にみられる．さらに，ソーシャル・ネットワーキング・サービス（SNS）といったインターネット上のフォーラムは，国際犯罪ネットワークの情報交換の場として悪用されることもある．

　子どもセックス観光によって外貨収入を得ている国のなかには，CSECの問題について積極的に取り組もうとしない例もある．また，警察や入国管理における汚職も，CSECの広がりに歯止めがきかない要因となっている．「子どもの権利条約」に署名・批准することによって，子どもの権利の実現について履行の義務を負っているはずの国家が，その責務を充分に果たしていないことが，CSECをはびこらせる要因となっているのである．

　その他の媒介要因としては，ペドファイルと脆弱な子どもとの間の仲介をお

こなう犯罪ネットワークの存在が大きい．グローバル化が進むなか，組織犯罪は，超国境的に活動を展開している．こうした国際組織犯罪を根絶するための対策に取り組むことが重要となっている．

3 国際的な規範の枠組み

　子どものために，国際的な規範の枠組みやそれを実施する仕組みが存在する［勝間 2015: 239-61］．CSECへの取組みについて，国際的な規範の形成，その規範を実施する仕組み，具体的な活動という3つの視点から議論していこう．まず，国際規範としては，国際人権規範と，SDGsを概観したい．

(1) CSECから保護するための国際人権規範

　「子どもの権利条約」(2019年7月24日現在，196カ国が締約国) の34条と35条は，子どもの性的搾取と人身売買を禁止している．第34条は，子どもの性的搾取をなくすために，あらゆる方策をとるよう国家に義務づけている．この子どもの権利という国際的な規範は，その後の選択議定書などによって，さらに発展してきた．たとえば，2000年には，「子ども売買・子ども買春・子どもポルノに関する，子どもの権利条約の選択議定書」が国連総会で採択されている．そこでは，子ども買春と子どもポルノは，より具体的に犯罪化されている．2019年7月24日現在，176カ国が締約国となっている．

　国際労働機関 (ILO: International Labour Organization) の182号条約 (1999年) は，最悪の形態の児童労働の撤廃を定めている．この最悪の形態の児童労働には，子ども買春，人身取引，子どもポルノも含まれている．2019年7月24日現在，186カ国が締約国となっている．

　人身取引に関する「パレルモ議定書」は，2000年の国連総会で採択され，2003年に発効した．とくに女性と子どもの人身取引を予防するため，締約国に対して，包括的な政策とプログラムを義務づけている．2019年7月24日現在，174カ国が締約国となっている．

(2) エンパワーメントに寄与する持続可能な開発目標（SDGs）

　国際社会は，2000年9月に国連総会およびミレニアム・サミットで採択された「国連ミレニアム宣言」に基づき，ミレニアム開発目標を達成することに合

意した.「国連ミレニアム宣言」とは,21世紀を迎えようとするなか,国連加盟国の国家元首および政府首脳が〈平和,安全保障,軍縮〉〈開発と貧困〉〈環境の保護〉〈人権,民主主義,よい統治〉〈弱者の保護〉〈アフリカのニーズへの対応〉〈国連の強化〉などについて新たな決意を表明したものである.また,ミレニアム開発目標の内容の多くは,1990年の世界子どもサミットにおける採択文書に遡ることができる.それは,1989年の国連総会で採択された「子どもの権利条約」の実現へ向けた具体的な人間開発政策である.そこでは,開発において人権を主流化させようという動きもみられる［アジア・太平洋人権情報センター 2008: 82-90］.

2015年,ミレニアム開発目標の達成年限となるが,その後継となる2030年までに達成すべきSDGsが国連加盟国によって合意された.そこでは,「貧困をなくそう」「飢餓をゼロに」「すべての人に健康と福祉を」「質の高い教育をみんなに」「ジェンダー平等を実現しよう」など合計17の目標が設定されている.引き続き,とくに子どもを中心とした人間開発のための国際協力を進めていく必要がある.

4　CSECの脅威から子どもの安全を保障する仕組みと活動

前述のような国際規範を実施するためには,グローバルおよび地域のレベルにおける仕組みが必要とされる.そうした仕組みを使って,国家が国際規範に沿って行動することが期待される.また,国家以外のアクターとして,国際機関,NGO,企業の活動も重要である.

(1) グローバルな仕組み

1990年の世界子どもサミットと1993年の世界人権会議では,とくに困難な状況におかれた子どもの保護の緊急性が再確認された.また,国連人権委員会は,1990年に子どもの売買,買春,ポルノに関する国連特別報告者を設置したのち,1992年には行動プログラムを採択している.また,2004年からは,人身売買に関する国連特別報告者を設置している.国連人権委員会については,その後,国連人権理事会へ改組されており,すべての国連加盟国における人権の状況について,定期的にレビューがおこなわれる.さらに,国連人権高等弁務官事務所は,2002年に,「人権と人身売買に関する原則および指針の勧告」を出して

いる．

　また，「子どもの権利条約」の実施について監視する仕組みとして，子どもの権利委員会がある．締約国は，定期的に報告書を提出することになっている．そこでは，CSECに関する問題について指摘される場合もあり，報告国に対して，一層の取組みが求められる．

　このほか，CSECの被害にあっている子どもについて，国際社会として，国家主権を超えて〈保護する責任〉を果たそうとする動きもみられる．そのひとつは，普遍的管轄権（universal jurisdiction）である．「子ども売買・子ども買春・子どもポルノに関する，子どもの権利条約の選択議定書」は，CSECを犯した者の国籍，被害者の国籍，犯罪の発生地に関わらず，自国の領域内にいる犯罪者に対する裁判管轄権を認めるよう締約国に求めている．

　また，国際刑事裁判所は，子どもに対する特定の犯罪について管轄権をもつ．子どもの人身取引や，民族間の子どもの強制移動が，人類への犯罪やジェノサイドとの関連でおこなわれた場合がそれに相当する．

(2) 人身取引についての地域的な仕組み

　2002年に，南アジア地域協力連合（SAARC: South Asian Association for Regional Cooperation）は，「買春を目的とした女性と子どもの取引の予防と禁止に関する条約」を採択した．買春に限定しているが，人身取引に関する地域的な取組みとして注目される．

　他方，東南アジア諸国連合（アセアン）閣僚会議では，子どもと女性の人身取引に取り組むことを優先課題として議論するようになった．2003年には，人身取引に反対するメコン閣僚イニシアティブ（COMMIT: The Coordinated Mekong Ministerial Initiative against Trafficking）が，中国，カンボジア，タイ，ラオス，ベトナム，ミャンマーの6カ国の間で始まった．そして，翌年の2004年10月には，いわゆる拡大メコン川流域圏（GMS: Greater Mekong Subregion）6カ国の政府高官によって，人身取引問題に共同で取り組むための枠組みとなる覚書がヤンゴンで署名されたのである．これは，人身取引に包括的に取り組むための地域協定として評価されている．さらに，11月にビエンチャンで開催されたアセアン首脳会議では，「とくに女性と子どもの人身取引に反対するアセアン宣言」が採択されている［勝間 2007: 156-71］．今後，アセアン政府間人権委員会の動きに注視する必要があるだろう［勝間 2011: 5-22］．

(3) 米国外交の人身取引への取組みと日本

　米国の国務省は，2001年より，『人身取引報告書』を毎年発行しており，取組みが不十分な国に対しては，経済制裁さえも辞さないという強硬な外交姿勢をとっている．

　日本では，1999年5月に「児童買春・児童ポルノ禁止法」が成立した．この法による最初の摘発として，同年11月には，インターネットのホームページで子どものポルノ画像を閲覧させていた埼玉県の男性が逮捕された．また，2001年12月，日本政府は，ユニセフ（UNICEF: United Nations Children's Fund）とNGOとの共催により，第2回子どもへの商業的な性的搾取に反対する世界会議を横浜で開いた．そして，国連子ども特別総会が開催された2002年5月，日本政府は「子ども売買・子ども買春・子どもポルノに関する，子どもの権利条約の選択議定書」に署名した．さらに，日本政府は「パレルモ議定書」に2002年12月に署名，2017年7月に批准している．

　しかし，米国の『人身取引報告書』の2004年版は，日本の取組みが不充分であるとして，監視対象国に分類した．このことは，日本に対して大きな衝撃を与えた．国務省の担当官は，訪日を繰り返し，日本政府に対して厳しい態度をとった．

　米国国務省の厳しい視線を感じながら，日本は，2004年4月に人身取引対策関係省庁連絡会議を設置し，内閣府・警察庁・法務省・外務省・厚生労働省などの省庁間の協力を進めた．その成果として，12月には「人身取引対策行動計画」が策定された．その後，2005年の刑法改正で人身売買罪が加えられた．実際，2005年から，人身売買罪による摘発がおこなわれた．

　こうした，国際規範の国内的実施へ向けた，日本における積極的な活動の成果もあってか，米国国務省の『人身取引報告書2005年』において，日本は監視対象国から外れた．

　その後，日本政府は，2009年12月に「人身取引対策行動計画2009」を決定した．2014年12年には，それを改定した「人身取引対策行動計画2014」を決定している．また，毎年，『人身取引対策に関する取組について』という報告書を作成している．

　今後，法的な規制をさらに整備するとともに，その実効的な適用が必要とされている．そのためには，省庁間の協力に加えて，NGOや企業を含めた市民社会との連携が不可欠であろう．

(4) 国家以外のアクターによる超国境的な活動

まず，NGOと国際機関の主導による，CSECに反対する世界会議に注目したい．エクパット（ECPAT: End Child Prostitution, Child Pornography and Trafficking of Children for Sexual Purposes）は，CSECをなくすために行動する個人や組織のネットワークであり，国連の経済社会理事会において特殊諮問資格を持つNGOである．

1991年の設立当初は，アジアにおける買春ツアー問題の深刻さに対応する必要性から生まれた，国境を超えた市民運動であった．その後，このアジアにおける運動を，他地域における同様の運動と連携させながら，世界規模での活動へと拡大していき，各国にエクパットの支部が設立されるようになった．2019年4月末現在，109カ国において，109の加盟団体が活動している．それらの活動をグローバルなレベルで調整する，国際エクパット（ECPAT International）の事務局はバンコクに置かれている．

国際エクパットは，1994年，子どもへの商業的な性的搾取に反対することを目的として，世界会議を開催することを各国政府や国際機関に呼びかけ始めた．国際エクパットの呼びかけに応じ，ユニセフはこの世界会議を共催することになった．

1996年8月，最初の子どもへの商業的な性的搾取に反対する世界会議は，ストックホルムで開催された．国際エクパットが呼びかけてからわずか2年後のことであった．国際エクパット，ユニセフ，そして50以上の国際NGOから構成される子どもの権利条約NGOグループの3者によって共催された．政府代表や国際機関代表と，NGO代表や若者代表が対等な参加者として意見を交換したことは，非常に画期的であった．そして，成果として，「宣言」と「行動計画」が全会一致で採択された．

このような関心の高まりを背景として，2000年に「子ども売買・子ども買春・子どもポルノに関する，子どもの権利条約の選択議定書」が国連総会で採択されたことは特筆すべきであろう．そして，ストックホルムでの世界会議のフォローアップとして，5年後の2001年12月，前述した第2回子どもへの商業的な性的搾取に反対する世界会議が横浜で開催された．日本が開催国となり，日本の外務省，国際エクパット，ユニセフ，子どもの権利条約NGOグループの4者によって共催された．「横浜グローバル・コミットメント2001」が採択されたほか，閉会式では「子どもと若者の最終アピール」も出された．これらの成

果は，2002年の国連子ども特別総会へ寄与することとなった．第3回子どもと若者への商業的な性的搾取に反対する世界会議は，2008年11月にブラジルで開催され，インターネット上での子どもポルノの広がりについて強い懸念が表明された．

こうしたNGOによる超国境的な活動のほか，観光業界は，セックス観光への対策について取り組んできている．1995年に国連世界観光機関（UNWTO: United Nations World Tourism Organization）は「組織的な買春ツアー防止についての声明」を採択した．また，旅行代理店協会世界連盟は「子どもと旅行代理店の憲章」を作成し，買春ツアーによる子どもの性的搾取を非難する声明を出した．そして，ユニセフ・国連世界観光機関・国際エクパットは，観光地における子ども買春根絶を目的とした「子ども買春防止のための旅行・観光業界の行動倫理規範（Code of Conduct）」を推進している[1]．

おわりに

CSECには，子ども買春，子どもの人身取引，子どもポルノが含まれる．これらの問題は，グローバル化の時代において，国境を超えて広がっている．国境を超えた人の移動の増加に伴う，セックス観光やCSECを目的とした人身取引は，そのひとつの側面である．もうひとつの側面は，情報通信技術とインターネットの発達に伴う，子どもポルノの流通である．

CSECが引き起こされる要因として，引寄せ要因，押出し要因，媒介要因がある．引寄せ要因は，CSECという暴力をふるい，子どもに恐怖を与える存在として位置づけられる，ペドファイルによる需要である．子どもをCSECという恐怖から自由にするためには，子どもの保護への権利を保障するような，国際的な人権規範の形成とその国内的な実施が必要とされる．

押出し要因としては，貧困と社会的排除による，子どもの脆弱性があげられる．こうした欠乏の状況から子どもを自由にするためには，貧困削減と人間開発のためのエンパワーメントが求められており，国際社会による一層の協力が期待されている．そして，媒介要因については，国際的な犯罪ネットワークを，より効果的に取り締まるための国際協力が必要とされている．

グローバル化時代に生きる子どもに対して，超国境的な脅威が存在する．それに対応するなかで，子どもの安全を国際的に保障しなくてはならないという

国際関係の新しい視角が求められていると言えよう.

国際的な規範の枠組みとしては，CSECから子どもを保護するための国際人権規範と，脆弱な状況に置かれた子どものエンパワーメントに寄与するSDGsがある．なかでも，CSECの脅威から子どもの安全を保障するためには，グローバルな人権メカニズムと，地域における人身取引への取組みがあることをみた．さらに，米国の外交における人身取引への取組みに関しては，日本との関係において，その影響力の行使について考察した．

しかし，国家だけでは，こうした超国境的な脅威に対して充分な対応をとることは困難である．そうしたなか，グローバルおよび地域的なレベルにおいて，国際機関・NGO・民間企業ともパートナーシップを強化していくことが重要なのである．さらに，私たち一人ひとりの市民がこの問題に関心をもつことによって，子どもの安全保障を推進していくことができるだろう．

注

1）http://www.unicef.or.jp/about_unicef/advocacy/about_ad_code.html（2019年4月17日閲覧）.

参考文献

アジア・太平洋人権情報センター編［2008］『新たな国際開発の潮流――人権基盤型開発の射程――［アジア・太平洋人権レビュー 2008］』現代人文社.
勝間靖［1999］「メキシコにおける子どもの性的搾取――子どもの権利条約批准後の法，政策，実践――」『平和研究』24.
―――［2000］「国境を超える子どもの商業的性的搾取――ラテンアメリカの視点から――」『アジア女性研究』（アジア女性交流・研究フォーラム），9.
―――［2007］「［子どもの権利］と新たな国際秩序の模索――子ども時代に暴力や搾取にあった人びとの行為主体性――」『国際政治［周縁からの国際政治］』149.
―――［2008a］「EFAにおけるライフスキルの意義」，小川啓一・西村幹子・北村友人編『国際教育開発の再検討――途上国の基礎教育普及に向けて――』東信堂.
―――［2008b］「ジェンダー平等を目指した女子教育の拡充――UNGEIとユニセフ――」，澤村信英編『教育開発国際協力研究の展開〜EFA達成へ向けた実践と課題』明石書店.
―――［2013］「闇の子供たち 値札のついた命――子どもの商業的な性的搾取と人身取引――」，三上貴教編『映画で学ぶ国際関係 II』法律文化社.
―――［2014］「人権ガヴァナンス」，吉川元・首藤もと子・六鹿茂夫・望月康恵編『グローバル・ガヴァナンス論』法律文化社.
―――［2015］「子どもの権利と子どものための国際レジーム」，初瀬龍平・松田哲編『人

間存在の国際関係論——グローバル化のなかで考える——』法政大学出版局.
勝間靖編［2011］『アジアの人権ガバナンス』勁草書房.
梁石日［2004］『闇の子供たち』幻冬舎.

読んでほしい本・観てほしい映画

① 梁石日『闇の子供たち』幻冬舎，2004年.
映画『闇の子供たち——値札のついた命——』の原作.
② 小島優・原由利子『世界中から人身売買がなくならないのはなぜ？——子どもからおとなまで売り買いされているという真実——』合同出版，2010年.
人身取引とは何かについて分かりやすく解説し，日本における実態についても説明.
③ ケビン・ベイルズ『グローバル経済と現代奴隷制〔第2版〕——人身売買と債務で奴隷化される2700万人——』（大和田英子訳），凱風社，2014年.
先進工業国に住む私たちの生活で使われる商品が製造される過程において，人身取引が引き起こされていることを指摘する.
④ デイヴィッド・バットストーン『告発・現代の人身売買——奴隷にされる女性と子ども——』（山岡万里子訳），朝日新聞出版，2010年.
アジアやヨーロッパにおける性産業，アフリカにおける武力紛争など，多様な文脈で人身取引が発生している事例を示す.
⑤ 大久保史郎・樋爪誠・吉田美喜夫編『人の国際移動と現代日本の法——人身取引・外国人労働・入管法制——』日本評論社，2017年.
第Ⅱ部で，日本と東アジアにおける人身取引と法を論じる専門書.
⑥ 映画「闇の子供たち——値札のついた命——」阪本順治監督，2008年，日本.
東南アジアを舞台として，欧米や東アジアから来るペドファイルが，子どもを対象として性的搾取する実態について警鐘を鳴らす．梁石日『闇の子供たち』の映画化.

（勝間　靖）

終章
子どもたちの力

戦火の止んだバッティカロア（スリランカ）にて（2008年8月撮影）
撮影者：松田 哲.

1 子ども時代と時間
―― 世界子どもサミットからの30年――

　　　　皆さんは私たちを未来と呼びます．けれども私たちは，現在でもあるのです[1]．

　「子どもの権利条約」発効直後の1990年9月に，子どもを取り巻く状況に対する関心の高まりを背景として，「世界子どもサミット」が開催された．そこで採択された「子どもの生存，保護および発達に関する世界宣言」では，当時の状況認識について以下のように記されている[2]．

　　毎日，世界のあちこちで，数え切れないほどの子どもたちが，発育と発達とを妨げるような危険にさらされている．戦争と暴力の被害者となってもがき苦しんでいる．人種差別・アパルトヘイト・正当な理由のない攻撃・外国による占領や併合の犠牲者となって苦しんでいる．自分の家と故郷を離れることを余儀なくされ，難民および避難民の子どもとなって苦しんでいる．障害者として，さらにはネグレクト・残忍さ・搾取の犠牲者となって苦しんでいる（paragraph 4）．

　　毎日，何百万人もの子どもたちが，貧困と経済危機による惨劇によって苦しんでいる．飢え，家がないこと，疫病，字の読み書きができないこと，環境の悪化によって苦しんでいる……（paragraph 5）．

　　毎日，4万人もの子どもたちが，栄養失調，病気，エイズによって亡くなっている．清潔な水がなかったり，十分な衛生設備が整っていなかったりすることによって亡くなっている．麻薬問題の影響によって亡くなっている（paragraph 6）．

　この宣言をみると，本書で論じられてきた問題が，1990年時点ですでに指摘されていたものであることがわかる．むろん，世界子どもサミットに集った各国の首脳は，皆一様に，子どもを守る取り組みの強化に賛意をあらわしていた．しかし，この宣言の採択から30年ほどが経過したにもかかわらず，現在の国際社会がこれらの問題を完全には解決できずにいることも明らかである．確かにその間に，子どもを守る国際レジームが強化され，児童労働，子ども兵士，子どもへの商業的な性的搾取（CSEC）といった問題に対処する取り組みも実施さ

れるようにはなってきた．しかし，それだけではまだ十分ではないのである．

　私たちは，長期的なタイム・スパンをもって物事を考えるように教えられることが多い．10年後や20年後の自分を思い描き，そこから逆算して，今，何をすべきであるかを考えるように教えられる．子どもの問題について考えるときにも，子どもの将来に思いをはせつつ，今，何をすべきかを考え，実行していくことが必要なのではないだろうか．子どもは，今こうしている間にも，年を重ねていく．子ども時代（childhood）に経験すべきことを経験しないままに，あるいは，子どもの頃に受けるべき教育や保健医療を受けられないままに，である．子ども時代は，大人にとっての時間とは比べものにならないぐらいに重要で，しかも，短いものでしかない．世界子どもサミットから25年とはいうものの，その期間がもつ「子どもにとっての重さ」というものを，考えてみなければならない．

　今，必要とされているのは，子どもを取り巻く状況を好転させるための行動に，断固たる政治的な意思をもって積極的に取り組んでいくことである．明日の世界を築く主役は子どもなのかもしれないが，その子どもたちを守る責任を，今，負っているのは大人のはずである．

2　「子どもたちにふさわしい世界」と「私たちにふさわしい世界」
　　　──国連子ども特別総会──

　世界子どもサミットから12年後の2002年5月に，「国連子ども特別総会」が開催された．これは，世界子どもサミット以降に実施されてきた子どもの問題に対する取り組みの成果を総括したうえで，2010年までの取り組みのあり方について，議論するためのものであった．

　この特別総会では，総会決議として「子どもたちにふさわしい世界」が採択された．そこでは今後の重要課題として，健康的な生活を促進すること，良質な教育を提供すること，虐待，搾取，暴力から保護すること（具体的には，武力紛争，児童労働，トラフィッキングと性的搾取からの保護），HIV／エイズと闘うことという4つの分野があげられていた[3]．

　他方で国連子ども特別総会では，子どもたちによって作成された「私たちにふさわしい世界」[4]というメッセージも採択されている．これは，国連子ども特別総会が開会される直前の3日間（2002年5月5-7日）にわたって開かれた，「子どもフォーラム」で採択されたものである．「子どもたちにふさわしい世界」

という決議が大人によって作成されたものだとすれば，このメッセージは，子どもたちが求める理想の世界像を，子どもたちが自らの手でまとめあげたものである．

国連子ども特別総会が開会されるにあたって，総会会議場の壇上から子どもたちによって読みあげられたこのメッセージでは，次のような世界が「子どもたちにふさわしい世界」だとされている．

  私たちにふさわしい世界では，子どもの権利が尊重されています．
  私たちにふさわしい世界では，搾取，虐待，暴力がなくなります．
  私たちにふさわしい世界では，戦争がなくなります．
  私たちにふさわしい世界では，ヘルスケアが提供されます．
  私たちにふさわしい世界では，HIV／エイズが根絶されます．
  私たちにふさわしい世界では，環境が保護されています．
  私たちにふさわしい世界では，貧困がなくなります．
  私たちにふさわしい世界では，教育が提供されます．
  私たちにふさわしい世界では，子どもたちの積極的な参加が行われます．

3 「子どもフォーラム」にみる子どもの力

国連子ども特別総会の直前に開催された子どもフォーラムに参加した子どもたちは，154カ国から集まった総計404人（女子242人，男子162人）の，8歳から18歳の間の子どもたちであった（政府代表264人，NGO代表140人）［UNICEF 2002b: 24］．

これらの子どもたちは，フォーラムのなかに設けられたテーマ毎のセッション（健康，教育，子どもに対する搾取，子どもと武力紛争，HIV／エイズ，貧困，環境問題，子どもの参加）に参加し，それぞれのテーマについて，問題となっているのは何なのか，政治家が実施すべきことは何なのか，子どもがおこなうべきことは何なのかを明確にするために，活発な議論をおこなった[5]．「私たちにふさわしい世界」というメッセージは，その議論のなかから生まれたものである．そして，この子どもたちは，国連子ども特別総会そのものにも出席し，各国の大人の代表たちと，堂々と議論を交わしたのである[6]．

本書で論じられてきた子どもたちの多くは，貧困や戦争に翻弄される苦しい

暮らしを送っている子どもたちであり、いうなれば、「子どもたちにふさわしくない世界」に生きる子どもたちであった。そのような子どもたちと比較すれば、子どもフォーラムに参加できた子どもたちは「特別」な子どもたちである。しかし、そのような「特別」の子どもたちに、あえて注目してみたいと思う。なぜなら子どもフォーラムは、子どもたちに秘められた可能性を示す格好の事例のように思えるからである。

子どもフォーラムに参加した子どもたちは、世界の子どもたちがおかれた状況をつぶさに観察し、その問題点を敏感に感じ取り、どうすべきであるかを考え、それを自分たちの言葉で発信することができた。つまり、これだけの活動を実施するだけの潜在的な力が子どもに備わっていることを、子どもフォーラムに参加した子どもたちは示しているのである。

そしておそらく、このような力をもてるような子どもが育つ世界こそが、「子どもたちにふさわしい世界」なのであろう。そうであるとすれば、子どもたちが、そのような力を手に入れることができ、かつ、そのような力を主体的に発揮することができるような環境を整えていくことが、大人の果たすべき役割になるのではないだろうか。大人には、「子どもたちにふさわしい世界」を築く義務があるのである。

4 「エル・システマ」という試み
──子どもたちの夢と力を育む場所──

ラテン・アメリカのベネズエラに、エル・システマ（El Sistema）という、貧困層の子どもを対象とした音楽教育のプログラムがある。1975年に経済学者／音楽家のホセ・アントニオ・アブレウ（José Antonio Abreu）らによって開始されたものであり、現在では、ベネズエラ全土に設置された音楽教室で40万人近くの子どもたちが無償の音楽の授業を受け、子どもたちのオーケストラで合奏したり、合唱をしたりしている。音楽教室は放課後に開かれ、楽器も無償で貸与されている。[7]

エル・システマが貧困層の子どもに対する活動を重視し始めたのは1900年代初頭のことであるが、そのきっかけは、1989年のカラカス大暴動であった。この暴動の背景にあったのは、1980年代に深刻化した経済危機と、それを「解決」するために導入された新自由主義的な経済政策（構造調整政策）によって激化した、所得格差の拡大などに対する不満であった。カラカスでは暴動を鎮圧する

ための軍や警察による発砲によって千人以上が死亡するという未曾有の社会的混乱が発生し，そのような状況に直面したエル・システマも，自らの活動方針を再考せざるをえなくなった．その結果エル・システマは，子どもを貧困から救うための社会政策的な側面を重視する方針へと転換し，たとえば音楽教室を放課後に実施することによって，子どもがストリート・チルドレンになったり犯罪に巻き込まれたりすることの防止を目指すようになった．ベネズエラでは午前中で学校が終わってしまうため，午後の自由時間に犯罪に巻き込まれたりする子どもが多かったのである［山田 2008: 242-243］．

　エル・システマに参加した子どもたちは，一緒に音楽を奏でる友達と，親身になって接してくれる先生とをかけがえのない仲間だと感じるようになる．そしてさらに，暴力，麻薬，犯罪とは無縁の社会があること，努力すればそのような社会のなかで生きていけること，希望や誇りをもって夢の実現に向かって努力し続けることが大切だということを，学んでいく．つまりエル・システマが，子ども時代を過ごすにふさわしい大切な場所を提供しているのである．そこで学んだ貧困地区出身の子どもは，次のようにいう．「この場所に来られて，本当に良かった．家にいても何もやることがないけれど，ここに来れば，楽器を練習できて，友達と音楽ができる．それは本当に楽しい」［山田 2008: 41］．このような思いを抱けるような場所を子どもたちに提供することこそは，大人に課せられた務めなのではないだろうか．[8]

5　子どもと大人

　3人の日本の大人に登場してもらおう．児童画家のいわさきちひろ，日本画家の平山郁夫，そして，本書の序章にも登場したトットちゃんこと黒柳徹子である．この3人の大人の言葉を手掛かりにしながら，子どもの痛みを感じ取ることの大切さ，子どもの可能性に思いをはせることの大切さについて，考えてみたい．

　いわさきちひろ（1918-74年）は，日本を代表する児童画家である．ちひろの名前を知らなくても，彼女の描いた子どもの絵であれば，誰もが一度は目にしたことがあるはずである．そのちひろには，次のようなエピソードがある．広島で被爆した子どもたちの手記を集めた本［長田編 1967］に挿絵を描くことを依頼されて，ちひろが広島に取材に行ったときの話である．

広島で，ちひろは，爆心地付近の平和公園近くにある宿を取った．しかしその晩，ちひろは，「この床の下にも子どもの骨があるのよね」といって一睡もできなかったという．その翌日，ちひろには，取材の関係で原爆資料館や原爆病院を訪問する予定があった．ところが広島の町をただ歩いているときでさえ，ちひろの脳裏には死んでいった子どもたちのことが思い浮かんでくる．心かき乱されたちひろは，原爆資料館や原爆病院を訪問することができないままに東京に戻ることになってしまった［いわさきちひろ絵本美術館 1995: 96］．

このエピソードが教えてくれるのは，子どもが受けた痛みを想像せずにはいられない，ちひろの繊細な感受性（優しさ）である．そのようなちひろの訃報に接したとき，黒柳徹子は，「なにか，赤ちゃんや子どもたちの味方がいなくなってしまったような気」がしたという［ちひろ美術館 2007: 5］．そのように感じてしまう黒柳も含めて，この2人に感じられるのは，弱者である子どもに向けられる，優しく温かな眼差しである．むろん，私たちの皆が皆，この2人のように感受性豊かでなければならないというわけではない．しかし私たちには，子どもの苦しみに対して，余りに鈍感過ぎるところがありはしないだろうか．

平山郁夫（1930-2009年）にも，広島での辛い記憶がある（平山自身が被爆者でもある）．平山は，被爆直後の広島を避難しているときにすれ違った，年の頃8歳ぐらいの少女が崩れるようにして死んでいった光景を忘れることができずにいる．それ以降，平山にとって広島は，決して絵画に描くことのできない「地獄」として意識されるようになった．その平山が，1996年春に「ユネスコ親善大使（Goodwill Ambassador）[9]」としてボスニアの内戦が終結した後のサラエボに行き，戦火のなかでも絵を描き続けたという画家たちを訪問した．そのときの出来事である．

平山は，広島と同じく戦争によって破壊されたサラエボの街で，瓦礫のなかに放置されたままの自動車の残骸をスケッチしていた．すると，いつのまにか集まってきた子どもたちが，屈託のない明るい笑顔で，澄んだ瞳を輝かせながらキャンバスのなかを覗き込んできたという．このような子どもたちに接したときに平山は，「私の求めた泥地に咲く清浄の蓮の花は，サラエボの子どもたち」であったと感じ，「この戦場となった地獄から，すくすくと新しい芽を出して欲しいと，子どもたちの未来を願った」という［平山・右田 1997: 64-79］[10]．

サラエボの子どもたちから平山が感じ取ったのは，ちひろが感じ取った子どもの傷つきやすさとは違い，泥池（＝死，不幸，戦争）のなかからたくましく育っ

ていく子どもの力強さ，生命力であろう．泥だらけの池のなかから芽を出して大輪の真っ白な花びらを咲かせる蓮の花が象徴するような，子どもの力強さである．平山は，サラエボで出会った子どもの目の輝きに，サラエボの復活と平和を担う希望の光を見出したのである．

6　すべての人びとにふさわしい世界

　子どもは，傷つきやすい存在であると同時に，無限の可能性を秘めた強い存在でもある．どちらか一方だけが子どもの本当の姿なのではなく，どちらもが子どもの真の姿である．受け身でいるだけの存在ではなく，自ら育っていく存在でもある．ときには弱くもあり，ときには強くもある存在である．今，必要とされているのは，そのような子どもたちが安心して暮らせる世界，無限の可能性を高めていくことのできる世界である．そして，そのような子どもたちの可能性を信じ，ときには声を発することのできない子どもの声を代弁する優しさをもった，大人である．

　国連子ども特別総会の総会決議「子どもたちにふさわしい世界」では，「子どもたちにふさわしい世界」について次のように述べられている．「すべての女子と男子が子ども時代――遊びと学びの時期――を享受することができる世界．子どもが愛され，尊重され，慈しまれる世界．子どもの権利が，いかなる差別もなく，促進され保護される世界．子どもの安全と福利が，最も重要なものとされる世界．子どもが，健康に，平穏に，尊厳のうちに成長できる世界」(paragraph 9)．

　そして，そのような世界は，子どものためのものであるだけでなく，大人のためのものでもある．子どもフォーラムで採択されたメッセージ「私たちにふさわしい世界」では，次のように述べられている．「私たちは，子どもたちにふさわしい世界を求めています．なぜなら，私たちにふさわしい世界は，すべての人びとにとってもふさわしい世界だからです」．まだ実現されていない新しい世界を，私たちが築いていかなければならない．

注
1）「国連子ども特別総会」(2002年5月) に先立って開催された「子どもフォーラム」で採択されたメッセージ「わたしたちにふさわしい世界」の最終節．

2）World Declaration on the Survival, Protection and Development of Children, paragraphs 4-6（https://ec.europa.eu/anti-trafficking/sites/antitrafficking/files/world_declaration_on_children_1990_en_1.pdf, 2015年9月14日閲覧）.

3）A World Fit for Children, "Ⅲ Plan of Action, B Goals, strategies, and action"（http://www.unicef.org/specialsession/documentation/documents/A-S27-19-Rev1E-annex.pdf, 2015年9月14日閲覧）. なお, 2007年に開催された「子どもたちにふさわしい世界 +5 特別総会」でもこれら4分野に関する検討がなされており, 総会で採択された「子どもたちにふさわしい世界 +5 宣言」（正式名称はDeclaration of the Commemorative High-Level Plenary Meeting Devoted to the Follow-Up to the Outcome of the Special Session on Children）のなかで若干の言及がなされている. この宣言についてはホームページ（http://www.unicef.org/media/media_42201.html, 2015年9月14日閲覧）を参照.

4）この宣言をもとに編まれた書籍『わたしたちにふさわしい世界』（ユニセフ日本委員会訳, 2007年, http://www.unicef.or.jp/library/pdf/pfc_no6j.pdf, 2015年9月14日閲覧）が分かりやすい.

5）「子どもたちにふさわしい世界 +5 特別総会」（2007年）においても「子どもフォーラム」が開催され, 51カ国から集まった11歳から18歳の子ども93人（女子56人, 男子37人）が参加した. 詳しくはホームページ（http://www.unicef.org/worldfitforchildren/index_41480.html, 2015年9月14日閲覧）を参照.

6）その場には, 404人の子ども以外に, さらに157人の子ども（政府代表50人, NGO代表107人）, 50人の子どもジャーナリストが参加していた［UNICEF 2002a: 24］.

7）エル・システマの理念は, ① すべての人が経済的事情を懸念することなく, 音楽, 芸術にアクセスできることを保障すること, ② 集団（特にオーケストラ）での音楽, 芸術活動を通じ, コミュニケーション能力を高めること, ③ 社会規範と自己の個性の表現を両立することを音楽体験を通じて学ぶこと, である（http://www.elsistemajapan.org/#!haikei/c16wh, 2015年9月14日閲覧）.

8）エル・システマは世界的にも評価されており, 途上国のみならず先進国をも含んだ50以上の国で, 同様の取り組みが実施されている（2015年1月時点）. 日本でも2012年3月に一般財団法人エル・システマ・ジャパンが設立され, 福島県相馬市と岩手県大槌町において, 東日本大震災（地震・津波・原発事故）で被災した子どもたちに対する活動がおこなわれている. 詳しくは, 同財団のホームページ（http://www.elsistemajapan.org/, 2015年9月14日閲覧）を参照.

9）ユネスコ親善大使の役割は, ユネスコの理念を世界に広めることである. ちなみに先に登場した黒柳徹子は, ユニセフの国際親善大使（International Ambassador）である. なお, ユニセフには, 各国のユニセフ委員会が任命するユニセフ国内委員会大使（National Ambassador）も存在する.

10）このときのスケッチにもとづいて制作された絵画「平和の祈り――サラエボ戦跡――」（1996年制作）では, 瓦礫が残る広場に立つ8人の子どもが, 力強い眼差しでこちらをじっと見つめている. この絵は, 財団法人佐川美術館（滋賀県守山市）に収蔵されている.

参考文献

いわさきちひろ絵本美術館編［1995］『ちひろ・平和への願い』講談社（講談社文庫）．
ちひろ美術館監修［2007］『いわさきちひろ展 図録』アート・ベンチャー・オフィス ショウ．
長田新編［1967］『わたしがちいさかったときに』童心社．
平山郁夫・右田千代（NHK取材班）［1997］『画文集 サラエボの祈り』日本放送出版協会．
ユニセフ［2007a］『わたしたちにふさわしい世界』（ユニセフ日本委員会訳）．
UNICEF［2002a］"A World Fit for Us,"（http://www.unicef.org/specialsession/documentation/childrens-statement.htm, 2015年9月14日閲覧）．
─────［2002b］*Children's Forum Report*, New York: UNICEF.
─────［1990］"World Declaration on the Survival, Protection and Development of Children,"（http://www.unicef.org/wsc/declare.htm, 2015年9月14日閲覧）．
United Nations［2002］"A World Fit for Children,"（http://www.unicef.org/specialsession/docs_new/documents/A-RES-S27-2E.pdf#search='A+World+Fit+for+Children', 2015年9月14日閲覧）．

読んでほしい本・観てほしい映画

① いわさきちひろ絵本美術館編『ちひろ・平和への願い』講談社（講談社文庫），1995年．

　嬉しそうな瞳，哀しそうな瞳．ちひろが描く子どもの眼差しが，子どもが感じている喜びと苦しみを語りかけてくる．子どもの瞳は万国共通の「ことば」となって現れるが，子どもの瞳が発するそのようなことばから大人が何を感じ，何を想像するのかが問われてくる．

② 山田真一『エル・システマ──音楽で貧困を救う南米ベネズエラの社会政策──』教育評論社，2008年．

　エル・システマの歴史と現状が，ベネズエラの政治経済の展開に関連づけながら説明されている．所どころで引用されている子どもたちの言葉が，一人ひとりの子どもたちにとってのエル・システマの存在意義を教えてくれる．

③ ドキュメンタリー「魂の教育 エル・システマ──音楽は世界を変える──」クリスティアーノ・バルバロッサ監督，2010年，イタリア．

　エル・システマに参加し，夢を追いかけている子どもたちの瞳は輝いている．しかし，エル・システマが輝けば輝くほど，エル・システマの外の世界，すなわち貧困と暴力に支配されている世界との対比が際立ってしまう．エル・システマを賞賛するだけでなく，その内と外の世界をバランスよく描いたドキュメンタリーである．なお，このDVDにはエル・システマについての説明が一切出てこないので，上記②を読んだ後に観ることをお薦めする．

④ 阿部彩『子どもの貧困——日本の不公平を考える——』岩波書店（岩波新書），2008年．
　日本の子どもを取り巻く状況について考える際に，最初に手にすべき現状分析の本．日本の子どもの問題も，かなり深刻である．なお，解決策を論じた以下の続編と，あわせて読むとよい（阿部彩『子どもの貧困Ⅱ——解決策を考える——』岩波書店（岩波新書），2014年）．

（松田　哲）

あ と が き

　前作『国際関係のなかの子ども』（御茶の水書房，2009年）を出版してから，数年が経ちました．残念ながら，子どもたちを取り巻く国際関係が，この間に十分に改善されたとは言えません．そこで前作の内容を刷新し，新たな情報を加え，装いを新たにしました．

　本書では，世界の子どもたちが直面しているさまざまな困難を「生きる権利」と「戦争」に分けて紹介しています．また，「子どもを守る国際レジーム」をみることによって，国際社会がどのように子どもたちを守ろうとしているのかについて論じました．個々の事例について，「子どもたちがかわいそう」という感情論で終わらずに，その原因を考え，その解決策も提示しました．平時であれ，戦時であれ，本書で取り上げた子どもたちが直面している問題は，子どもたちの親が努力するだけで解決できる問題ではありません．その地域に住む人びとの努力だけでも解決できません．その国の政治家と国際社会双方の努力が必要です．

　これらの問題を根本的に解決するためには，国内と世界の両方の政治や経済の仕組みを変える必要があります．先進国の側にいる私たちが，途上国の貧しい人びとと一緒になって，問題の解決に取り組むことが必要です．そこではNGOが大きな力を発揮するでしょう．日本に住む皆さんが，本書をきっかけとして，これから世界の子どもたちの問題に関心を持ち，ときには行動を起こしてくれることを期待しています．

　本書は，科学研究費・基盤研究（B）「『子どもの安全保障』の国際学的研究――子どもの日常性回復をめざして――」（研究課題番号：19330038）の成果発表です．

　最後になりましたが，本書の出版を引き受けて下さった晃洋書房と，迅速適切なご助言を下さった編集部の丸井清泰さん，丁寧に原稿をチェックして下さった編集部の阪口幸祐さんに，心から感謝申し上げます．

「どんなに苦しいことがあっても，必ず道は開けます」と言えるような社会を作りましょう．この本を，世界の子どもたちに捧げます．

 2015年8月31日

編者を代表して
戸田 真紀子

追記
 『国際関係のなかの子どもたち』の初版が出版されて4年が経ちました．今回，いくつかの章，コラムで修正，データのアップデートを行いました．
 残念ですが，貧困に苦しむ子どもたち，戦火に逃げまどう子どもたち，故郷を失い難民となった子どもたちの状況は悪化しているように見えます．日本でも「子どもの貧困」や「児童虐待」が深刻な問題となっていますが，有効な対策がとられているとはとても言えない状況です．
 政府や専門家に任せるのではなく，私たち自身が考えて行動できるように，本書がその一助となることを願ってやみません．

 今回も晃洋書房と，編集部の丸井清泰さん，山中飛鳥さんに大変お世話になりました．あらためて感謝申し上げます．

 日本の子どもたち，世界の子どもたちが笑顔で過ごせますように．

 2019年8月31日

編者を代表して
戸田 真紀子

索　引

アルファベット

AFRC/RUF連合政権　110, 113
AFRC→国軍革命評議会
AK-47→カラシニコフ
APC→全人民会議
ATT→武器貿易条約
CDF→民兵組織
CSEC→子どもへの商業的な性的搾取
CSR→企業の社会的責任
DDRプログラム→武装解除・動員解除・社会復帰（DDR）プログラム
DFID→国際開発省
ECOMOG→西アフリカ諸国経済共同体停戦監視団
ECOSOC→経済社会理事会
ECOWAS→西アフリカ経済共同体
ECPAT→エクパット
EFA→万人のための教育
EO→エグゼクティブ・アウトカムズ
EPI→予防接種拡大計画
ESD→持続可能な開発のための教育
FGM→女性器切除
GMS→メコン川流域
GMS下流域諸国　53
GMS地域統合　56
GOBI-FFF　193
HIV／エイズ　15, 17, 44, 186, 235, 251-253
ILO→国際労働機関
IPEC→児童労働撲滅計画
Japayuki　93
MDGs→ミレニアム開発目標
NCDDR→国家DDR委員会
NPFL→リベリア国民愛国戦線
PTSD→心的外傷後ストレス障害
RUF→革命統一戦線
SCSL→シエラレオネ特別裁判所
SDGs→持続可能な開発目標
SLPP→シエラレオネ人民党
TRC→真実和解委員会
TTP→パキスタン・ターリバーン組織
UNAMSIL→国連シエラレオネ派遣団
UNICEF→ユニセフ（国連児童基金）
UNRRA→連合国救済復興機関
UNWTO→国連世界観光機関
WHO→世界保健機関

ア 行

アイデンティティ　144, 146, 147
アスタナ宣言　194
アセアン（ASEAN）　242
アリスティード, ジャン＝ベルトラン（Aristide, Jean-Bertrand）　161, 162
アルビノ（先天性白皮症）　63, 70-75
アルマ・アタ宣言　188, 192-194
移住労働（者）　43, 47, 48
イスラーム（教）　78-86, 147
イスラーム教徒　78-83, 85, 86
イスラーム法　78, 79, 81-83
イマーム・ハティップ校　80
移民政策　100
イラク国民の状況を憂慮する市民の会　171
いわさきちひろ　255, 256
インチョン宣言　196
インフォーマル・セクター　30
請負労働者　32
ウラマー　79
栄養失調　17, 184, 188, 193, 251
エグゼクティブ・アウトカムズ（EO）　109, 113
エクパット（ECPAT）　244
エージェンシー（agency）　108
エスニック・マイノリティ（山地民）　43, 45, 51
エル・システマ　254, 255, 258
遠距離家族　223
援助交際　239
エンターテイナー　92-95, 97
エンティティ　145
エンパワーメント　183, 197, 238-240, 245
オトゥヌ, オララ（Otunnu, Olara）　206

カ 行

化学・放射能兵器　129, 134
革命統一戦線（RUF）　7, 109-115, 117-120, 122

家産制（パトリモニアル）国家　112
家事使用人　30
カトリック教　147
カバー，アハマド・テジャン（Kabbah, Ahmad Tejan）　109, 110
カマジョー　109, 113
カラシニコフ（AK-47）　7, 126
枯葉剤　5, 135
帰還兵　137, 141
企業の社会的責任（CSR）（＝労働CSR）　37, 233
気候変動　157
基礎教育　195
義務教育　33
虐待　137, 138
均衡の原則　164, 166
クマラスワミ，ラディカ（Coomaraswamy, Radhika）　206
クライアント　112
クラスター爆弾　130, 131, 134
　　──禁止条約　134
クロアチア人　145, 147, 149
グローバル・コンパクト　37
グローバル世帯　223
黒柳徹子　6, 256, 258
クワシオルコル　11
経済社会理事会（ECOSOC）　186
経済制裁　204, 209-211, 214, 215
強姦　203, 204, 208, 210
興行　92, 94
合計特殊出生率　15
構造調整政策　254
荒野の声　171
国軍革命評議会（AFRC）　110
英国国際開発省（DFID）　118, 119
国際刑事裁判所　209, 242
国際結婚　92, 94
　　──家族　222
国際的な子の奪取の民事面に関する条約（80年ハーグ子の奪取条約）　219, 225, 228
国際的枠組協定　38
国際養子縁組に関する子の保護及び協力に関する条約（93年ハーグ国際養子条約）　219, 224, 227, 228
国際労働機関（ILO）　34-36, 240
国籍法　90, 91, 94, 96, 100

国連安全保障理事会　203-216
国連イラク人道調整官　165, 170, 171
国連憲章第7章　162
国連子ども特別総会　185, 252, 253, 257
国連シエラレオネ派遣団（UNAMSIL）　110, 114, 115
国連事務総長　205-210, 214, 216
　　──特別代表　209-211
　　──報告「平和の課題への補遺」　174
国連人権委員会　206
国連人権高等弁務官事務所　242
国連人権理事会　241
国連世界観光機関（UNWTO）　245
国連専門機関　186, 189, 191, 197, 198
国連総会　205-206, 209
国連平和維持活動　204, 209-213, 215
国連平和維持局　209
5歳未満児死亡率　16, 17, 20, 21, 23, 70, 184, 185, 193, 194
5歳未満児低体重児率　16, 17, 20, 21
ゴーストスクール　77
国家DDR委員会（NCDDR）　115
子ども時代　252, 255
子どもたちにふさわしい世界　10, 181, 185, 186, 197, 252-254, 257
「子どもたちにふさわしい世界」決議　174
子どもと武力紛争に関する国連事務総長特別代表　205, 206, 209, 210, 214
子どもの虐待　137
子どもの権利委員会　174
子どもの権利条約　48-52, 56, 109, 127, 137, 173, 182-184, 186, 188, 189, 192, 197, 198, 203, 205, 208, 219, 220, 233, 251
子どもの権利宣言　183
子どもの権利に関するジュネーブ宣言　172, 182
子どもの生存革命　193, 199
子どもの売買，子どもの買春および子どもポルノグラフィーに関する選択議定書　220
子どもの暴力に関する監視報告メカニズム　204, 208-212, 214
子どもの生存，保護および発達に関する世界宣言　184, 251
子どもフォーラム　252-254, 257, 258
子ども兵士　7, 107, 125, 251

子どもへの商業的な性的搾取（CSEC）　234,
　　237, 240, 241, 251
子ども保護アドバイザー　204
子どもポルノ（児童ポルノ）　30, 238
子どもを守る国際レジーム　181, 182, 184,
　　186, 189, 197, 198, 251
子の最善の利益　184, 219, 224, 226, 227, 230
子爆弾　130, 131
雇用形態の多様化　32
コロマ，ジョニー・ポール（Koroma, Johnny Paul）
　　110, 110
婚外子　90

サ行

最悪の形態の児童労働　35, 235
債務労働　29
在留資格　92-94, 98
搾取　93, 94, 96, 97, 100, 182, 184, 186, 252,
　　253
サックス，バート（Sacks, Bert）　171
産科瘻孔（フィスチュラ）　68
サンコー，フォディ（Sankoh, Foday）　109,
　　110
残留兵器　129
ジェノサイド　203
シエラレオネ人民党（SLPP）　109
シエラレオネ特別裁判所（SCSL）　118
ジェンダー　76, 77
識字教育　195
識字率　18, 19, 21, 68, 69, 184, 185, 195
持続可能な開発のための教育（ESD）　76
持続可能な開発目標（SDGs）　186, 189, 190,
　　191, 194, 195, 196, 197, 198, 199, 241, 246
児童買春　30, 44
　　――・児童ポルノ禁止法　243
児童ポルノ（子どもポルノ）　30, 238
児童労働　7, 19, 41, 44, 77, 251, 252
　　――撲滅計画（IPEC）　35
自発的な社会統合（spontaneous reintegration）
　　117, 118
ジャパゆきさん　92, 93
就学年数　68, 69
就学率　21, 185
出席率　18, 19, 21
常居所地国　226
常駐調整官　209, 210

植民地　41
女子教育　78-86, 191, 193, 197
女児殺し　62, 63
女性器切除（FGM）　8, 63-66, 72, 75
初等教育　18, 19, 20, 21, 181, 185, 191, 195
地雷　129-133
ジルガ　83
真実和解委員会（TRC）　118
人身取引　51, 53, 92, 94, 96, 97, 99, 100
　　――対策行動計画　94, 243
　　――報告書　94, 243
人身売買　30
心的外傷後ストレス障害（PTSD）　115, 137,
　　138, 139
新日系フィリピン人　97
ストラッサー，バレンタイン（Strasser, Valentine）
　　109
　　――軍事政権　113
ストリート・チルドレン　8, 30, 43-48, 51,
　　54-56, 235, 255
スマート・サンクション　159, 166-169, 173,
　　175
正教　147
政教分離　85
制裁委員会　204, 210, 214
制裁委員会（661委員会）　166, 169-171
脆弱国家　157
性暴力・性的虐待　203-208, 210, 211, 213,
　　214
世界教育フォーラム（ダカール会議）　76,
　　195, 196
世界子どもサミット　173, 241, 251
世界人権会議　241
世界人権宣言　172, 182
世界保健機関（WHO）　6, 182, 188, 189, 190,
　　192, 194, 197, 200
世界保健機関憲章　190
石油と食糧交換計画　165, 169-172
セックス観光　236, 239, 245
セーブ・ザ・チルドレン　182, 198
ゼルーギ，レイラ（Zerrougui, Leila）　206
セルビア人　145, 147, 149
戦時における文民の保護に関するジュネーヴ条
　　約　203, 208
全人民会議（APC）　109
戦争の記憶　153

先天的(な)障害　135-137
早婚　66-68, 235

タ　行

対人地雷禁止条約　134
「対テロ戦争」　137, 138
ダカール行動枠組み　76, 195
多民族・多文化共生社会　99, 100
ターリバーン　80-82, 86
短期の契約労働者　32
男女隔離　82, 83
男女別学　84, 85
中央当局　225, 226, 229
仲介団体　91, 94, 97
中核的労働基準　34
中等教育　21
徴兵　203-208, 210-214
地理教科書　150, 152
通報制度に関する選択議定書(第三選択議定書)
　　220, 221, 233
手足切断作戦　111
テーラー, チャールズ(Taylor, Charles)
　　109
動員解除　114
トライバルエリア　83
奴隷労働　41

ナ　行

難民, 国内避難民　145, 157
西アフリカ経済共同体(ECOWAS)　113
西アフリカ諸国経済共同体停戦監視団
　　(ECOMOG)　110
日本国籍　90, 91, 95, 97, 98
入国管理法　89
乳児死亡率　185
人間開発報告　119
人間の安全保障　9, 203, 215
妊産婦死亡率　184
認知　90, 91, 95, 97, 98
ノンフォーマル教育　53, 54

ハ　行

バイク・タクシー　120, 121
　──・ビジネス　120
パキスタン・ターリバーン組織(TTP)　80,
　　83-84
ハーグ国際私法会議　223
派遣労働者　32
パシュトゥーンワライ　83
パートタイマー　32
パトロン(ビックマン)　121
パトロン＝クライアント関係　112
パラマウント・チーフ　112, 118, 122
　──復帰プログラム　118
ハリデイ, デニス(Halliday, Denis)　171
パレルモ議定書　236, 240, 243
万人のための教育(EFA)　182, 188, 191,
　　195-197, 198
万人のための教育世界会議(ジョムティエン会
　　議)　76, 188, 194-197
万人のための教育世界宣言　194
万人のための健康　182, 188, 192, 194, 197,
　　198
非人道的兵器　134, 136
非正規労働者　31
平山郁夫　256
ファトワー　82, 83, 85
フィスチュラ(産科瘻孔)　68
フィリピンパブ　92-94
フェアトレード　41
フォーマル・セクター　30
フォン・スポネック, ハンス(von Sponeck, Hans)
　　165
武器貿易条約(ATT)　126
父権制　63-65, 70
プサントレン　80
武装解除・動員解除・社会復帰(DDR)プロ
　　グラム　110, 115-117, 119, 121, 122
フック, キム(Phúc, Kim)　4
不発弾　129-133
普遍的管轄権　242
不法就労　89, 99
プライマリー・ヘルス・ケア　192-194, 197,
　　200
　──に関する国際会議(アルマ・アタ会議)
　　192, 193
武力紛争への子どもの関与に関する選択議定書
　　220
ブローカー　89, 90, 92, 93, 97-99
分割学級　150-152
分断教育　151
ベト, ドク　5, 139

ベトナム戦争　4
ペドファイル　236, 238, 239, 245
包括的経済制裁　159, 160, 162, 166, 168, 172, 175
保護する責任　242
ボコ・ハラム　80
ボスニア教育省　146, 148, 150
ボスニア戦争　144, 145
ボスニャク人　145, 147, 149
母乳代用品　6
ポリオ　190

　マ　行

マイノリティ　52
マシェル, グラサ（Machel, Graça）　205
マドラサ　78, 79
麻薬　251, 255
マラリア　17, 190
ミレニアム開発目標（MDGs）　21, 76, 181, 185, 186, 189, 196-198, 233, 239, 240, 246
民間軍事会社　109
民族科目　146
民兵組織（CDF）　109, 110, 116, 120
ムジュタヒド　79, 81
メコン川流域（GMS）　42
モモ, ジョゼフ（Momoh, Joseph）　109

　ヤ　行

『闇の子供たち』　234, 247
誘拐　203, 207, 208, 214
ユーゴスラヴィア人　153

ユースバルジ理論（Youth Bulge Theory）　108
ユスフザイ, マララ（Yūsafzay, Malālah）　9, 80
ユダヤ教　147
ユニセフ（UNICEF: 国連児童基金）　14, 116, 182, 186-190, 192-194, 196-199, 209, 211, 218, 233, 243, 245
　――の使命　188
ユニバーサル・ヘルス・カバレッジ　194
ユネスコ（国連教育科学文化機関）　182, 186, 188, 191, 192, 194-197, 199
　――憲章　191
予防接種　16, 17, 185, 188-190, 192, 193, 199
　――拡大計画（EPI）　190, 193

　ラ　行

ライフスキル　235
リプロダクティブ・ヘルス　194
リベリア国民愛国戦線（NPFL）　109
臨時ケア・センター　115
歴史教科書　148-150, 152
劣化ウラン弾　132, 133, 135, 136, 140, 141
連合国救済復興機関（UNRRA）　187, 188, 199
労働市場の自由化　32
ロメ和平協定　110, 114

　ワ　行

私たちにふさわしい世界　252, 253, 257

《執筆者紹介》(執筆順，＊は編著者)

＊初瀬龍平（はつせ りゅうへい）[序章]
東京大学大学院社会学研究科博士課程単位取得退学，法学博士（神戸大学）．神戸大学名誉教授．
『人間存在の国際関係論――グローバル化のなかで考える――』（共編著，法政大学出版局，2015年），『国際関係論入門――思考の作法――』（編著，法律文化社，2012年），『国際関係論――日常性で考える――』（法律文化社，2011年）．

＊松田　哲（まつだ さとる）[データ・コラム，第Ⅲ部解説，第10章，終章]
神戸大学大学院法学研究科博士課程後期課程単位取得退学．現在，京都女子大学現代社会学部教授．
「新自由主義的グローバル化と福祉政策の衰退／再建」（初瀬龍平・松田哲編『人間存在の国際関係論――グローバル化のなかで考える――』法政大学出版局，2015年），「言語と民族紛争――スリランカの事例――」（月村太郎編『地域紛争の構図』晃洋書房，2013年），「貧困と開発」（初瀬龍平編『国際関係論入門――思考の作法――』法律文化社，2012年）．

＊戸田真紀子（とだ まきこ）[第Ⅰ・Ⅱ部解説，第3章，あとがき]
大阪大学大学院法学研究科博士課程後期単位取得退学，博士（法学）．現在，京都女子大学現代社会学部教授．
『貧困，紛争，ジェンダー――アフリカにとっての比較政治学――』（晃洋書房，2015年），『アフリカと政治　改訂版』（御茶の水書房，2013年），『改訂版　国際社会を学ぶ』（共編著，晃洋書房，2019年）．

香川孝三（かがわ こうぞう）[第1章]
東京大学大学院法学政治学研究科博士課程単位取得退学．神戸大学名誉教授．大阪女学院大学名誉教授．
『グローバル化の中のアジアの児童労働』（明石書店，2010年），『政尾藤吉伝――法整備支援国際協力の先駆者――』（信山社，2002年），『アジアの労働と法』（信山社，2000年）．

堀　芳枝（ほり よしえ）[第2章，コラム2]
上智大学大学院外国語学研究科博士課程単位取得退学，博士（国際関係論）．現在，獨協大学外国語学部教授．
『学生のためのピース・ノート2』（編著，コモンズ，2015年），「フィリピンの市民社会とNGO」（秦辰也編『アジアの市民社会とNGO』晃洋書房，2014年），『内発的民主主義に関する一考察――農地改革をめぐる政府，NGO，住民組織――』（国際書院，2005年）．

森田豊子（もりた とよこ）[第4章]
神戸大学大学院法学研究科博士課程後期課程単位取得退学．現在，鹿児島大学グローバルセンター特任准教授．
「イランと米国――『文明間の対話』論をめぐって」（初瀬龍平・松田哲編『人間存在の国際関係論――グローバル化のなかで考える――』法政大学出版局，2015年），「1979年革命後のイラン女性と社会変化――2013年成立家族保護法をめぐって――」（福原裕二・吉村慎太郎編『現代アジアの女性たち――グローバル化社会を生きる――』新水社，2014年），「ジェンダーと平和」（池尾靖志編『第2版　平和学をつくる』晃洋書房，2014年）．

藤本伸樹（ふじもと のぶき）[第5章, コラム3]
大阪市立大学大学院創造都市研究科博士課程後期単位取得退学．現在，一般財団法人アジア・太平洋人権情報センター（ヒューライツ大阪）研究員．
「『偽装結婚』の事例から人身取引のグレイゾーンを検証する」（『立命館国際地域研究』37，2013年），『移民が暮らしやすい社会に変えていく30の方法』（共著，合同出版，2012年），『外国人・民族的マイノリティ人権白書2010』（共著，明石書店，2010年）．

杉木明子（すぎき あきこ）[第6章, コラム4]
英国エセックス大学大学院政治学研究科博士課程修了，Ph.D.（政治学）．現在，慶應義塾大学法学部教授．
"'Securitization' and Politics of Forced Migration—A Case Study of Kenya," in Yves Charbit et Teiko Mishima eds., Questions de migration et de sante en Afrique sub-saharienne (L'Harmattn, 2014), 『難民・強制移動民研究のフロンティア』（共編著，現代人文社，2014年），「紛争と隣国――北部ウガンダ紛争の越境・拡散――」（月村太郎編『地域紛争の構図』晃洋書房，2013年）．

市川ひろみ（いちかわ ひろみ）[第7章, コラム1]
神戸大学大学院法学研究科博士課程後期課程単位取得退学．現在，京都女子大学法学部教授．
「『対テロ戦争』の兵士と家族」（初瀬龍平・松田哲編『人間存在の国際関係論――グローバル化のなかで考える――』法政大学出版局，2015年），「ミクロの視点からみた地域紛争――紛争の担い手と『戦後』――」（月村太郎編『地域紛争の構図』晃洋書房，2013年），『兵役拒否の思想――市民的不服従の理念と展開――』（明石書店，2007年）．

松下　洋（まつした ひろし）[コラム5]
アルゼンチン国立クージョ大学大学院歴史学博士課程修了，歴史学博士．神戸大学名誉教授．
『アルゼンチン労働運動，1930-45――初期ペロニズムへの投影――』（西語）（シグロベインテ社，1983年，復刻版2014年），『日本の外交　第4巻　対外政策，地域編』（共著，岩波書店，2013年），『ペロニズム・権威主義と従属――ラテンアメリカ政治外交研究――』（有信堂，1987年）．

定形　衛（さだかた まもる）[第8章]
神戸大学大学院博士課程満期退学．現在，名古屋経済大学法学部特任教授．
『国際関係論のパラダイム』（共編著，有信堂高文社，2001年），『非同盟外交とユーゴスラヴィアの終焉』（風行社，1994年）．

中西久枝（なかにし ひさえ）[コラム6]
カリフォルニア大学ロサンゼルス校歴史学研究科博士課程修了，Ph.D.（歴史学）．現在，同志社大学大学院グローバル・スタディーズ研究科教授．
"The Construction of the Sanction Regime Against Iran: Political Dimensions of Unilateralism," (Ali Z. Marossi and Marisa R. Bassett eds., *Economic Sanctions under International Law: Unilateralism, Multilateralism, Legitimacy, and Consequences*, Berlin & Heidelberg: Springer, 2015), 「アメリカのグローバル・ジャスティスとイランのジャスティス」（内藤正典・岡野千代編『グローバル・ジャスティス――新たな正義論への招待――』ミネルヴァ書房，2013年），『はじめて出会う平和学――未来はここからはじまる――』〔改訂版〕（共著，有斐閣，2011年）．

菅　英　輝（かん　ひでき）[第9章]
　コネチカット大学大学院博士課程単位取得退学，法学博士（一橋大学）．九州大学名誉教授．現在，京都外国語大学客員教授．
　『冷戦と「アメリカの世紀」アジアにおける「非公式帝国」の秩序形成』（単著，岩波書店，2016年），『冷戦変容と歴史認識』（編著，晃洋書房，2017年），『冷戦期アメリカのアジア政策「自由主義的国際秩序」の変容と「日米協力」』（単著，晃洋書房，2019年）．

三砂ちづる（みさご　ちづる）[コラム7]
　ロンドン大学Ph. D.（疫学）．現在，津田塾大学国際関係学科教授．
　『女が女になること』（藤原書店，2015年），パウロ・フレイレ『新訳　被抑圧者の教育学』（翻訳，亜紀書房，2011年），『赤ちゃんにおむつはいらない——失われた育児技法を求めて——』（編著，勁草書房，2009年）．

上野友也（かみの　ともや）[第11章]
　東北大学大学院法学研究科博士課程後期修了，博士（法学）．現在，岐阜大学教育学部准教授．
　「『女性・平和・安全保障』——国連安保理決議1325（2000）の履行に向けた制度化を中心に——」（『国連研究』16，2015年），「東日本大震災の災害対応——自衛隊・企業・市民組織との協働に向けて——」（『国際安全保障』41(2)，2013年），『戦争と人道支援——戦争の被災をめぐる人道の政治——』（東北大学出版会，2012年）．

柄谷利恵子（からたに　りえこ）[第12章]
　オックスフォード大学大学院博士課程修了，D.Phil.（国際関係学）．現在，関西大学政策創造学部教授．
　『移動と生存——国境を越える人々の政治学』（岩波書店，2016年），「国際人口移動時代の安全保障」遠藤乾編著『シリーズ日本の安全保障　第8巻　グローバル・コモンズ』（岩波書店，2015年，129-154頁），*Defining British Citizenship: Empire, Commonwealth and Modern Britain*, Routledge（2003）．

米田眞澄（よねだ　ますみ）[コラム8]
　大阪大学大学院法学研究科博士課程後期単位取得退学．現在，神戸女学院大学文学部教授．
　神戸女学院大学女性学インスティチュート編『語り継ぐ女性学——次代を担う女性たちへのメッセージ——』御茶の水書房，2015年（共著），「選択議定書の事例研究」（国際女性の地位協会編『コンメンタール　女性差別撤廃条約』尚学社，2010年），「子どもの権利条約と子どもの笑顔」（初瀬龍平・松田哲・戸田真紀子編『国際関係のなかの子ども』御茶の水書房，2009年）

勝間　靖（かつま　やすし）[第13章]
　ウィスコンシン大学マディソン校開発研究博士プログラム修了，Ph.D.（開発学）．現在，早稲田大学大学院アジア太平洋研究科国際関係学専攻教授．
　『持続可能な地球社会をめざして——私のSDGsへの取組み——』（編著，国際書院，2018年），『テキスト国際関係論——貧困をなくすミレニアム開発目標へのアプローチ——』（編著，ミネルヴァ書房，2012年），『国際社会を学ぶ』（共編著，晃洋書房，2012年），『アジアの人権ガバナンス』（編著，勁草書房，2011年）．

国際関係のなかの子どもたち

| 2015年12月10日 | 初版第1刷発行 |
| 2019年10月15日 | 初版第2刷発行 |

＊定価はカバーに表示してあります

編著者　初瀬龍平
　　　　松田　哲 ©
　　　　戸田真紀子

発行者　植田　実

印刷者　河野俊一郎

発行所　株式会社　晃洋書房
〒615-0026　京都市右京区西院北矢掛町7番地
電話　075(312)0788番(代)
振替口座　01040-6-32280

印刷・製本　西濃印刷㈱

ISBN 978-4-7710-2668-1

JCOPY 〈㈳出版者著作権管理機構 委託出版物〉

本書の無断複写は著作権法上での例外を除き禁じられています。複写される場合は，そのつど事前に，㈳出版者著作権管理機構（電話 03-5244-5088, FAX 03-5244-5089, e-mail:info@jcopy.or.jp）の許諾を得てください．

円城 由美子 著
イラクの女性たち
──平和構築におけるジェンダー──
占領統治の女性政策,「民主的」選挙の実情,イスラーム主義勢力の宗派対立と女性の処遇など,様々な側面から女性を通して戦後イラクの実態を分析する.

四六判／248頁／定価 3,800円（税別）

アラン・ハンター 著／佐藤 裕太郎・千葉 ジェシカ 訳
人間の安全保障の挑戦
1993年の提唱以来,国家が国民の安全を保障する責任を負うという常識に意義を唱えてきた.環境問題,ビジネス,開発援助など様々な側面から英国の平和学研究者が解説.

A5判／228頁／定価 2,500円（税別）

戸田 真紀子 著
貧困, 紛争, ジェンダー
──アフリカにとっての比較政治学──
豊富な鉱物資源を有しながら,絶えない紛争,貧困に苦しみ,テロリストの温床と化しているアフリカ.こうした現実を正しく理解し,比較政治の視点からアフリカを捉えた入門書.

A5判／274頁／定価 3,000円（税別）

落合 雄彦 編著
アフリカ安全保障論入門
紛争予防,平和構築を実現するには何が必要か？ 国家や社会の安定,人びとの安全を求め,アフリカの安全保障課題にさまざまなアプローチから迫る.

A5判／332頁／定価 3,000円（税別）

落合 雄彦 編著
アフリカの女性とリプロダクション
──国際社会の開発言説をたおやかに超えて──
国際社会の開発言説の影響を強く受けながらも,みずからのリプロダクションのいまをひたむきに生きるアフリカの女性たちの生活世界の諸相を複眼的に活写する.

A5判／306頁／定価 3,800円（税別）

秦 辰也 編著
アジアの市民社会とNGO
「いくつものアジア」で活躍する「いくつものNGO」の動きから,その存在意義を捉え直す.

A5判／296頁／定価 3,000円（税別）